엔서

평가
문제집

Better Content, Better Life

COPYRIGHT

인쇄일 2024년 6월 24일(1판16쇄)
발행일 2018년 9월 1일

펴낸이 신광수
펴낸곳 ㈜미래엔
등록번호 제16-67호

교육개발2실장 김용균
개발책임 김문희
개발 이현자, 이원일, 전승원

디자인실장 손현지
디자인책임 김병석
디자인 김단비

CS본부장 강윤구
CS지원책임 강승훈

ISBN 979-11-6233-247-4

미래엔
교과서

평가 문제집

어항에서 기르면 피라미가 되고, 강물에 놓아두면 대어가 되는 물고기가 있습니다.

바로 관상어 '코이'라는 잉어입니다. 코이는 어항에서는 5~8센티미터,

큰 수족관이나 연못에서는 15~25센티미터, 강물에서는 90~120센티미터까지 자랍니다.

이렇게 환경에 따라 성장이 결정되는 것을 '코이의 법칙'이라고 합니다.

여러 환경 중에서 우리에게 가장 큰 영향을 미치는 것은 바로 자신의 '생각'입니다.

세상을 보는 태도, 매일 하게 되는 작은 판단, 미래를 향해 그리는 꿈 등이 그러합니다.

그 환경에 따라 우리는 덜 클 수도, 더 클 수도 있습니다.

이제부터 긍정적인 생각으로 자신의 환경을 채워 보세요.

우리가 얼마나 성장할지는 자신에게 달려 있습니다.

멋지게 성장하는 그대와 함께하고 있는 **Mirae N**

이 책의 차례

이 책의 구성과 특징

STEP ① 중단원 내용 학습

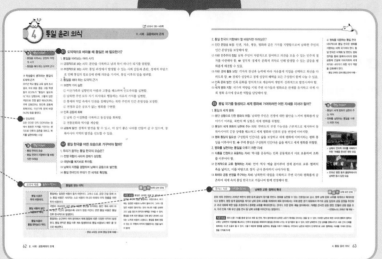

내용 정리 교과서의 핵심 내용을 빠르게 익힐 수 있도록 간결하게 정리하였습니다.

보조단 내용 정리에 도움이 되는 용어 설명과 보충 내용을 담았습니다.

교과서 자료. 놓치지 말자! 교과서 자료 중 시험에 꼭 출제될 만한 자료를 골라 꼼꼼하게 분석하였습니다.

플러스 자료. 기억해 두자! 교과서에 실리지 않은 자료 중 시험에 꼭 출제될 만한 자료를 제공·분석하여 시험에 대비할 수 있도록 하였습니다.

STEP ② 중단원 단계별 문제

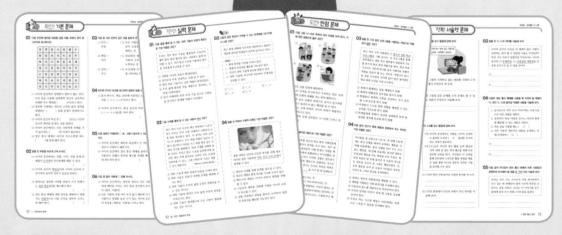

확인!! 기본 문제 다양한 형태의 개념 확인 문제를 통해 공부한 내용을 간단히 확인해 볼 수 있도록 하였습니다.

향상! 실력 문제 중단원 내용을 아우르는 핵심 문제를 풀면서 자연스럽게 실력을 키울 수 있도록 하였습니다.
꼭 나와 시험에 꼭 나오는 빈출 문제

도전! 만점 문제 난이도가 높은 문제를 추가로 제시하여 학교 시험에서 만점을 받을 수 있도록 하였습니다.

정복! 서술형 문제 다양한 형태의 문제를 통해 까다로운 서술형 문제도 막힘없이 쓸 수 있도록 하였습니다.

STEP 3
대단원 정리 및
실전 문제

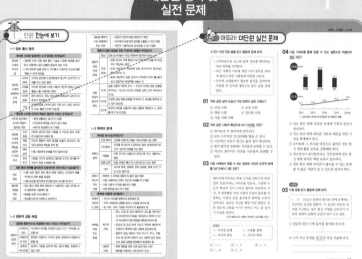

단원 한눈에 보기 대단원별로 꼭 기억해야 할 필수 내용만 한눈에 볼 수 있도록 표 형태로 제시하였습니다.

마무리! 대단원 실전 문제 학교 시험과 가장 유사한 형태의 문제를 엄선하여 중간·기말고사를 대비할 수 있도록 하였습니다.

서술형 학교 시험에 꼭 나올 만한 서술형 문제

STEP 4
정답 확인 및
문제 풀이

바른답·알찬풀이 정답 및 모범답안을 제시하고, 문제에 대한 상세한 해설을 제공하여 어려운 문제나 틀린 문제도 쉽게 이해할 수 있도록 하였습니다.

바로잡기 틀린 선택지의 이유를 자세히 설명하고 틀린 내용을 바로잡아 문제를 완전히 자기 것으로 만들 수 있도록 하였습니다.

채점 기준 서술형 문제에 대한 평가 기준을 제시하여 어떤 부분이 부족했는지 스스로 평가해 볼 수 있도록 하였습니다.

I

타인과의 관계

1 정보 통신 윤리

✏️ **핵심 POINT**

• 정보화 시대의 긍정적 영향
• 정보화 시대의 도덕 문제

⊙ 2017년 사이버 폭력 실태

74%

26%
사이버 폭력 경험 있다
(피해·가해)

피해 경험율

언어폭력	14.6% / 15.0%	
명예 훼손	5.4% / 8.7%	■ 학생
신상 유출	2.6% / 7.9%	■ 성인
따돌림	1.5% / 7.3%	
스토킹	2.6% / 11.6%	
성폭력	1.9% / 11.9%	
금품 갈취	1.7% / 4.5%	

⊙ **해킹**
컴퓨터 보안망에 불법적으로 접근하거나 정보 시스템에 유해한 영향을 끼치는 행위

✏️ **핵심 POINT**

• 사이버 공간에서 도덕적 책임이 필요한 까닭
• 정보화 시대의 도덕적 책임

01 정보화 시대에 발생하는 도덕 문제는 무엇일까?

1. 정보화 시대와 우리의 삶

(1) **정보화 시대의 의미**: 각종 정보 통신 기술로 다양한 정보를 생산하고 이용하는 일이 생활의 중심이 되는 시대

(2) **정보 통신 기술의 발전이 우리의 삶에 끼친 긍정적 영향**
　① 더욱 편리한 삶을 살게 됨. 📌 정보 수집 또는 상품 구매를 인터넷으로 편리하게 함.
　② 자유롭고 수평적인 인간관계를 맺을 수 있음. ➡ 사이버 공간은 시공간의 제약에서 벗어나 성별, 나이, 직업에 관계없이 수평적으로 의견을 주고받을 수 있는 공간

2. 정보화 시대에 발생하는 도덕 문제

(1) **사이버 폭력 문제**: 사이버 공간에서 상대방이 원하지 않는 언어, 사진 등을 사용하여 상대방에게 정신적·심리적인 피해를 주는 모든 행위

(2) **사생활 침해 문제**: 무심코 다른 사람의 사생활이나 개인 정보를 공개하여 범죄에 악용될 수 있음. 📌 친구와 함께 찍은 사진을 블로그에 허락 없이 올리는 행위

(3) **사이버 중독 문제**
　① 문자 메시지, 게임, SNS 등에 중독되어 심하게 의존하고 집착하는 것
　② 자기 통제력을 잃거나 금단 증세를 보이기도 함.

(4) **그 외**: 저작권 침해, 인터넷 금전 거래 사기, 해킹, 바이러스 유포, 불법 사이트 개설

02 정보화 시대에 도덕적 책임이 필요한 이유는 무엇일까?

1. 정보화 시대에 도덕적 책임이 필요한 까닭

(1) **사이버 공간에서 도덕 문제가 발생하는 이유**: 사이버 공간을 '가상의 공간'으로만 생각하여 무책임하고 그릇된 행동을 할 때가 있기 때문

플러스 자료 기억해 두자!　　　**사이버 폭력의 여러 가지 유형**

풀어봐 11쪽 02번 문제

• **사이버 언어폭력**: 문자 SNS 등을 통해 욕설, 거친 언어, 인신공격 발언 등을 하는 행위
• **사이버 명예 훼손**: 타인이나 기관의 명예를 훼손하는 글을 인터넷에 올려 아무나 볼 수 있게 하는 행위
• **사이버 스토킹**: 상대가 원치 않음에도 반복적으로 공포감, 불안감을 유발하는 전자 우편 또는 쪽지를 보내거나, 블로그에 방문하여 댓글 등의 흔적을 남기는 행위
• **사이버 성폭력**: 성적 불쾌감을 줄 수 있는 내용을 인터넷에 게시하거나 음란 동영상 및 사진을 유포하는 행위
• **신상 정보 유출**: 개인의 신상 정보나 사생활에 해당하는 내용을 인터넷에 유포하는 행위
• **사이버 따돌림**: SNS나 대화방에서 상대를 따돌리거나 비방하는 등의 행위
• **사이버 갈취**: 사이버 공간에서 사이버 머니, 데이터, 게임 아이템 등을 강제로 뺏는 행위

쉬운 해설 오늘날 사이버 공간에서는 많은 도덕 문제가 발생하고 있어. 위와 같이 사이버 공간에서 상대가 원하지 않는 언어, 사진 등을 이용하여 상대에게 정신적·심리적 피해를 주는 행위들은 모두 사이버 폭력에 해당한다는 것을 기억해 두자!

(2) 도덕적 책임이 필요한 까닭: 사이버 공간에서도 현실 공간에서와 마찬가지로 도덕적 책임을 져야 함.

① 사이버 공간도 다른 사람과 함께 생활하는 공간이기 때문

② 사이버 공간은 익명성과 개방성이 있어 더 쉽게 해악을 끼칠 수 있기 때문

③ 사이버 공간은 시공간의 제약을 덜 받아 해악의 확산 속도가 빠르고 피해 규모도 더 클 수 있기 때문

2. 정보화 시대에 도덕적 책임을 실천하는 자세

(1) 인간 존중: 모든 사람을 나 자신과 같이 소중한 사람으로 대해야 함.

(2) 책임 의식: 자신에게 주어진 임무를 다하려는 마음가짐으로, 자신의 행동이 낳을 결과를 예상해 보고 타인에게 해를 끼쳤을 때 따르는 책임을 생각해야 함.

(3) 해악 금지: 현실 공간과 같이 다른 사람에게 피해를 주지 않아야 함.

(4) 정의 추구: 사람들 사이의 공정하고 올바른 도리인 정의를 추구하기 위해 노력해야 함.

예 정보 격차를 해소하여 정보화의 혜택을 많은 사람과 고루 나누도록 해야 함.

◉ 정보 격차
계층에 따라 접하는 정보의 양적·질적 차이가 시간이 지날수록 심각해지는 현상

03 정보 통신 매체를 올바르게 사용하려면 어떤 태도가 필요할까?

1. 나의 정보 통신 매체 사용 습관은?

(1) 사용 습관 점검하기: 정보 통신 매체 의존도, 타인에게 해를 끼치는지 여부

(2) 자신의 사용 습관을 평가하여 반성할 점과 개선할 점 찾기

2. 정보 통신 매체를 올바르게 사용하려면?

(1) 정보 통신 매체 중독 예방하기: 스스로 점검하고 자율적인 사용 규칙에 따라 절제하며 사용할 때 정보 통신 매체를 유익하고 바람직하게 사용할 수 있음.

예 스마트폰 중독 예방을 위해 스스로 사용 규칙을 정하여 지키도록 노력하기

(2) 예절을 갖추어 의사소통하기: 현실 공간처럼 예절에 맞게 의사소통해야 함.

(3) 정보를 바르게 이해하고 표현하기

① 정보의 출처를 확인하고 내용을 검증하기

② 정확하지 않은 정보나 타인에게 해악을 끼칠 수 있는 정보를 함부로 퍼뜨리지 않기

핵심 POINT

• 정보 통신 매체를 올바르게 사용하기 위한 자세

◉ 스마트폰 중독 실태
2016년 청소년 통계에 따르면 인터넷 중독률은 중학생이 가장 높다. 10대 청소년 10명 중 3명이 스마트폰 중독이며, 학생별로 보면, 중학생(33.0%)＞고등학생(27.7%)＞초등학생(26.7%)＞대학생(20.5%) 순으로 나타난다.

교과서 자료 놓치지 말자! **사이버 공간의 특성**

 12쪽 07번 문제

정보화 시대의 주요 생활 공간으로 자리 잡은 사이버 공간은 다음과 같은 여러 가지 특성이 있다. 이러한 특성 때문에 우리는 현실 공간에서보다 사이버 공간에서 더 자유롭게 행동할 수 있지만, 더 함부로 행동하기도 쉬우므로 유의해야 한다.

• 무제약성: 사이버 공간에서는 시공간의 제약을 덜 받는다.

• 다양성과 개방성: 사이버 공간에는 각양각색의 풍부한 정보가 있으며, 누구든지 이 정보에 접근할 수 있다.

• 비대면성과 익명성: 사이버 공간에서는 다른 사람과 직접 마주 보지 않기 때문에 자기 이름이나 정체를 숨길 수 있다.

쉬운 해설 사이버 공간에서는 시간과 공간의 제약이 적기 때문에 먼 곳의 사람과 언제든지 연락을 주고받을 수 있어. 또한 다른 사람과 직접 대면하지 않고서도 자유로운 의견 교환이 가능하다는 장점이 있어. 하지만 이러한 익명성이나 편리함이 도리어 각종 사이버 문제를 보다 쉽게 일으킬 수 있다는 것, 놓치지 말자!

확인! 기본 문제

01 다음 빈칸에 들어갈 정답을 낱말 퍼즐 속에서 찾아 동그라미로 표시하시오.

영	책	동	사	생	활	오
형	임	네	이	머	유	무
예	사	이	버	중	독	제
절	가	정	폭	역	마	약
도	존	중	력	다	양	성
해	악	금	지	개	방	요
정	의	연	사	이	비	교

(1) 사이버 공간에서 상대방이 원하지 않는 언어, 사진 등을 이용해 상대에게 정신적 · 심리적인 피해를 주는 행위를 (   )(이)라고 한다.

(2) 정보화 시대에는 개인의 고유한 삶의 영역을 침범하는 (   ) 침해 문제가 발생하기도 한다.

(3) 사이버 공간의 특성 중 (   )은(는) 시간과 공간의 제약을 덜 받는 것을 말한다.

(4) 사이버 공간에서는 다른 사람에게 피해를 주지 않으려는 (   )의 자세가 필요하다.

(5) 정보 통신 매체로 타인과 의사소통할 때는 (   )에 맞게 해야 한다.

02 밑줄 친 부분을 바르게 고쳐 쓰시오.

(1) 사이버 공간에서는 성별, 나이, 직업 등에 관계없이 <u>수직적인</u> 인간관계를 맺을 수 있다.
(   )

(2) 사이버 공간의 <u>획일성</u>이란 사이버 공간에 각양각색의 풍부한 정보가 있음을 말한다.
(   )

(3) 정의로운 정보화 시대를 만들어 가기 위해서는 <u>정보 평등</u>을(를) 해소해야 한다.
(   )

(4) 정보 통신 매체에 대한 중독을 예방하기 위해서는 <u>타율적으로</u> 사용 규칙을 정하여 지키도록 해야 한다.
(   )

03 다음 중 서로 관련이 깊은 것을 알맞게 연결하시오.

(1) 인간 • 　　　　• ㉠ 모든 사람을 나 자신과
존중　　　　　　　같이 소중한 사람으로
　　　　　　　　대하는 것

(2) 책임 • 　　　　• ㉡ 정보화의 혜택을 많은
의식　　　　　　　사람과 고루 나누도록
　　　　　　　　노력하는 것

(3) 정의 • 　　　　• ㉢ 자신에게 주어진 임무
추구　　　　　　　를 다하려는 마음가짐

04 빈칸에 주어진 초성을 참고하여 알맞은 말을 쓰시오.

(1) 문자 메시지, 게임, SNS에 의존하고 집착하는 것을 (ㅅㅇㅂ ㅈㄷ)(이)라고 한다.
(   )

(2) 사이버 공간에서도 현실 공간과 마찬가지로 (ㄷㄷㅊㅇ)을(를) 져야 한다.
(   )

05 다음 설명이 적절하면 ○ 표, 그렇지 않으면 X 표를 하시오.

(1) 사이버 공간에서 해악의 파급력이 큰 까닭은 정보가 다양하기 때문이다. (   )

(2) 사이버 공간에서 정보 통신 매체를 올바르게 사용하기 위해서 찾아낸 정보를 최대한 빠르게 퍼뜨려야 한다. (   )

06 다음 중 옳은 내용에 ○ 표를 하시오.

(1) 사이버 공간에서는 잘못된 정보로 다른 사람에게 해악을 끼치는 것이 현실 공간에서 보다 더 (쉽다, 어렵다).

(2) 다른 사람과 직접 마주 보지 않기 때문에 자기 이름이나 정체를 숨길 수가 있는 사이버 공간의 특성을 (개방성, 익명성) 이라고 한다.

향상! 실력 문제

01 다음 내용으로 알 수 있는 '정보화 시대가 우리의 삶에 끼친 영향'으로 가장 적절한 것은?

> • 정보 수집을 위해 도서관에 가는 대신 컴퓨터나 스마트폰에 접속한다.
> • 식료품 구매나 영화 예매를 직접 현장에 찾아가지 않고도 정보 통신 매체로 지금 있는 곳에서 처리한다.

① 보다 편리하게 살게 되었다.
② 물질적으로 풍요로운 삶을 살게 되었다.
③ 사회가 매우 복잡하고 다양하게 되었다.
④ 수명이 연장되고 건강하게 살게 되었다.
⑤ 다른 문화를 가진 사람들과 보다 쉽게 어울려 살아가게 되었다.

꼭 나와

02 밑줄 친 ㉠에 들어갈 용어에 대한 설명으로 옳지 <u>않은</u> 것은?

> 〈 _____ ㉠ _____ 의 유형〉
> • 사이버 언어폭력: 문자 SNS 등을 통해 욕설, 거친 언어, 인신공격 발언 등을 하는 행위
> • 사이버 명예 훼손: 타인이나 기관의 명예를 훼손하는 글을 인터넷에 올려 아무나 볼 수 있게 하는 행위
> • 사이버 따돌림: SNS나 대화방에서 상대를 따돌리거나 비방하는 등의 행위
> • 사이버 갈취: 사이버 공간에서 사이버 머니, 데이터, 게임 아이템 등을 강제로 뺏는 행위

① 사이버 중독도 ㉠의 한 유형이다.
② ㉠에 들어갈 말은 사이버 폭력이다.
③ 사이버 스토킹이나 성폭력도 ㉠에 포함된다.
④ 피해자에게 지울 수 없는 마음의 상처를 남긴다.
⑤ 상대에게 언어, 사진 등을 이용해 정신적·심리적 피해를 주는 행위이다.

03 다음 사례의 주인공 유타가 겪고 있는 문제에 대한 설명으로 적절하지 <u>않은</u> 것은?

> 유타는 휴대 전화 문자 메시지를 하루에 200번도 넘게 보낸다. 온 가족이 모인 저녁 식사 시간에도 유타가 휴대 전화를 손에 들고 있자 더는 참지 못한 아버지가 한마디 하셨지만, 유타는 이마저 무시해 버렸다. 아버지는 결국 유타의 휴대 전화를 빼앗아 거실 소파에 던지셨다. 식탁에는 무거운 공기가 흘렀다.
> 그런데 몇 분 후, 유타의 왼손이 떨리기 시작했다. 손가락 끝에서 시작해 팔꿈치로, 결국 기타 연주자처럼 팔 전체가 위아래로 심하게 흔들렸다. 유타가 황급히 휴대 전화를 집어 들자 왼손의 경련은 멈추었다. 아버지와 어머니의 얼굴은 새파랗게 질렸다. "의사에게 데리고 가." 아버지는 멍한 표정으로 말씀하셨다.

① 주변 사람까지 고통을 겪을 수 있는 문제이다.
② 사이버 폭력의 피해자들이 주로 겪는 고통을 겪고 있다.
③ 현재의 상태는 주인공이 자기 통제력을 잃은 모습까지 보여 준다.
④ 주인공은 정보 통신 기기가 없으면 견디지 못하는 금단 증상을 보이고 있다.
⑤ 주인공과 같은 문제를 겪는 사람들은 휴대 전화에 심하게 의존하고 집착하는 증상을 겪는다.

04 사이버 공간에서의 사생활 침해 문제에 대한 설명으로 옳지 <u>않은</u> 것은?

① 공개된 사생활 정보는 범죄에 악용될 수 있다.
② 관련된 사람들의 일상생활을 위협하고 권익을 침해한다.
③ 친구와 함께 찍힌 사진을 블로그에 올리는 것도 사생활 침해가 될 수 있다.
④ 사이버 공간에서는 다른 사람의 사생활을 무심코 침해하는 경우가 생기기도 한다.
⑤ 사이버 공간에서의 사생활 침해는 어쩔 수 없는 일로서 우리가 감수해야 할 부분이다.

05 다음 사례의 주인공에게 전할 수 있는 도덕적 충고로 가장 적절한 것은?

> 나는 자주 게임을 함께하는 친구의 계정과 비밀번호를 우연히 알게 되었다. 궁금증을 견디지 못하고 친구 계정으로 게임 사이트에 접속해 보니, 친구의 가상 화폐가 잔뜩 쌓여 있어 슬그머니 욕심이 생겼다. 나는 불안한 마음으로 친구의 가상 화폐를 내 계정으로 조금 옮겨 놓았다. 그런데 다음 날, 친구는 아무것도 모르는 눈치였다. 나는 결국 '진짜 돈을 훔친 것도 아니고 사이버 공간에서 일어난 일인데 뭐 어때?'라고 생각하며 더는 아무런 양심의 가책도 없이 친구의 가상 화폐를 훔치는 일을 몇 달간 계속하였다.

① 사이버 공간은 현실 공간과 달리 해악의 파급력이 크지 않다는 것을 알아야 해.
② 사이버 공간도 현실 공간과 다름없이 자기 행동에 대해 책임을 져야 하는 공간이야.
③ 사이버 공간에는 현실과 다른 법이 적용되기 때문에 현실과 다르게 행동하는 게 좋아.
④ 사이버 공간은 가상의 공간이기 때문에 그곳에서는 어떤 행동이든 자유롭게 할 수 있어.
⑤ 사이버 공간은 현실에 비해 시간이나 공간적 제약이 훨씬 적은 공간이라는 점을 유념해야 해.

06 다음은 사이버 공간의 도덕 문제와 관련하여 학생들이 말한 내용이다. 옳지 않은 것은?

① 유나: 사이버 공간도 다른 사람과 함께 생활하는 공간이라는 점을 유념해야 해.
② 아랑: 사이버 공간에서 어떤 피해나 해악이 발생하면 그 규모가 매우 커질 수 있어.
③ 윤지: 사이버 공간은 현실 공간보다 자유로워서 함부로 행동하기 쉬우니 주의해야 해.
④ 석희: 사이버 공간의 정보는 검증이 불가능하기 때문에 많은 해악이 발생할 수밖에 없어.
⑤ 민정: 사이버 공간의 익명성은 자칫 타인에게 쉽게 해악을 끼치게 되는 원인이 되기도 해.

07 빈칸 ㉠~㉢에 들어갈 용어를 바르게 연결한 것은?

> 정보화 시대의 주요 생활 공간으로 자리 잡은 사이버 공간에는 다음과 같은 여러 가지 특성이 있다.
> • (㉠): 사이버 공간에서는 시공간의 제약을 덜 받는다.
> • 다양성과 (㉡): 사이버 공간에는 각양각색의 풍부한 정보가 있으며, 누구든지 이 정보에 접근할 수 있다.
> • 비대면성과 (㉢): 사이버 공간에서는 다른 사람과 직접 마주 보지 않기 때문에 자기 이름이나 정체를 숨길 수 있다.

	㉠	㉡	㉢
①	자율성	폐쇄성	접근성
②	자율성	개방성	익명성
③	무제약성	개방성	익명성
④	무제약성	개방성	접근성
⑤	무제약성	폐쇄성	익명성

08 다음 내용을 통해 알 수 있는 정보화 시대에 도덕적 책임을 실천하기 위한 자세로 가장 적절한 것은?

> • 자신의 행동의 결과를 예측해 보는 것
> • 자신에게 주어진 임무를 다하려는 마음가짐
> • 다른 사람에게 해를 끼쳤을 경우에 따르는 의무에 대해 생각해 보는 것

① 정의를 추구하는 자세
② 인간을 존중하는 자세
③ 해악을 금지하고자 하는 자세
④ 책임 의식을 갖고 행동하려는 자세
⑤ 예절을 바르게 준수하고자 하는 자세

09 다음 사례에 대한 설명으로 적절하지 <u>않은</u> 것은?

지난 학기부터 우리 학교에서는 학생회를 중심으로 '좋은 댓글 쓰기 운동'을 하고 있다. 우리 주변에 나쁜 댓글로 고통받는 친구들이 생각보다 많았기 때문이다. 나도 예전에 아무 생각 없이 친구 글에 나쁜 댓글을 단 후, 그 친구가 매우 힘들어하는 모습을 보고 후회한 적이 있다. 전교생 모두 이 운동에 적극적으로 동참하면서 친구들과의 사이는 더욱 좋아졌고, 나 역시 내 글에 달린 좋은 댓글을 보면 흐뭇했다. 무엇보다 언제 어디서나 내가 만나는 사람을 소중하게 대해야 함을 깨닫게 되었다.

① 주인공은 정보화 시대의 도덕적 책임을 수행하고자 하고 있다.
② 주인공과 학교 친구들은 인간을 존중하는 자세를 실천하고 있다.
③ 주인공은 사이버 공간에서 고통받는 사람들의 마음에 공감하고 있다.
④ 모든 사람을 소중히 여기는 마음이 바탕이 되어 일어난 운동을 보여 준다.
⑤ 정보화의 혜택이 많은 사람에게 고르게 돌아가도록 하기 위한 노력을 보여 준다.

10 스마트폰 중독을 예방하기 위한 자세로 바람직하지 <u>못한</u> 것은?

① 중요한 일을 할 때는 스마트폰을 꺼 둔다.
② 다른 사람과 대화할 때는 대화에만 집중한다.
③ 뚜렷한 목적 없이 장시간 스마트폰을 사용하지 않는다.
④ 꼭 필요한 용도를 미리 정해 두고 용도에 맞는 경우에만 사용한다.
⑤ 사용 시간이나 사용 규칙을 스스로 결정하지 말고 부모님이나 선생님의 지도에 따른다.

11 다음은 정보 통신 매체를 사용할 때의 규칙이다. 이에 대한 설명으로 가장 적절한 것은?

> • 실시간으로 마주보고 이야기하는 마음가짐으로 다른 사람을 대한다.
> • 게시판을 이용할 때는 말머리를 이용하여 전체 내용을 미리 알려 준다.
> • 메시지를 보내기 전에 입력한 글자를 확인하고 상대방의 입장을 고려한다.
> • 처음 매체에 접속하면 진행된 대화 내용과 현재 분위기를 파악하기 위해 경청한다.

① 정보 통신 매체로 정보를 더 많이 얻기 위해 만든 규칙이다.
② 자신의 정보 통신 매체 중독 여부를 점검하기 위해 만든 규칙이다.
③ 정보 통신 매체에서 예절을 갖추어 의사소통하기 위해 만든 규칙이다.
④ 정보 통신 매체 사용 시 빠르게 자신의 목적을 달성하기 위해 만든 규칙이다.
⑤ 정보 통신 매체에 지나치게 의존하는 것을 스스로 예방하기 위해 만든 규칙이다.

12 사이버 공간에서 접한 정보를 바르게 이해하고 표현하기 위한 노력을 〈보기〉에서 고른 것은?

> **보기**
> ㄱ. 정보가 사실과 일치하는지 검증한다.
> ㄴ. 정확하지 않은 정보는 받아들이지 않는다.
> ㄷ. 신뢰할 수 있는 출처에서 나온 정보인지 확인한다.
> ㄹ. 객관적인 정보로 보이도록 자신의 의견을 덧붙여서 정보를 공유하거나 전파한다.
> ㅁ. 이 정보가 다른 사람들의 관심을 끌 수 있는지를 가장 중요한 기준으로 삼아 정보를 공유하거나 전파한다.

① ㄱ, ㄴ, ㄷ
② ㄱ, ㄷ, ㅁ
③ ㄴ, ㄷ, ㄹ
④ ㄴ, ㄹ, ㅁ
⑤ ㄷ, ㄹ, ㅁ

도전! 만점 문제

01 다음 사례 속 정보화 시대의 도덕 문제에 대한 설명으로 옳지 <u>않은</u> 것은?

> 나는 스마트폰을 빌려달라는 ○○의 부탁을 거절했다. 한 달 전에도 ○○은 내 스마트폰을 빌려 가 남아 있던 데이터 용량을 다 쓴 후 돌려주었기 때문이다. 그러자 ○○과 그의 친구들은 나를 단체 대화방으로 초대해 '가만 두지 않겠다.', '쪼잔하다.' 하고 욕하며 괴롭히기 시작했다. 내가 대화방에서 퇴장하면 ○○은 바로 다시 나를 초대해 대화방에 가둔 채 끊임없이 조롱하고 욕설을 퍼부었다.

① 주인공은 사이버 따돌림을 당하고 있다.
② 윗글은 사이버 폭력의 한 유형을 보여 준다.
③ 이러한 문제는 피해자에게 큰 고통을 남긴다.
④ 이와 같은 문제에는 금단 현상이 따를 수 있다.
⑤ 이와 같은 문제는 다른 사람의 권익을 침해하는 일이다.

02 다음은 정보화 시대의 도덕 문제와 관련한 라디오 공익 광고의 일부이다. 밑줄 친 ㉠을 가능하게 하는 사이버 공간의 특성으로 가장 적절한 것은?

> 네티즌은 '얼굴 바꾸기'의 달인?
> ㉠ 인터넷과 마주하기만 하면, 수만 가지 얼굴로 변하는 야수. 혹시 당신의 모습은 아닙니까?
> 이제 가면을 벗으세요!
> 인터넷 예절, 당신의 얼굴입니다.

① 사이버 공간은 다량의 정보가 존재하는 공간이다.
② 사이버 공간은 비대면성과 익명성을 지닌 공간이다.
③ 사이버 공간은 특정한 사람에게만 열려 있는 공간이다.
④ 사이버 공간은 시공간의 제약을 비교적 덜 받는 가상의 공간이다.
⑤ 사이버 공간은 정보의 전달 속도가 빨라 해악의 파급력도 크게 나타나는 공간이다.

03 다음 글의 주인공이 아래와 같은 일을 다시 겪지 않도록 충고할 수 있는 말로 가장 적절한 것은?

> 희수는 인터넷 중고 물품 판매 사이트에서 평소 가지고 싶던 스케이트보드를 보았다. 무척 쌌기 때문에 무조건 상대가 요구하는 방법대로 먼저 돈을 보냈다. 하지만 여러 날이 지나도 상대는 물건을 보내지 않았다. 희수는 결국 상대에게 쪽지로 항의해 보았으나 상대의 계정은 이미 없어진 상태였다.

① 사이버 공간은 사생활이 존재하지 않는 공간이라는 것을 명심해야 해.
② 사이버 공간에서는 사생활 침해가 쉽게 일어난다는 점을 잊지 말아야 해.
③ 사이버 공간에서는 자신의 정체를 숨기고 행동하기 쉽다는 점을 고려해야 해.
④ 사이버 공간에서는 다른 사람의 신상 정보에 쉽게 접근할 수 있다는 점을 기억해야 해.
⑤ 현실보다 사이버 공간의 행동들에 더 가벼운 도덕적 책임이 따른다는 점을 고려해야 해.

04 다음은 스마트폰 사용과 관련한 점검표이다. 이 점검표의 제목으로 가장 적절한 것은?

> ☐ 스마트폰이 없으면 안절부절못하고 초조하다.
> ☐ 스마트폰이 없으면 온종일 공부가 안 된다.
> ☐ 스마트폰 과다 사용으로 성적이 떨어졌다.
> ☐ 스마트폰을 사용하지 못하면 세상을 잃은 것 같다.
> ☐ '그만해야지.' 하고 생각하면서도 스마트폰을 계속 사용한다.
> ☐ 가족이나 친구들과 함께 있는 것보다 스마트폰을 사용하는 것이 더 즐겁다.

① 내가 세운 스마트폰 사용 규칙, 올바를까?
② 나는 스마트폰에 얼마나 의존하고 있을까?
③ 내가 스마트폰을 좋아하는 이유는 무엇일까?
④ 나는 스마트폰 이용 예절을 잘 지키고 있을까?
⑤ 나는 스마트폰의 사용 방법을 잘 알고 있을까?

정복! 서술형 문제

01 다음 그림을 보고 물음에 답해 보자.

> 극장에서 상영 중인 영화네!
> 공짜로 내려받아 봐야지.

(1) 위 그림이 지적하고 있는 정보화 시대의 도덕 문제가 무엇인지 써 보자.

----

(2) 위 그림과 같은 문제를 도덕 문제로 볼 수 있는 까닭이 무엇인지 서술해 보자.

----

02 (가), (나)를 읽고 물음에 답해 보자.

> (가) 사이버 공간에서도 사람들 사이의 공정하고 올바른 도리인 (㉠)을(를) 추구하려는 자세가 필요하다.
> (나) ○○군은 주민의 정보 활용 능력 향상과 지역·세대 간 정보 격차 해소를 위해 주민 정보화 교육을 한다. 주민들은 이 교육을 통해 인터넷과 스마트폰 활용 방법을 배울 수 있을 뿐만 아니라 컴퓨터 자격증 시험을 준비할 수도 있다.

(1) (가)의 빈칸 ㉠에 들어갈 적절한 용어를 써 보자.

----

(2) (가)의 관점에서 (나)의 사례가 지닌 의미를 서술해 보자.

----

03 밑줄 친 ㉠, ㉡의 의미를 서술해 보자.

> 사이버 공간이 오늘날 전 세계의 많은 사람이 교류하는 장이 될 수 있었던 이유는 무엇일까? 여러 가지 이유가 있겠지만 무엇보다도 사이버 공간의 ㉠ 무제약성, ㉡ 다양성과 개방성을 중요한 요인으로 들 수 있을 것이다.

㉠ -------------------

㉡ -------------------

04 다음은 정보 통신 매체를 사용할 때 지켜야 할 예절이다. 빈칸 ㉠, ㉡에 들어갈 적절한 내용을 서술해 보자.

> 1. 실시간으로 마주 보고 이야기하는 마음가짐으로 다른 사람을 대한다.
> 2. 유언비어·욕설·비방은 삼가고, 타인의 명예를 훼손할 수 있는 내용은 피한다.
> 3. 퍼온 글을 사용할 때는 (㉠)
> 4. 다른 사람의 개인적인 내용을 공개하는 것에 유의하여 (㉡)

㉠ -------------------

㉡ -------------------

05 다음 글의 주인공이 정보 통신 매체의 바른 사용법과 관련하여 유의해야 할 점을 두 가지 이상 서술해 보자.

> 보라는 자주 가는 사이트의 익명 게시판에서 인기 있는 한 연예인이 범죄 사건에 연루된 것 같다는 글을 보았다. 보라는 이 이야기를 친구들에게 알려 주기 위해 스마트폰을 들었다.

2 평화적 갈등 해결

- 갈등이 발생하는 원인
- 갈등을 평화롭게 해결해야 하는 까닭

⊙ **평화적 갈등 해결과 성숙**
개인적으로는 상대를 존중하고 협력하는 자세와 문제 해결 능력을 기를 수 있으며 사회적으로는 다양한 의견을 주고받으며 대안을 모색하여 더불어 사는 사회를 만들어 나갈 수 있다.

- 평화적 갈등 해결의 구체적 방법
- 평화적 갈등 해결의 자세

⊙ **또래 조정**
조정 훈련을 받은 또래 조정자의 도움으로 학생 간 갈등을 해결하는 것이다. 또래 조정자는 공평하고 중립적인 태도를 지켜야 한다. 또 갈등 당사자들의 의견과 요구를 파악할 수 있도록 질문하면서 갈등의 원인을 밝혀야 한다. 이와 더불어 갈등 당사자들이 서로의 감정을 알 수 있도록 돕고 합의안 도출도 도와야 한다.

01 갈등을 평화적으로 해결해야 하는 이유는 무엇일까?

1. 갈등이 발생하는 원인
(1) 가치관의 차이: 가치관의 차이를 인정하지 않고 자기 가치관을 강요하기 때문
(2) 이해관계의 차이: 한정된 자원이나 이익의 분배 과정에서 타협하지 못할 때
(3) 잘못된 의사소통: 상대의 기분을 상하게 하는 말과 행동, 존중하지 않는 태도

2. 갈등을 평화적으로 해결해야 하는 까닭
(1) 평화적 갈등 해결: 폭력을 사용하지 않고 서로 이해, 인정, 화해하여 갈등을 해결하는 것
(2) 평화적으로 갈등을 해결해야 하는 까닭: 갈등의 근본적 해결 방법이며, 바람직한 결과를 도출할 수 있고, 해결 과정에서 개인적·사회적으로 성숙해질 수 있기 때문

02 평화적 갈등 해결을 위한 구체적인 방법은 무엇일까?

1. 평화적 갈등 해결의 구체적 방법은?
(1) 협상: 갈등 당사자들이 직접 대화하여 합의에 이르고 합의 결과에 따름.
(2) 조정: 제삼자가 개입하여 갈등 당사자들끼리 합의하도록 도와주는 것 ➡ 학교에서는 학생들 사이의 갈등을 평화롭게 해결하기 위해 또래 조정을 활용함.
(3) 중재: 제삼자가 갈등 당사자들의 이야기를 듣고 중립적인 해결책을 내놓는 것
(4) 갈등 해결의 일반적 절차
- 1단계: 갈등 상황의 객관적 인식 ➡ 자신이 직면한 갈등 상황을 파악하고, 자신과 타인의 입장을 균형 있게 바라보아야 함.
- 2단계: 다양한 갈등 해결 방법을 모색하되 그 결과를 예측해 보는 일이 필요함.
- 3단계: 최선의 대안을 도출하여 갈등 상황에 적용하고 그 결과를 평가 및 반성함.

3. 평화적 갈등 해결의 자세는?
(1) 합리적으로 의사소통하려는 자세: 감정보다는 이성적 판단과 대화가 중요함.
(2) 역지사지와 관용의 자세: 상대의 처지에서 생각하고 다른 사람의 생각에 너그러워야 함.
(3) 양보와 타협의 자세: 합의한 내용이 자신의 의견과 다르더라도 수용해야 함.

교과서 자료 **놓치지 말자!**   **갈등을 평화적으로 해결해야 하는 까닭**

풀어봐 18쪽 02번 문제

인종 차별 정책이 폐지된 남아프리카 공화국에 만델라가 중심이 된 새 정부가 세워졌다. 이때, 새 국가(國歌)는 흑인들이 즐겨 부르는 노래로 하자는 의견이 강하였다. 그러나 만델라는, "그러면 우리도 똑같은 인종 차별주의자가 됩니다. 이 나라는 백인만의 나라가 아니듯 흑인만의 나라도 아닙니다. 우리는 흑인과 백인의 화합을 파괴해서는 안 됩니다."라고 말했다. 사람들은 그 말에 천천히 고개를 끄덕였다. 오늘날 남아프리카 공화국은 그 정신을 이어받아 백인과 흑인이 좋아하는 두 곡의 국가를 축약하여 한 곡으로 만들어 사용하고 있다.

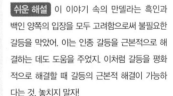

쉬운 해설 이 이야기 속의 만델라는 흑인과 백인 양쪽의 입장을 모두 고려함으로써 불필요한 갈등을 막았어. 이는 인종 갈등을 근본적으로 해결하는 데도 도움을 주었지. 이처럼 갈등을 평화적으로 해결할 때 갈등의 근본적 해결이 가능하다는 것, 놓치지 말자!

확인! 기본 문제

01 다음 빈칸에 들어갈 정답을 낱말 퍼즐 속에서 찾아 동그라미로 표시하시오.

또	래	조	정	자	의	원
래	역	지	사	지	사	자
중	사	아	갈	등	소	리
재	이	해	관	계	통	보
가	익	손	영	화	기	린
치	중	양	보	양	타	협
관	재	평	화	적	협	상

(1) 한정된 자원이나 이익을 분배하는 과정에서 (   )의 차이 때문에 갈등이 생길 수 있다.

(2) 상대의 기분을 상하게 하는 말과 행동 등 잘못된 (   ) 때문에 갈등이 생길 수 있다.

(3) 갈등의 당사자들이 직접 대화하여 합의에 이르는 갈등 해결의 방법을 (   )(이)라고 한다.

(4) 학생들 사이의 갈등 상황에서 조정 훈련을 받아 갈등의 해결을 돕는 제삼자를 (   )(이)라고 한다.

(5) 평화적으로 갈등을 해결하기 위해서는 상대의 입장에서 생각해 보는 (   )의 자세가 필요하다.

02 밑줄 친 부분을 바르게 고쳐 쓰시오.

(1) 자신의 가치관을 상대에게 <u>인정</u>하면 갈등이 발생할 수 있다. (   )

(2) 갈등을 평화롭게 해결하는 방법을 익혀 <u>사회적</u>으로는 자기 성숙의 기회로 살아야 한다. (   )

(3) 평화적 갈등 해결을 위해서는 <u>감정적으로</u> 의사소통하려는 자세가 필요하다. (   )

(4) 평화적 갈등 해결을 위해서는 다른 사람의 생각을 너그럽게 받아들일 수 있는 <u>억압</u>이 필요하다. (   )

03 갈등 해결의 일반적 절차에 따른 단계별 내용을 서로 알맞게 연결하시오.

(1) 1단계 •

(2) 2단계 •

(3) 3단계 •

• ㉠ 최선의 대안을 도출하기

• ㉡ 갈등 상황을 객관적으로 인식하기

• ㉢ 다양한 갈등 해결 방법을 모색하기

04 빈칸에 주어진 초성을 참고하여 알맞은 말을 쓰시오.

(1) 갈등을 평화롭게 해결한다는 것은 (ㅍ ㄹ)을(를) 사용하지 않고 서로 이해하고 인정하며 화해하여 갈등을 해결한다는 것이다. (   )

(2) 일상에서 마주하는 다양한 갈등을 평화롭게 해결하기 위해서는 무엇보다 갈등 당사자들이 서로 (ㄷ ㅎ)을(를) 나누어야 한다. (   )

05 다음 설명이 적절하면 ○ 표, 그렇지 않으면 X 표를 하시오.

(1) 해결이 어려운 갈등은 폭력을 사용하거나 갈등 상황을 덮고 피하는 방법을 사용하여 근본적으로 갈등을 해결할 수 있다. (   )

(2) 타협을 통해 합의한 내용이 자신의 의견과 다르더라도 수용하고 이해해야 한다. (   )

06 다음 중 옳은 내용에 ○ 표를 하시오.

(1) 갈등 해결을 위해 제삼자가 개입하여 갈등 당사자들의 이야기를 들어 보고 중립적인 해결책을 내놓는 것을 (조정, 중재)(이)라고 한다 .

(2) 갈등을 평화롭게 해결하게 되면 모든 사람에게 (바람직한, 불만족스러운) 결과를 도출할 수 있다.

01 다음 사례에 대한 설명으로 옳은 것은?

> 유진: 이번 합창 대회에서 우리 반이 좋은 성과를 거둘 수 있도록 노래를 잘하는 사람들만 뽑아서 연습하기로 하자.
>
> 기성: 노래를 잘하든 못하든 우리 반 친구들 모두 함께 합창 대회를 준비하는 것이 더 좋은 추억으로 남지 않겠어?
>
> 유진: 이왕이면 1등을 해야지!
>
> 기성: 꼭 1등을 하려고 대회에 참가하는 것은 아니잖아!

① 개인과 집단 사이의 갈등을 보여 준다.
② 이해관계의 차이 때문에 갈등이 나타났다.
③ 상대방의 기분을 상하게 하는 말과 행동이 근본적 원인이 된 갈등 사례이다.
④ 서로에게 자신의 가치관을 강요할 때 갈등이 발생할 수 있음을 보여 주는 사례이다.
⑤ 갈등 당사자들이 갈등 상황을 덮어 두거나 회피하기만 하려는 모습을 보여 주고 있다.

02 다음 사례에 대한 설명으로 적절하지 <u>않은</u> 것은?

> 인종 차별 정책이 폐지된 남아프리카 공화국에 만델라가 중심이 된 새 정부가 세워졌다. 이때, 새 국가(國歌)는 흑인들이 즐겨 부르는 노래로 하자는 의견이 강하였다. 그러나 만델라는, "그러면 우리도 똑같은 인종 차별주의자가 됩니다. 이 나라는 백인만의 나라가 아니듯 흑인만의 나라도 아닙니다. 우리는 흑인과 백인의 화합을 파괴해서는 안 됩니다."라고 말했다. 사람들은 그 말에 천천히 고개를 끄덕였다.

① 만델라는 의견이 다른 사람들을 설득하였다.
② 만델라는 갈등을 평화롭게 해결하고자 하였다.
③ 만델라는 갈등의 근본적인 해결을 도모하였다.
④ 만델라는 갈등을 그 자체로 잘못된 것이라고 보고 있다.
⑤ 만델라는 흑인과 백인이 서로 인정하고 화해하도록 노력하였다.

03 다음 이야기에 대한 학생들의 감상 중 적절하지 <u>않은</u> 것은?

> "첫째는 내 재산의 1/2을, 둘째는 1/3을, 셋째는 1/9을 가지도록 해라." 아버지의 유언 때문에 세 형제는 골머리를 앓았다. 돌아가신 아버지가 남긴 재산은 낙타 17마리였기 때문이다. '17마리의 절반이라면 8마리를 가지고 한 마리는 죽여 나누라는 말씀이신가?' 세 형제가 서로 한 마리를 더 가지겠다며 갈등이 깊어 갈 즈음, 낙타를 타고 지나가던 현인이 말했다. "내가 낙타 한 마리를 빌려줄 테니 한번 나눠 보게나." 18마리 낙타로 첫째는 9마리, 둘째는 6마리, 셋째는 2마리를 사이좋게 나누어 가질 수 있었다. 현인은 남은 한 마리를 타고 유유히 사라졌다.

① 기희: 현인의 해결 방식은 세 형제가 바람직하게 갈등을 해결하도록 도왔어.
② 희강: 세 형제가 갈등을 겪게 된 근본적인 원인은 이해관계의 차이라고 할 수 있어.
③ 보라: 형제들이 자칫 폭력이라도 사용했다면 갈등의 평화로운 해결은 불가능했을 거야.
④ 혜진: 갈등의 본질적인 원인을 파악하는 것이 문제 해결을 위해 중요하다는 것을 보여 주었어.
⑤ 희수: 갈등을 해결하는 가장 좋은 방법은 서로에 대한 이해와 양보라는 것을 잘 보여 준 사례야.

04 갈등의 평화적 해결이 개인과 사회에 미치는 영향에 대한 옳은 설명만을 〈보기〉에서 있는 대로 고른 것은?

>
>
> ㄱ. 개인적·사회적으로 성숙해질 수 있다.
> ㄴ. 언제나 양보하는 능력을 기를 수 있다.
> ㄷ. 상대방을 존중하는 자세를 기를 수 있다.
> ㄹ. 다양한 의견을 주고받으며 대안을 모색하여 더불어 사는 사회를 만들어 나갈 수 있다.

① ㄱ, ㄴ
② ㄷ, ㄹ
③ ㄱ, ㄷ, ㄹ
④ ㄴ, ㄷ, ㄹ
⑤ ㄱ, ㄴ, ㄷ, ㄹ

05 다음 이야기의 서희가 거란과의 갈등을 평화롭게 해결할 수 있었던 까닭으로 가장 적절한 것은?

> 거란의 소손녕이 80만 대군을 이끌고 고려에 쳐들어왔다. 고려의 탁월한 외교관이었던 서희는 거란이 쳐들어온 목적이 고려와 송의 관계를 끊는 데 있음을 알고 소손녕을 만나 이야기를 나누며 협상에 나섰다. 그 결과, 고려는 거란과의 전쟁을 피하고 오히려 압록강 주변의 땅을 돌려받을 수 있었다.

① 상대의 요구를 일방적으로 들어주었기 때문
② 상대가 원하는 것을 알고 대화를 통해 합의하였기 때문
③ 상대가 먼저 갈등을 평화롭게 해결하기를 원하였기 때문
④ 제삼자가 개입하여 갈등의 원활한 해결을 이끌도록 하였기 때문
⑤ 상대를 무력으로 위협하여 자신이 원하는 방식대로 갈등을 해결하였기 때문

06 밑줄 친 ㉠, ㉡, ㉢에 대한 설명으로 옳은 것은?

> 일상에서 마주하는 여러 갈등을 해결하려면 어떻게 해야 할까? 무엇보다 진솔한 대화가 필요하다. 그리고 대화를 바탕으로 한 구체적인 해결 방법으로 ㉠ 협상, ㉡ 조정, ㉢ 중재를 들 수 있다.

① ㉠을 통해 도출된 합의안은 양쪽의 갈등 당사자들이 모두 따라야 한다.
② ㉠은 제삼자가 개입하여 갈등 당사자들끼리 합의하도록 도와주는 것이다.
③ ㉡은 조정자가 갈등 당사자의 이야기를 듣고 중립적인 해결책을 내놓는 것이다.
④ ㉢은 갈등 당사자들이 직접 대화하며 합의안을 도출하는 방법이다.
⑤ ㉡, ㉢의 방법이 잘 이루어지지 않을 경우 ㉠을 사용해 볼 수 있다.

07 다음 〈보기〉는 갈등 해결의 일반적 절차 3단계에 해당하는 구체적 내용이다. 이를 순서에 맞게 제시한 것은?

> **보기**
> ㄱ. 최선의 대안을 도출한다.
> ㄴ. 갈등 상황을 객관적으로 인식한다.
> ㄷ. 다양한 갈등 해결 방법을 모색한다.

① ㄱ → ㄴ → ㄷ
② ㄴ → ㄱ → ㄷ
③ ㄴ → ㄷ → ㄱ
④ ㄷ → ㄱ → ㄴ
⑤ ㄷ → ㄴ → ㄱ

08 또래 조정에 대한 설명으로 옳은 것은?

① 또래 조정자는 도우미가 아닌 심판자의 역할로서 개입한다.
② 또래 조정자는 양쪽의 이야기를 듣고 중립적 합의안을 직접 정한다.
③ 또래 조정자는 갈등 당사자들의 요구를 명확히 파악할 수 있도록 질문한다.
④ 또래 조정에 따라 합의안이 도출되더라도 갈등 당사자들은 이를 따를 필요가 없다.
⑤ 또래 조정자는 갈등 당사자들이 상대의 이야기를 듣기보다는 자신의 요구를 충실히 전달하도록 돕는다.

09 평화적 갈등 해결을 위해 지녀야 하는 자세로 옳지 않은 것은?

① 이성에 따르기보다는 감정적으로 판단해야 한다.
② 상대방의 처지에서 생각할 줄 아는 역지사지의 자세를 취해야 한다.
③ 합의한 내용이 자신의 의견과 다르더라도 수용하고 이해할 수 있어야 한다.
④ 나와 다른 생각이라도 너그럽게 받아들일 수 있는 관용의 자세가 있어야 한다.
⑤ 대화를 통해 바람직한 해결책을 찾고자 하는 합리적 의사소통의 자세가 필요하다.

도전! 만점 문제

01 다음 사례에 대한 설명으로 적절하지 <u>않은</u> 것은?

> ○○ 기업은 공장을 세우려고 했으나 환경 오염을 걱정한 지역 주민들이 반대하였다. 반면 일자리 증가 등을 들어 찬성하는 주민도 많았다. 결국 기업과 찬반 양측 주민이 모여 20차례 이상 대화를 나누었다. 이 대화를 바탕으로 해당 기업은 환경 오염을 최소화할 방안을 제시하였다. 처음 계획보다 비용이 많이 드는 방안이었다. 찬성 측 주민들도 별도의 환경 오염 방지책을 추진하기로 약속하였다. 반대했던 주민들도 다른 주민들과 기업 측의 입장을 이해하고 공장 건설에 합의하였다.

① 갈등의 해결 과정이 평화적이다.
② 이해관계의 차이가 갈등의 원인이었다.
③ 이해와 양보를 바탕으로 갈등을 해소하였다.
④ 합의에 이르기까지 갈등 당사자들의 대화가 중요한 역할을 하였다.
⑤ 중재에 따른 중립적인 해결 방안 제시를 바탕으로 합의에 이를 수 있었다.

02 ㉮, ㉯에 드러난 갈등에 대하여 올바르게 말하고 있는 학생은?

① 소진: ㉮의 갈등 원인은 이해관계의 차이야.
② 승원: ㉮와 같은 상황이 일어나지 않으려면 서로의 가치관을 인정해야 돼.
③ 연경: 자원과 이익이 한정되어 있어 ㉯와 같은 갈등이 일어나는 거야.
④ 용균: ㉯와 같은 갈등은 개인 간에서만 나타나는 갈등의 전형이라고 할 수 있어.
⑤ 현정: 상대를 이해하고 존중하려는 태도로 소통한다면 ㉯와 같은 갈등을 잘 해결할 수 있어.

03 다음 갈등을 갈등 해결의 일반적 절차에 따라 조정하려고 한다. 각 단계의 내용으로 적절하지 <u>않은</u> 것은?

> 방과 후 활동과 동아리 활동에 열심인 인아는 사물함에 미처 넣지 못한 짐들을 책상 옆 통로에 쌓아 두었다. 그러자 통로를 사이에 두고 옆 자리에 앉은 지영이는 "짐 때문에 지나다닐 수도 없잖아!"라고 불만을 표시하였다. 그러자 인아는 "짐이 많은데 어쩌라는 거니?"라며 볼멘소리로 답했다.

① 1단계: 제삼자가 두 사람의 얘기를 들어 본다.
② 1단계: 두 사람이 서로 원하는 바를 알아본다.
③ 2단계: 제삼자가 여러 해결 방안을 제시한 후 그에 대한 생각을 두 사람에게 들어 본다.
④ 3단계: 제삼자는 중립적인 해결책을 도출하여 당사자들이 실행하도록 한다.
⑤ 3단계: 인아와 지영이는 해결책을 실행해 본 후 그 결과를 평가하고 반성해 본다.

04 다음 사례의 갈등을 평화롭게 해결하기 위해 윤아에게 요구되는 역할로 적절하지 <u>않은</u> 것은?

> 과학 시간에 모둠을 짜서 실험하며 모둠장인 해리가 실험을 주도하였다. 지후는 해리만 실험하는 것에 화가 났다. 지후는 자신도 실험하게 해달라고 요구했지만 해리는 지후가 실수를 자주한다며 거절했다. 그러자 지후는 왜 자신이 또 실수할 것이라고 단정하냐며 발끈했다. 둘의 실랑이가 계속되자 보다 못한 같은 모둠의 윤아가 또래 조정자로 나섰다.

① 해리와 지후가 원하는 바를 파악한다.
② 끝까지 공평하고 중립적인 태도를 유지한다.
③ 폭력이나 강압 같은 잘못된 해결 방법이 사용되지 않도록 돕는다.
④ 갈등 해결 과정에서는 해리와 지후가 서로의 감정을 모르도록 한다.
⑤ 해리와 지후가 서로 만족할 수 있는 해결책을 도출할 수 있도록 돕는다.

정복! 서술형 문제

01 다음 만화를 바탕으로 갈등이 평화적으로 해결되어야 하는 이유를 서술해 보자.

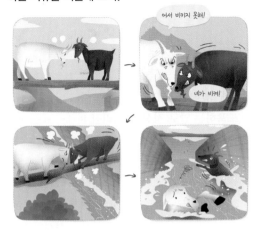

02 (가), (나)를 읽고 물음에 답해 보자.

> (가) 일반적인 갈등의 원인으로 가치관의 차이, 이해관계의 차이, 잘못된 의사소통을 들 수 있다.
>
> (나) 병진이와 하나는 한 조가 되어 봉사 활동을 하기로 하였다. 병진이는 가까운 주변에서 어려운 분들을 찾아 봉사해야 한다는 입장이다. 가까운 사람부터 돕는 것이 마땅하다고 보았기 때문이다. 반면 하나는 우리 사회에서 가장 어려운 분들을 찾아 그들을 돕는 것이 우선이라는 입장이다. 봉사의 대상을 정하는 일로 두 사람은 계속 갈등을 겪고 있다.

(1) (가)에서 (나)의 두 사람이 갈등을 겪게 된 원인을 찾아 써 보자.

(2) (나)의 두 사람이 평화적으로 갈등을 해결하기 위해 필요한 자세를 서술해 보자.

03 다음을 읽고 물음에 답해 보자.

> 일상에서 마주하는 여러 갈등을 해결하려면 어떻게 해야 할까? 무엇보다도 갈등 당사자들의 진솔한 대화가 중요할 것이다. 그리고 이렇게 대화로 갈등을 해결하는 구체적인 방법으로 ㉠ 협상과 ㉡ 조정 및 중재를 들 수 있다.

(1) 윗글의 밑줄 친 ㉠과 ㉡의 차이가 무엇인지 서술해 보자.

(2) 윗글의 밑줄 친 ㉠과 ㉡을 실행할 때 이루어지는 일반적 절차를 간략히 서술해 보자.

04 밑줄 친 ㉠의 의미를 서술해 보자.

> 갈등 당사자 간에 해결이 어려울 때 사용하는 방법으로 특히 학교에서는 학생들 사이의 갈등을 평화롭게 해결하기 위해 ㉠ 또래 조정을 활용하기도 한다.

05 다음의 영미에게 필요한 평화적 갈등 해결의 자세는 무엇인지 서술해 보자.

> 주한: 자, 그럼 노래 경연 대회 곡은 이것으로 정하는 거지?
> 영미: 생각해 봤는데 아무래도 안 되겠어. 내가 추천한 곡으로 했으면 좋겠어.
> 주한: 이제 와서 무슨 소리야! 이미 이것으로 하자고 합의했잖아!

3 폭력의 문제

핵심 POINT
• 일상에서 일어나는 폭력의 종류
• 폭력이 비도덕적인 까닭

⊙ 폭력의 유형
각 유형의 폭력은 복합적으로 나타날 수 있다. 또 사이버 폭력, 성폭력, 강제 심부름, 폭력 조직 가입 강요, 협박 등도 일상의 폭력 유형이다.

⊙ 폭력의 비도덕성
폭력은 자기 이익이나 주장만을 고집하는 사람이 사용하는 가장 잘못된 문제 해결 방법이면서 그 자체로 옳지 않은 행위이다.

핵심 POINT
• 일상생활 속 폭력에 대처하는 방법
• 폭력을 예방하는 방법

⊙ 폭력 예방을 위한 법·제도· 외부 기관
• 관련 법: 학교 폭력을 예방하고 피해자를 보호하는 '학교 폭력 예방 및 대책에 관한 법률'
• 관련 제도 및 외부 기관: 학교 전담 경찰 제도, 학교와 가까운 지구대, 병원 법률 기관, 상담 센터 등

01 폭력은 왜 비도덕적인가?

1. 일상에서 일어나는 폭력의 종류

(1) 폭력의 의미: 정당하지 못한 방법으로 상대를 강제로 제압하는 모든 행위

(2) 일상생활에서 나타날 수 있는 폭력의 유형

① 신체 폭력: 신체에 직접 힘을 가해 상처를 내는 행위

② 언어폭력: 인격을 무시하거나 모욕하는 말로 정신적·심리적 피해를 주는 행위

③ 따돌림: 다른 친구와 어울리지 못하도록 막고 괴롭히는 행위

④ 금품 갈취: 돈을 강제로 빼앗거나 걷어오라고 하는 행위

2. 폭력이 비도덕적인 까닭

(1) 다른 사람에게 피해를 주고 인격을 훼손하기 때문: 피해자는 신체적·정신적 고통을 겪고, 인간으로서의 권리를 침해받음. ➡ 계속된 폭력에 부정적 자아상을 형성할 수 있음.

(2) 사회 혼란을 일으키기 때문: 폭력이 또 다른 폭력을 낳는 폭력의 악순환이 나타나 사회 질서가 무너질 수 있음.

02 폭력에 어떻게 대처할까?

1. 폭력에 대처하는 방법: 자기 의사를 명확히 표현하고, 주변 사람에게 도움을 받아야 하며, 법·제도·외부 기관 등을 적극적으로 활용하여 폭력에 대처해야 함.

2. 폭력을 예방하는 방법

(1) 개인적 차원

① 분노 조절 및 결과 예측하기: 분노를 객관적으로 바라보면서 마음을 가라앉히고 폭력이 자신과 타인에게 미칠 영향을 예측해 보아야 함.

② 민감성 및 공감 능력 기르기: 사소한 행동이 폭력이 될 수 있음을 인식하고 폭력에 예민하게 반응하며 폭력에 따른 고통에 공감해 보아야 함.

③ 평화적 갈등 해결의 자세 지니기: 무시, 조롱, 비난 등 공격적 대응이 아닌 대화와 같은 방법으로 갈등 상황을 평화롭게 해결해야 함.

(2) 사회적 차원: 폭력 예방을 위한 법과 제도 마련, 평화를 지향하는 사회 분위기 조성

교과서 자료 놓치지 말자! **비폭력을 실천해야 하는 까닭**

풀어봐 24쪽 04번 문제

나는 폭력에 반대합니다. 폭력이 좋은 결과를 가져온 것처럼 보일지라도 그것은 일시적인 것이고, 그 폭력이 낳은 악은 영원하기 때문이지요. 복수는 달콤하지만, 용서는 거룩합니다. 아무리 견고한 철도 뜨거운 용광로에서 녹아 버리듯이 가장 딱딱하게 굳은 마음도 비폭력의 뜨거운 열의 앞에서는 녹아 버린답니다. …… 우리를 사랑하는 사람을 사랑하는 것은 비폭력이 아닙니다. 오직 우리를 증오하는 사람을 사랑하는 것만이 비폭력입니다. 비폭력은 가장 위대한 사랑이며, 인류를 구원하는 최상의 방법이라고 할 수 있습니다.

쉬운 해설 간디에 따르면 폭력은 결국 복수를 불러올 뿐이야. 즉 폭력의 악순환을 고려하면 폭력은 결코 바람직한 갈등 해결의 방법이 될 수 없다는 거야. 반대로 그는 갈등 해결의 최상의 방법은 비폭력이라고 강조하고 있어. 이 자료를 통해 간디가 비폭력을 강조한 이유를 놓치지 말자!

확인! 기본 문제

01 다음 빈칸에 들어갈 정답을 낱말 퍼즐 속에서 찾아 동그라미로 표시하시오.

결	과	예	측	동	필	요
신	체	폭	력	법	제	도
인	사	회	분	위	기	적
객	의	기	제	로	따	안
관	사	용	기	조	돌	리
적	화	의	식	설	림	은
절	기	적	언	어	폭	력

(1) 신체에 직접 가해 상처를 내는 폭력의 종류를 ( )(이)라고 한다.

(2) ( )은(는) 다른 친구와 어울리지 못하도록 막고 괴롭히는 행위이다.

(3) 폭력 행위에 대해 부당한 요구를 거절하고 싫다고 표현하는 등 자기의 ( )을(를) 분명히 밝혀야 한다.

(4) 폭력을 예방하려면 분노를 ( )(으)로 바라보면서 마음을 가라앉혀야 한다.

(5) 폭력을 예방하려면 사회적 차원에서 평화를 지향하는 ( )을(를) 조성해야 한다.

02 밑줄 친 부분을 바르게 고쳐 쓰시오.

(1) 옷이나 문구류 등을 빌린 뒤 돌려주지 않는 행위는 <u>언어폭력</u>에 해당한다. ( )

(2) 합리적 과정을 통해 갈등을 해결하려고 하면 또 다른 폭력이 발생한다. ( )

(3) 폭력은 다양한 유형으로 나눌 수 있지만 실제 상황에서는 획일적으로 발생한다. ( )

(4) 폭력을 예방하기 위해 <u>개인적</u> 차원에서 할 수 있는 일로 폭력 예방을 위한 법과 제도 마련을 들 수 있다. ( )

03 다음 내용을 서로 알맞게 연결하시오.

(1) 언어 폭력 •

(2) 금품 갈취 •

(3) 성폭력 •

• ㉠ 상대에게 성적 모멸감을 느끼게 하는 폭력 행위

• ㉡ 인격을 무시하거나 모욕하는 말로 상대에게 정신적·심리적 피해를 주는 행위

• ㉢ 돈을 강제로 빼앗거나 걷어오라고 하는 행위

04 주어진 초성을 참고하여 빈칸에 알맞은 말을 쓰시오.

(1) 폭력은 다른 사람의 (ㅇㄱ)을 훼손한다는 점에서 비도덕적이다. ( )

(2) 폭력을 예방하기 위해서는 무심코 하는 작은 행동도 폭력이 될 수 있음을 인식하는 폭력에 대한 (ㅁㄱㅅ)이 필요하다. ( )

05 다음 설명이 적절하면 ○ 표, 그렇지 않으면 X 표를 하시오.

(1) 폭력이 도덕적으로 정당화될 수 없는 이유 중 하나는 다른 사람에게 피해를 주기 때문이다. ( )

(2) 폭력을 당했을 때는 도움을 요청하지 말고 스스로 해결하려는 자세가 필요하다. ( )

06 다음 중 옳은 내용에 ○ 표를 하시오.

(1) 폭력을 꾸준히 당한 사람은 자기 자신을 약하게 여기거나 (긍정적, 부정적) 자아상을 형성할 수 있다.

(2) 갈등 상황에서 상대를 무시하는 등 (방어적, 공격적)으로 대응하면 폭력이 일어나기 쉽다.

01 폭력에 대한 옳은 설명을 〈보기〉에서 고른 것은?

> 보기
>
> ㄱ. 그 자체로 또 다른 갈등과 폭력을 불러올 수 있다.
> ㄴ. 하나의 상황에서 여러 유형이 복합적으로 발생하기도 한다.
> ㄷ. 정당한 방법으로 상대를 제압하는 모든 행위를 일컫는 말이다.
> ㄹ. 우리가 일상적으로 경험하는 갈등 상황에서만 나타나는 일이다.
> ㅁ. 자기 이익이나 주장만을 고집하는 사람이 갈등을 해결하기 위해 사용하는 가장 잘못된 방식이다.

① ㄱ, ㄴ, ㅁ   ② ㄱ, ㄷ, ㄹ
③ ㄴ, ㄷ, ㄹ   ④ ㄴ, ㄹ, ㅁ
⑤ ㄷ, ㄹ, ㅁ

02 다음 글의 ㉠~㉤과 그에 해당하는 폭력의 유형을 바르게 연결한 것은?

> ○○이는 얼마 전부터 반 단체 채팅방에서 자신을 험담하는 대화를 많이 보고 있다. ㉠ 기분이 상해 채팅방을 나오면 강제로 다시 초대되는 일이 반복되었다. ㉡ 험담을 주도하는 친구들은 학교에서 만나면 듣기 싫은 별명으로 부르고 외모를 비하하기 일쑤였다. ㉢ 때로는 방과 후에 학교 앞에서 돈을 빼앗아 가기도 하였고, ㉣ ○○이의 머리를 툭툭 치는 일도 있었다. 또한 ㉤ 다른 친구들에게 겁을 주어, 교실에서 누구도 ○○이에게 말을 걸지 못하게 하였다.

① ㉠ – 신체 폭력   ② ㉡ – 성폭력
③ ㉢ – 금품 갈취   ④ ㉣ – 언어폭력
⑤ ㉤ – 사이버 폭력

03 다음 이야기를 읽은 학생들의 소감 중 적절하지 않은 것은?

> 최 군은 김 군의 외모를 놀리는 말을 일삼고, 단지 자기 기분이 나쁘다며 김 군을 때리기도 한다. 김 군은 몸에 멍이 드는 날이 많아졌고 학교에 가기 싫어졌으며, 늘 당하기만 하는 자신이 점점 한심하게 느껴졌다. 김 군은 고민 끝에 다른 학교의 친한 형에게 이 사실을 털어 놓았다. 다음 날, 그 형은 자기 친구들과 함께 김 군의 학교 앞으로 찾아갔고, 혼자 하교하던 최 군을 골목으로 데려가 발로 차고 때렸다. 이 일로 최 군은 크게 다쳐서 병원에 입원하였다.

① 민경: 폭력의 악순환을 보여 주는 사례야.
② 지우: 최 군은 언어폭력도 저지르고 있어.
③ 연우: 폭력은 다른 사람의 인격을 훼손한다는 것을 보여 주는 사례야.
④ 지웅: 계속되는 폭력 때문에 김 군은 부정적 자아상을 형성하게 되었어.
⑤ 정민: 여러 폭력 유형 중 신체 폭력만은 정당화될 수 없다는 것을 보여 주는 사례야.

04 다음 글의 ㉠을 통해 알 수 있는 폭력의 문제점으로 가장 적절한 것은?

> 나는 폭력에 반대합니다. ㉠ 폭력이 좋은 결과를 가져온 것처럼 보일지라도 그것은 일시적인 것이고, 그 폭력이 낳은 악은 영원하기 때문이지요. 복수는 달콤하지만, 용서는 거룩합니다. 아무리 견고한 철도 뜨거운 용광로에서 녹아 버리듯이 가장 딱딱하게 굳은 마음도 비폭력의 뜨거운 열의 앞에서는 녹아 버린답니다.

① 폭력은 인간의 존엄성을 지키는 행위이다.
② 폭력으로는 진정한 갈등 해소가 불가능하다.
③ 폭력은 종교적 가르침에 어긋나는 행위이다.
④ 폭력을 행사하면 법적으로 처벌받을 수 있다.
⑤ 폭력은 가해자에게 커다란 고통을 안겨 준다.

05 다음과 같은 상황에 처한 글쓴이에게 전할 충고로 적절하지 <u>않은</u> 것은?

> 요즘 저는 학교 가기가 정말 싫습니다. 우리 반 ○○가 매일 우리 반 애들을 때리기 때문입니다. ○○는 소풍날 아이들이 가져온 용돈을 빼앗기도 하고, 숙제도 다른 애들에게 시킵니다. 아직은 저를 때리거나 제 돈을 빼앗지는 않았지만, 옆에서 지켜보는 것도 너무 괴롭습니다. 그 친구에게 하지 말라고 하고 싶지만, 저도 당할까 봐 무섭습니다.

① 영진: 학교 폭력 신고 센터에 전화하는 게 좋겠어.
② 경수: 학교 전담 경찰관에게 도움을 요청해 보도록 해.
③ 장아: 폭력에 대한 거부 의사를 명확하게 표현해야만 해.
④ 수영: 보복당할 수 있으니 주변에는 알리지 말고 처리하도록 해.
⑤ 훈범: 네가 피해자가 아니더라도 폭력 근절을 위해 노력해야만 해.

06 개인적 차원의 폭력 예방 방법만을 〈보기〉에서 있는 대로 고른 것은?

> **보기**
> ㄱ. 행동에 따른 결과를 예측해 본다.
> ㄴ. 폭력 예방을 위한 법과 제도를 만든다.
> ㄷ. 폭력을 당하게 됐을 때 느낄 고통을 상상해 본다.
> ㄹ. 무심코 하는 행동이 폭력이 될 수 있음을 인지하고 유의한다.
> ㅁ. 갈등 상황에서 무시, 조롱, 비난 등의 공격적 대응을 하지 않는다.

① ㄱ, ㄴ, ㄷ
② ㄴ, ㄷ, ㅁ
③ ㄷ, ㄹ, ㅁ
④ ㄱ, ㄴ, ㄷ, ㄹ
⑤ ㄱ, ㄷ, ㄹ, ㅁ

꼭 나와

07 다음 글의 빈칸 ㉠, ㉡에 들어갈 적절한 진술을 바르게 연결한 것은?

> 분노를 제대로 조절하지 못하면 폭력의 가해자가 되는 일이 많다. 마음속에서 일어나는 분노를 잘 조절하려면 _____㉠_____으로써 마음을 가라앉혀야 한다. 이렇게 마음을 차분히 가라앉힌 상태에서 ____㉡____(을)를 예측해 봄으로써 폭력을 예방할 수 있다.

	㉠	㉡
①	마음속 분노를 억누르고 감춤	폭력이 자신에게 가져올 이익
②	마음속 분노를 억누르고 감춤	폭력을 지양했을 때 입게 될 손해
③	마음속 분노를 객관적으로 바라봄	폭력이 자신과 타인에게 미칠 결과
④	마음속 분노를 객관적으로 바라봄	폭력을 지양했을 때 입게 될 손해
⑤	마음속 분노를 바깥으로 모두 표출함	폭력이 자신과 타인에게 미칠 결과

08 다음 글에서 제시하고 있는 폭력 예방 방법의 구체적 사례로 적절하지 <u>않은</u> 것은?

> 폭력 예방을 위해서는 사회적 차원의 노력도 중요하다. 우선 각종 법적·제도적 노력이 필요하다. 또한 평화를 지향하는 사회 분위기를 만들어야 한다. 폭력을 용인하지 않는 사회 분위기를 만들어 가기 위해 사회에 미치는 영향력이 큰 대중 매체 속의 폭력도 점검해 보아야 한다.

① 지역별로 폭력 근절 캠페인을 진행한다.
② 학교별로 정기적인 폭력 예방 교육을 실시한다.
③ 폭력 근절을 위한 법률을 제정하고 보완한다.
④ 매일 자발적으로 마음 수양을 하면서 마음의 분노를 다스리기 위해 노력한다.
⑤ 영화나 텔레비전 등에서 폭력적 장면을 다룰 때 신중히 제작 및 방송하는 환경을 만든다.

도전! 만점 문제

01 다음 그림 ㉠~㉣은 폭력의 여러 유형을 보여 준다. 이에 대한 설명으로 옳은 것은?

① ㉠은 금품 갈취에 해당한다.
② ㉡은 인격을 무시하거나 모욕하는 말로 상대에게 신체적 피해를 주는 폭력 행위이다.
③ ㉢과 같은 유형의 폭력으로 옷이나 문구류를 빌리고 돌려주지 않는 행위를 들 수 있다.
④ ㉣에는 신체 폭력과 사이버 폭력이 복합적으로 나타나고 있다.
⑤ 성폭력과 강제 심부름은 ㉠~㉣에 드러나 있지 않다.

02 밑줄 친 ㉠에 들어갈 내용으로 가장 적절한 것은?

> 범죄자로 분류될 정도의 학교 폭력 가해자들에 대한 연구 결과가 충격을 주고 있다. 연구 결과에 따르면 대부분의 가해 학생은 어렸을 때 가족이나 친구에게 폭행당하고 무시당했던 경험이 있었다. 그리고 이러한 경험은 청소년기에 공격적인 폭력 행동으로 분출되는 것으로 분석되었다. 이 연구는 우리로 하여금 폭력은 ____㉠____을 다시 한 번 일깨운다.

① 또 다른 폭력을 낳는다는 것
② 그 자체로 옳지 않고 비도덕적이라는 것
③ 갈등의 합리적 해결 방법과는 거리가 멀다는 것
④ 다른 사람의 인격을 존중하지 못하는 일이라는 것
⑤ 가해자를 선도하는 방식으로는 근절하거나 예방할 수 없다는 것

03 밑줄 친 ㉠과 같은 프로그램을 시행하는 까닭으로 적절하지 <u>않은</u> 것은?

> 최근 여러 지역 사회에서 ㉠ 청소년 경찰 학교 프로그램을 시행 중이다. 이 프로그램을 통해 중학생들은 경찰 치안 센터에서 경찰관의 지도를 받으며 학교 폭력 역할극을 한다. 학교 폭력 시나리오 가운데 하나를 골라 가해자와 피해자 역할을 번갈아 해 보는 것이다. 역할극이 끝나면 경찰 조사관의 자리에 앉아 방금 벌어졌던 학교 폭력 사건을 직접 조사한다.

① 폭력이 발생하는 일을 예방하기 위해
② 폭력의 위험성과 심각성을 알리기 위해
③ 학생들이 폭력의 고통을 상상하고 자기 일처럼 느껴 보도록 하기 위해
④ 학생들이 스스로 폭력 상황을 해결할 수 있는 능력을 기르도록 하기 위해
⑤ 학생들에게 폭력이 자신과 상대에게 낳게 될 결과를 생각해 보도록 하기 위해

04 다음 글의 연구가 폭력 예방과 관련하여 주는 의미로 가장 적절한 것은?

> 아이들을 세 모둠으로 나누어, 첫 번째 모둠에게는 풍선 인형을 때리며 공격하는 행동을, 두 번째 모둠에게는 풍선 인형을 안아 주고 쓰다듬는 행동을, 세 번째 모둠에는 풍선에 대하여 무관심한 행동을 하는 화면을 보여 주었다. 화면과 똑같은 방 안에 들어간 각 모둠의 아이들은 대부분 자신이 본 그대로 행동하였다. 즉, 공격 행동을 보여 준 모둠의 아이들은 대부분 자신이 본 그대로 풍선을 공격하였다.

① 폭력은 개인적 차원에서만 예방할 수 있다.
② 평화를 지향하는 사회 분위기를 조성해야 한다.
③ 마음속의 분노를 객관적으로 바라보아야 한다.
④ 자신의 일처럼 타인이 겪게 될 고통을 상상해 보아야 한다.
⑤ 무심코 하는 사소한 행동도 타인에게는 폭력으로 느껴질 수 있음을 유의해야 한다.

정복! 서술형 문제

01 다음 글을 읽고 물음에 답해 보자.

> 폭력은 _____㉠_____(이)라는 의미로 정의할 수 있다. 이러한 폭력은 그 자체로 잘못일 뿐만 아니라 옳지 않은 것이다. 또한 폭력은 개인에게 심각한 상처를 남긴다. 그뿐이 아니다. 폭력은 사회적으로도 심각한 문제를 일으킨다. 우리 사회에는 다양한 의견 대립과 갈등이 발생한다. 이를 합리적 절차가 아닌 폭력으로 해결하려고 하면 _____㉡_____

(1) 밑줄 친 ㉠에 들어갈 내용을 서술해 보자.

(2) 밑줄 친 ㉡에 들어갈 적절한 내용을 아래의 제시어 두 가지를 모두 사용하여 서술해 보자.

> • 폭력의 악순환   • 사회 혼란

02 다음은 폭력 피해자가 자신의 마음을 묘사한 글이다. 이 글을 바탕으로 폭력이 비도덕적인 까닭을 서술해 보자.

> 사람의 마음이란 참 이상하다. 처음에는 그럴리 없다고 굳게 믿었는데 애들이 계속 조롱할수록 자신감이 점점 더 바닥을 드러냈다. 그러다가 마침내 이러한 생각에 사로잡히고 말았다. '난 남들에게 피해만 끼치는 존재인가? 정말 벌레 같은 존재일까?' 이런 생각이 점점 더 깊게 마음속을 파고들었다. 학교, 집, 어디에도 내가 있을 곳이 없었다. 이 세상 그 어디에도 내가 있을 곳이 없었다. 이제 아무것도 의미가 없었다. '왜 나는 여기 있는 걸까? 왜 살고 있는 거지?' 슬픈 마음도, 눈물도 완전히 말라 버렸다. 오히려 마음속이 텅 비어 버렸다. 이제 인간다운 감정은 한 톨도 남아 있지 않다.
> – 하야시 미키, 《미안해 스이카》 –

03 다음 글을 읽고 물음에 답해 보자.

> 폭력 예방을 위해서는 갈등을 (㉠)(으)로 해결하려는 자세를 지녀야 한다. 갈등 상황에서 공격적으로 대응하지 않고 대화와 같은 방법을 사용해야 하는 것이다.
> 또한 폭력에 관한 (㉡)(을)를 길러야 한다. 즉 우리가 무심코 하는 사소한 행동도 폭력이 될 수 있음을 인식하고, 폭력에 예민하게 반응할 수 있어야 한다.
> 그리고 타인에게 공감하는 능력을 길러야 한다. 예를 들어 자신이 타인에게 폭력을 당한다면 _____㉢_____

(1) 윗글의 빈칸 ㉠, ㉡에 들어갈 단어를 써 보자.

㉠ _____   ㉡ _____

(2) 윗글의 빈칸 ㉢에 들어갈 적절한 내용을 서술해 보자.

04 다음 상황에서 요구되는 주인공의 올바른 대처 방법을 <u>두 가지</u> 서술해 보자.

> 엘리엇은 학교에서 별다른 까닭 없이 맞는다. 엘리엇이 맞을 때 아무도 그를 도와주지 않는다. 엘리엇을 도와주면 자신도 따돌림을 당할까 봐 다들 두렵기 때문이다. 전학을 가게 된 엘리엇은 새 학교에서는 따돌림을 당하지 않으려고 노력한다. 그의 학교생활은 점차 달라지는 것처럼 보인다. 그런데 이 학교에는 '수호자들'이라고 부르는 폭력 집단이 있다. 그들은 엘리엇에게 자기들과 함께하자고 제안하면서, '가장 때려 주고 싶은 사람'을 결정하라고 지시한다. 이제 엘리엇은 폭력의 피해자가 아니라 가해자가 되어야 하는 상황이다.

I-1 정보 통신 윤리

01 정보화 시대에 발생하는 도덕 문제는 무엇일까?

정보화 시대와 우리의 삶		• 정보화 시대: 각종 정보 통신 기술로 다양한 정보를 생산하고 이용하는 일이 생활의 중심이 되는 시대 • 더욱 편리한 삶을 살면서, 자유롭고 수평적인 인간관계를 맺을 수 있게 되었음.
정보화 시대에 발생하는 도덕 문제	사이버 폭력	사이버 공간에서 상대방에게 정신적·심리적인 피해를 주는 모든 행위
	사생활 침해	사이버 공간에서 다른 사람의 개인적 정보나 사생활을 노출, 악용하는 행위
	사이버 중독	문자 메시지, 게임, SNS 등에 중독되어 심하게 의존하고 집착하는 것
	기타	저작권 침해, 인터넷 금전 거래 사기, 해킹, 바이러스 유포, 불법 사이트 개설 등

02 정보화 시대에 도덕적 책임이 필요한 이유는 무엇일까?

사이버 공간에서 도덕적 책임이 필요한 까닭		• 함께 생활하는 공간이기 때문 • 타인에게 해악을 끼치기 쉽기 때문 • 해악의 파급력이 크기 때문
정보화 시대에 도덕적 책임을 실천하기 위한 자세	인간 존중	사이버 공간의 모든 사람을 나 자신과 같이 소중한 사람으로 대해야 함.
	책임 의식	자신의 행동이 어떤 결과를 낳을지 생각하고, 행위의 결과에 책임을 져야 함.
	해악 금지	다른 사람에게 피해를 주지 않아야 함.
	정의 추구	사람들 사이의 공정하고 올바른 도리인 정의를 추구하기 위해 노력해야 함.

03 정보 통신 매체를 올바르게 사용하려면 어떤 태도가 필요할까?

태도 점검	• 사용 습관 점검: 정보 통신 매체 의존도, 타인에게 해를 끼치는지 여부 등을 점검함. • 사용 습관을 평가하여 반성할 점과 개선할 점 찾기
올바른 사용을 위한 태도	• 정보 통신 매체 중독 예방하기: 자율적인 사용 규칙에 따라 절제하며 사용해야 함. • 예절을 갖춘 의사소통하기 • 정보를 바르게 이해하고 표현하기

I-2 평화적 갈등 해결

01 갈등을 평화적으로 해결해야 하는 이유는 무엇일까?

갈등의 발생 원인	가치관의 차이	가치관의 차이를 인정하지 않고 자기 가치관을 강요할 때
	이해관계의 차이	한정된 자원이나 이익의 분배 과정에서 타협하지 못할 때
	잘못된 의사소통	상대의 기분을 상하게 하는 말과 행동, 존중하지 않는 태도

갈등을 평화적으로 해결해야 하는 까닭	• 갈등의 근본적 해결 방법이기 때문 • 모두에게 바람직한 결과를 도출할 수 있기 때문 • 개인적·사회적으로 성숙해질 수 있기 때문

02 평화적 갈등 해결을 위한 구체적인 방법은 무엇일까?

평화적 갈등 해결 방법	협상	갈등 당사자들이 직접 대화하여 합의에 이르는 것
	조정·중재	• 갈등 당사자 간에 협상이 잘 이루어지지 않을 때 제삼자가 개입하는 방법 • 조정: 제삼자가 개입하여 갈등 당사자끼리 합의하도록 도와주는 것 • 중재: 제삼자가 갈등 당사자 각자에게 이야기를 들어 보고 중립적인 해결책을 내놓는 것
갈등 해결의 일반적 절차	1단계	갈등 상황의 객관적 인식 → 자신이 직면한 갈등 상황을 파악하고, 자신과 타인의 입장을 균형 있게 바라보아야 함.
	2단계	다양한 갈등 해결 방법을 모색하되 그 결과를 예측해 보는 일이 필요함.
	3단계	최선의 대안을 도출하여 갈등 상황에 적용하고 그 결과를 평가 및 반성함.

I-3 폭력의 문제

01 폭력은 왜 비도덕적인가?

폭력의 종류	신체 폭력	신체에 직접적인 힘을 가해 상처를 내는 행위
	언어폭력	인격을 무시하거나 모욕하는 말로 상대방에게 정신적·심리적 피해를 주는 행위
	따돌림	다른 친구와 어울리지 못하도록 막고 괴롭히는 행위
	금품 갈취	돈을 강제로 빼앗거나 걷어오라고 하는 행위
	기타	사이버 폭력, 성폭력, 강제 심부름, 폭력 조직 가입 강요, 협박 등

폭력이 비도덕적인 까닭	• 폭력은 그 자체로 잘못이자 옳지 않은 행위 • 다른 사람에게 신체적·정신적 피해를 주기 때문 • 다른 사람의 인격을 훼손하기 때문 • 사회 혼란을 일으키기 때문

02 폭력에 어떻게 대처할까?

폭력에 대처하는 방법		• 자신의 의사를 명확하게 표현해야 함. • 주변 사람에게 상황을 알리고 도움을 받아야 함. • 법·제도·외부 기관을 적극적으로 활용해야 함.
폭력을 예방하는 방법	개인적 차원	• 분노 조절 및 결과 예측하기: 분노를 객관적으로 바라보면서 마음을 가라앉히고 폭력이 자신과 타인에게 미칠 영향을 예측해 보아야 함. • 민감성 및 공감 능력 기르기: 폭력에 예민하게 반응하고 폭력에 따른 고통에 공감해야 함. • 평화적 갈등 해결의 자세 지니기: 무시, 조롱, 비난 등 공격적 대화가 아닌 대화와 같은 방법으로 갈등 상황을 평화롭게 해결해야 함.
	사회적 차원	• 폭력 예방을 위한 각종 법과 제도 마련 • 평화를 지향하는 사회 분위기 조성

마무리! 대단원 실전 문제

※ [01~02] 다음 글을 읽고 물음에 답해 보자.

- 스마트폰으로 뉴스와 날씨 정보를 확인하는 일로 하루를 시작한다.
- 최근 사회적 이슈에 대한 나의 생각을 SNS에 올리고 다른 사람들과 의견을 나눈다.
- 인터넷 쇼핑몰에서 필요한 물건을 검색하여 주문한 후 인터넷 뱅킹으로 물건 값을 결제한다.

01 위와 같은 삶의 모습과 가장 관련이 깊은 사회는?

① 산업 사회　② 공업 사회
③ 개방 사회　④ 정보화 사회
⑤ 기술 지배 사회

02 위와 같은 사회의 특징으로 보기 어려운 것은?

① 과거보다 더 편리하게 살아간다.
② 보다 수직적인 인간관계를 맺을 수 있다.
③ 시간적인 여유가 생기고 삶의 질이 향상된다.
④ 멀리 떨어진 사람과도 자유롭게 교류할 수 있다.
⑤ 자신의 생각이나 의견을 자유롭게 표현할 수 있다.

03 다음 사례에서 찾을 수 있는 정보화 시대의 도덕적 문제를 〈보기〉에서 고른 것은?

제이비와 아무르는 학교 소식을 전하고자 '트루먼의 진실'이라는 사이트를 만든다. 그런데 누군가 학교의 인기 스타인 릴리의 초등학교 사진, 즉 뚱뚱했던 어린 시절의 사진과 릴리를 비방하는 익명의 글을 올리면서 한바탕 소동이 일어난다. 릴리는 자신을 향한 악성 댓글로 인한 정신적 고통을 이기지 못하고 어느 날 갑자기 모습을 감춘다.
– 도리 힐레스타드 버틀러, 《트루먼 스쿨 악플 사건》 –

보기
ㄱ. 저작권 침해　　ㄴ. 사생활 침해
ㄷ. 사이버 중독　　ㄹ. 사이버 폭력

① ㄱ, ㄴ　② ㄱ, ㄷ　③ ㄴ, ㄷ
④ ㄴ, ㄹ　⑤ ㄷ, ㄹ

04 다음 그래프를 통해 얻을 수 있는 결론으로 적절하지 않은 것은?

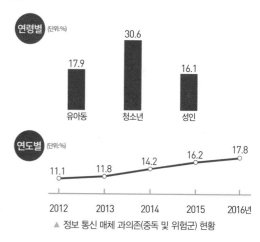
▲ 정보 통신 매체 과의존(중독 및 위험군) 현황

① 정보 통신 매체 과의존 문제에 사회적 관심이 필요하다.
② 정보 통신 매체 과의존 치료와 예방을 위한 기관을 확대해야 한다.
③ 유아동과 그 부모를 대상으로 올바른 정보 통신 매체 활용 교육을 강화해야 한다.
④ 청소년이나 유아동보다는 성인들에게 정보 통신 매체 과의존 예방 교육이 필요하다.
⑤ 정보 통신 매체 과의존이 불러올 수 있는 문제를 더 많은 사람이 알 수 있도록 알려야 한다.

서술형
05 다음 글을 읽고 물음에 답해 보자.

(㉠)은(는) 컴퓨터 통신망 안에 존재하는 가상적인 공간을 말한다. 이 공간은 단순히 정보를 주고받는 정보 통신 차원을 넘어서 사회적·경제적·문화적 공간이 되어 가고 있다.

(1) 윗글의 빈칸 ㉠에 들어갈 용어를 써 보자.

(2) ㉠이 지닌 특성을 세 가지 이상 서술해 보자.

○○경찰서는 포털 사이트와 SNS 등에 '△△ 쇼핑몰이 곧 무너진다.'라는 글을 총 27차례 올린 혐의로 고교생 A 군을 불구속 입건했다고 밝혔다. A 군은 경찰에서 "다른 사이트에서 △△ 쇼핑몰이 붕괴된다는 글을 보고 빨리 알려야겠다고 생각했다."라고 진술했다. 그러나 경찰은 ㉠ A 군이 △△ 쇼핑몰에 가본 적이 없으면서 인터넷에 떠도는 풍문을 마치 사실인 것처럼 인터넷에 게시하여 쇼핑몰 측에 큰 피해를 입혔다고 말했다.

– 《문화일보》, 2014년 1월 9일 –

06 윗글의 ㉠과 같은 일이 쉽게 발생하는 이유와 밀접한 관련이 있는 사이버 공간의 특징만을 〈보기〉에서 있는 대로 고른 것은?

> **보기**
> ㄱ. 다양성　　　ㄴ. 익명성
> ㄷ. 무제약성　　ㄹ. 비대면성

① ㄱ, ㄴ　　② ㄴ, ㄷ　　③ ㄷ, ㄹ
④ ㄱ, ㄷ, ㄹ　　⑤ ㄴ, ㄷ, ㄹ

07 윗글을 통해 알 수 있는 내용으로 적절하지 않은 것은?

① 사이버 공간에서의 행동에도 책임을 져야 한다.
② 사이버 공간에서는 정보의 생산과 회수가 쉽다.
③ 사이버 공간에서도 타인의 권익을 존중해야 한다.
④ 사이버 공간은 현실보다 해악의 확산 속도가 더 빠르거나 피해의 규모가 클 수 있다.
⑤ 사이버 공간에서 정보를 전달할 때 사실 여부를 먼저 확인하는 등 신중하게 행동해야 한다.

서술형

08 정보화 시대에 도덕적 책임이 필요한 까닭을 세 가지 서술해 보자.

---

09 도덕적 책임을 실천하기 위한 자세와 관련하여 다음 사례에 대한 평가로 가장 적절한 것은?

루게릭병에 대한 사회적 인식을 높이고 환자에게 도움을 주기 위해 진행한 '아이스 버킷 챌린지' 자선 모금 운동에 이어 최근에는 '스타 릴레이 하트 챌린지'가 진행 중이다. 10명의 배우가 인터넷 생중계를 통해 종이접기 등 과제를 수행하고, 성공하면 그 기부금으로 아프리카 어린이들의 꿈을 응원하는 캠페인이다. 팬들과 시청자들은 인터넷 생중계를 보면서 후원금을 전달하는 것도 가능하다.

– 《YTN 뉴스》, 2018년 1월 31일 –

① 정보 격차 문제를 해소하여 정의를 추구한 사례야.
② 정보 통신망 사용 시 규제가 필요함을 보여 준 사례야.
③ 타인에게 끼칠 수 있는 해악을 신중히 고려하고 행동한 사례야.
④ 사이버 공간의 특성을 잘 활용하여 인간 존중을 실천한 사례야.
⑤ 사이버 공간에서도 잘못된 행동을 하면 책임을 져야 한다는 것을 보여 준 사례야.

10 다음 글의 주인공에게 해 줄 수 있는 충고로 가장 적절한 것은?

나는 얼마 전 버스에서 한 젊은 여자가 노인에게 막말과 욕설을 하는 것을 목격하고 그 장면을 영상으로 찍어 인터넷 포털 사이트와 SNS에 올렸다. 그 영상은 순식간에 퍼져 나갔고 누리꾼들에 의해 젊은 여자의 신상 정보가 공개되었다. 그러나 그 신상 정보는 허위로 밝혀졌다. 결국 엉뚱한 사람이 곤욕을 치렀다.

① 타인의 지적 재산권을 존중해야 해.
② 자신의 개인 정보를 잘 보호해야 해.
③ 진실한 정보를 생산하려는 자세를 가져야 해.
④ 다른 사람의 자유로운 의사 표현의 권리를 인정해야 해.
⑤ 자신의 행동이 어떤 결과를 낳을지 미리 생각하고 행동해야 해.

11 다음 사례 속 학생에게 요구되는 자세로 가장 적절한 것은?

> 한 일본 고등학생이 가상 화폐를 훔치려고 컴퓨터 바이러스를 제작하고 유포했다가 체포됐다. 일본의 지역 경찰서에 따르면 이 학생은 지난해 10월, 가상 화폐를 보관하는 파일의 암호를 훔칠 수 있는 바이러스를 만들고, 가상 화폐 중 하나인 ○○ 코인의 시세를 알려 주는 소프트웨어에 자신이 만든 바이러스를 심어 유포하였다고 한다. 　　－《뉴시스》, 2018년 1월 31일 －

① 사이버 공간에서도 예절을 지키려는 자세
② 정보화의 혜택을 여러 사람과 나누려는 자세
③ 사이버 공간의 다양성을 증진하고자 하는 자세
④ 각종 정보를 바르게 이해하고 검증하려는 자세
⑤ 다른 사람에게 해를 주지 않으려 노력하는 자세

12 다음과 같은 문제를 예방하기 위한 방법으로 적절하지 <u>않은</u> 것은?

> 중국에서는 스마트폰에 빠져 고개를 들지 못하는 사람을 '저두족(低頭族)'이라 부른다. 문자 그대로 '고개 숙인 족속'이라는 뜻이다. 저두족처럼 스마트폰에 중독된 사람을 일컫는 말로, '스마트폰'과 '좀비'의 합성어인 '스몸비족(smombie)'이란 말도 있다. 좀비는 '자발적이고 이성적 판단을 하지 못하는 사람, 타인에게 조종되거나 생물적 본능에 의해 움직이는 사람' 등의 뜻으로 사용된다. '스몸비족'은 스마트폰에 빠져 외부 세계와 단절된 사람을 일컫는다.

① 자신만의 네티켓을 만들어 지킨다.
② 스마트폰 사용 이외의 취미 활동을 갖는다.
③ 스스로 스마트폰 사용 규칙을 정하여 지키도록 노력한다.
④ 뚜렷한 목적 없이 스마트폰을 장시간 계속해서 사용하지 않는다.
⑤ 걸어 다니거나 다른 사람과 대화할 때에는 스마트폰을 사용하지 않는다.

13 다음 중 정보를 올바르게 활용한 학생만을 있는 대로 고른 것은?

> 재경: 정보의 숨은 의도를 파악해 보려 했어.
> 수정: SNS를 통해 알게 된 놀라운 정보를 즉시 다른 친구들에게 보내 주었어.
> 승연: 보고서를 쓰면서 참조한 인터넷 자료의 출처를 모두 보고서에 밝혀 두었어.
> 민준: 내가 받은 정보가 믿을 만한 사람으로부터 온 정보인지 확인하고 저장해 두었어.

① 재경, 수정
② 승연, 민준
③ 재경, 승연, 민준
④ 재경, 수정, 민준
⑤ 수정, 승연, 민준

14 다음 갈등의 발생 원인으로 가장 적절한 것은?

> 근로자: 임금이 낮아서 생활에 어려움이 많습니다. 임금을 더 인상해야 합니다!
> 사업주: 인건비가 많아 회사 운영이 어렵습니다. 임금을 낮추어야 합니다!

① 관습의 차이
② 가치관의 차이
③ 이해관계의 차이
④ 잘못된 의사소통
⑤ 살아온 환경의 차이

15 다음 글의 간디와 같이 갈등을 평화적으로 해결해야 하는 이유로 적절하지 <u>않은</u> 것은?

> 인도인은 영국의 식민 지배하에서 심한 탄압을 받았다. 해가 거듭될수록 인종 차별과 식민 통치가 점점 가혹해져 인도인의 고통과 분노도 극에 달하였다. 간디는 이런 영국의 탄압에 비폭력으로 맞섰다. 간디는 폭력은 더 큰 폭력을 가져온다고 믿었으므로 잘못된 것에 저항하더라도 결코 폭력적인 방법을 사용해서는 안 된다고 말하였다. 　－유광남, 《Why? people 마하트마 간디》 －

① 갈등의 근본적인 해결이 가능하므로
② 개인적·사회적으로 성숙해질 수 있으므로
③ 갈등을 피하고 완전히 덮어 둘 수 있으므로
④ 더불어 사는 사회를 만들어 나갈 수 있으므로
⑤ 모두에게 바람직한 결과를 도출할 수 있으므로

16 다음 글에서 설명하는 평화적 갈등 해결의 방법은?

> 중립적인 제삼자가 개입해 갈등의 당사자끼리 스스로 문제를 해결할 수 있도록 양측의 의사소통을 돕는 방법이다. 이때, 중립적인 제삼자는 양측이 정보를 잘 교환할 수 있도록 돕고, 창의적인 대안을 마련해 갈등을 해결하도록 권하는 역할을 한다.

① 조정　　② 중재　　③ 협상
④ 타협　　⑤ 논쟁

17 다음은 갈등 해결의 일반적인 절차를 정리한 것이다. 밑줄 친 부분에 들어갈 내용으로 가장 적절한 것은?

> • 1단계: _____
> • 2단계: 다양한 갈등 해결 방법을 모색한다.
> • 3단계: 다양한 갈등 해결 방법 중에서 최선의 대안을 도출한다.

① 갈등 상황을 객관적으로 인식한다.
② 갈등을 해결해 줄 제삼자를 찾는다.
③ 갈등 해법에 따른 결과를 예측해 본다.
④ 멈추고 반성하여 공동의 합의를 이끌어 낸다.
⑤ 합의한 방안을 갈등 상황에 적용해 보며, 그 결과를 평가해 본다.

서술형
18 다음 사례와 같은 갈등 상황을 평화적으로 해결하기 위해서 동생에게 가장 우선적으로 요구되는 자세가 무엇인지 서술해 보자.

> 형과 동생은 컴퓨터 이용 시간을 두고 갈등을 겪고 있다. 특히 며칠 전부터 동생이 오랜 시간 동안 컴퓨터를 사용하며 계속 자리를 비켜 주지 않았다. 형은 동생과 대화로 문제를 해결하려고 동생을 불렀지만 동생은 대꾸도 하지 않았다. 형이 계속 동생을 부르자 동생은 형에게 욕을 하며 마우스를 내동댕이쳤다.

19 또래 조정자가 지녀야 할 올바른 자세만을 〈보기〉에서 있는 대로 고른 것은?

> 보기
> ㄱ. 공정하고 중립적일 것
> ㄴ. 심판자의 자세로 접근할 것
> ㄷ. 중립적인 해결책을 내놓을 것
> ㄹ. 갈등 당사자들의 감정을 잘 이해할 것

① ㄱ, ㄴ　　② ㄱ, ㄹ　　③ ㄷ, ㄹ
④ ㄱ, ㄷ, ㄹ　　⑤ ㄴ, ㄷ, ㄹ

※ [20~21] 다음 글을 읽고 물음에 답해 보자.

> 우리가 일상에서 경험하는 폭력에는 ㉠ 다른 친구와 어울리지 못하도록 막고 괴롭히는 행위, ㉡ 돈을 강제로 빼앗거나 걷어오라고 하는 행위, ㉢ 인격을 무시하거나 모욕하는 말로 상대방에게 정신적·심리적 피해를 주는 행위 등이 있다.

20 윗글의 ㉠~㉢에 해당하는 폭력의 유형을 바르게 연결한 것은?

	㉠	㉡	㉢
①	따돌림	금품 갈취	언어폭력
②	따돌림	집단 폭력	신체 폭력
③	언어폭력	집단 폭력	신체 폭력
④	신체 폭력	금품 갈취	따돌림
⑤	사이버 폭력	따돌림	언어폭력

21 윗글의 ㉡에 해당하는 사례만을 〈보기〉에서 있는 대로 고른 것은?

> 보기
> ㄱ. 후배에게 과제를 대신하도록 시킨다.
> ㄴ. 돈을 주고 빵이나 과자를 사오라고 시킨다.
> ㄷ. 옷이나 문구류 등을 빌린 후 돌려주지 않는다.
> ㄹ. 돈을 언제 갚겠다고 약속하지 않은 채 자꾸 돈을 빌려달라고 한다.

① ㄱ, ㄴ　　② ㄴ, ㄷ　　③ ㄷ, ㄹ
④ ㄱ, ㄷ, ㄹ　　⑤ ㄴ, ㄷ, ㄹ

22 다음 사례를 통해 알 수 있는 폭력의 문제로 가장 적절한 것은?

> ○○는 초등학교 때까지 쾌활하고 주위에 친구도 많았다. 하지만 중학생이 된 후, 키가 작고 얼굴에 점이 많다는 이유로 친구들에게 놀림을 받았으며, 덩치가 큰 아이들에게 툭하면 얻어맞곤 했다. 그러다가 결국 자퇴하고 말았다. 그 후 그는 부모님의 가게 일을 도우면서 검정고시를 보기로 결심했으나, 공부에 집중하지 못하고 우울증으로 정신과에 입원하였다. 친구들에게 놀림을 당하고 맞았던 기억이 자꾸 되살아났기 때문이다.
> – 김가녕, 《굿바이, 학교폭력》 –

① 또 다른 폭력을 불러올 수 있다.
② 피해자가 심각한 고통을 겪을 수 있다.
③ 가해자가 부정적인 자아상을 형성할 수 있다.
④ 사회 질서를 무너뜨려 사회가 혼란해질 수 있다.
⑤ 피해자가 다른 사람의 고통에 무감각해지게 할 수 있다.

23 다음 이야기에 대한 학생들의 감상 중 도덕적으로 올바른 것은?

> 뛰어난 국가 대표 수영 선수였던 광수는 체벌이 싫어서 선수촌을 뛰쳐나온 후 수영 코치 생활을 하고 있다. 그는 어느 날 천재적인 재능을 가졌지만 대회만 나갔다 하면 4등을 하는 수영 선수 준호를 제자로 만난다. 1등을 목표로 고된 훈련이 시작되었고, 광수는 최선을 다하지 않는 준호를 가혹하게 체벌하였다. 몸에 멍이 든 채로 대회에 출전한 준호는 생애 첫 은메달을 목에 걸었고, 그날 집에서 축하 파티가 열린다.
> – 영화 〈4등〉의 줄거리 –

① 미애: 폭력에도 긍정적 측면은 있는 것이겠지.
② 유정: 비폭력으로 모든 문제를 해결할 순 없어.
③ 정수: 폭력에 대한 도덕적 판단은 결국 개인의 가치관에 달린 것이야.
④ 민준: 결과가 좋다면 과정은 어떤 식으로든 정당화되는 것이 마땅하겠지.
⑤ 윤영: 광수는 폭력을 사용해서는 결코 바람직한 결과를 얻을 수 없음을 모르고 있어.

24 다음 글의 빈칸 ㉠에 공통으로 들어갈 용어로 알맞은 것은?

> (㉠)은(는) 타인의 감정이나 입장과 동일시하는 능력을 말한다. (㉠)이(가) 없을 때는 폭력 행위에 가담하거나 방관하고, 나아가 누구보다 앞장서서 잔인한 폭력을 행사하게 될 수 있다. 다른 사람을 자기와 똑같은 인간으로 볼 줄 모르면서 동일시하지 못하고, 다른 사람의 입장에 설 줄 모르면 그 사람이 어떤 경험을 하고 어떤 기분인지 이해할 수 없기 때문이다.
> – 메리 고든, 《공감의 뿌리》 –

① 관용　　② 배려　　③ 민감성
④ 상상력　　⑤ 공감 능력

25 다음 내용과 관련된 폭력 예방 방법은?

> • 화가 나거나 분노가 치밀어 오를 때 심호흡을 하면서 마음을 안정시킨다.
> • 분노를 유발한 상황을 객관적으로 파악하고, 갈등 해결의 과정을 차분히 생각해 본다.

① 대화와 소통하기
② 공감 능력 기르기
③ 분노 조절 및 결과 예측하기
④ 폭력에 대한 거부 의사 표현하기
⑤ 평화를 지향하는 사회 분위기 조성하기

서술형
26 다음 사례와 같은 상황이 지속될 때 올바르게 대처하는 방법을 **세 가지** 서술해 보자.

> 같은 반인 ○○이는 나와 마주칠 때마다 욕을 하며 툭툭 친다. 체험 학습 날에는 부모님께 받은 용돈을 빼앗기도 하고, 먹고 있는 과자나 빵을 허락도 구하지 않고 가져가 먹는다.

당신도 할 수 있습니다

아주 좁고 험한 산길 입구 모퉁이에

'네, 당신도 할 수 있습니다.'라는 푯말이 서 있습니다.

그 길은 너무 좁아서

운전자들은 모두 차를 멈추고

무사히 빠져 나갈 수 있을지 망설이고 있습니다.

잠시 후 그들은

그 길을 통과할 수 있다는 것을

그래야만 목적지에

도달할 수 있다는 사실을 믿으며 노력합니다.

지금 당신이 하는 일을 믿으십시오.

그 일을 수행하는 당신의 능력을 믿으십시오.

이처럼 스스로를 믿는 것은 어떤 확신을 갖는다는 것이고

또 당신이 무슨 일이든 할 수 있다고 믿는 것은 무슨 일이든 이룰 수 있다는 증거입니다.

산모퉁이의 '네, 당신도 할 수 있습니다.'라는 푯말은 바로 당신의 것이어야 합니다.

— P. 마이어 —

— 이가출판사 〈지금 이 순간 나에게 꼭 필요한 한마디〉 중에서

Ⅱ

사회·공동체와의
관계

1 도덕적 시민

• 국가의 유형에 따른 구성원의 삶의 모습
• 정의로운 국가의 조건

01 어떤 국가가 정의로운 국가일까?

1. 국가와 구성원의 삶

(1) 국가와 구성원의 삶의 관계: 국가의 모습에 따라 구성원의 삶의 모습도 달라짐.

(2) 국가의 유형에 따른 구성원의 삶의 모습

① 개인의 삶에 가능한 한 간섭하지 않는 국가: 구성원들이 자기 능력을 최대한 발휘할 수 있으나, 능력이 부족한 사람이나 사회적 약자는 어려움을 겪을 수 있음.

② 개인의 삶에 적극적으로 개입하는 국가: 구성원의 안정된 삶을 보장할 수 있으나, 세금 부담으로 인해 불만이 쌓일 수 있음.

③ 어떤 유형의 국가이든 모든 구성원이 행복하게 살아갈 수 있도록 도덕적으로 정의로운 국가를 만들기 위해 노력해야 함.

2. 정의로운 국가의 조건

(1) 인간 존엄성 보장: 전쟁, 테러, 재난 상황에서 국민의 생명을 지키고, 최소한의 인간다운 삶을 누리며 자신이 원하는 삶을 살아갈 수 있도록 구성원의 인간 존엄성을 보장해야 함.

(2) 공정한 사회 제도 확립·운영: 민주적 절차에 따라 제도와 정책을 확립·운영하고, 국가 권력으로부터 구성원의 권리를 보호할 제도적 장치를 마련해야 함.

◉ 보편적 가치
인류가 오랜 역사를 거쳐 지속해서 바람직하다고 여겨 온 가치

(3) 보편적 가치 지향: 인류가 추구해 온 인권, 자유, 평등, 평화, 복지 등의 보편적 가치를 추구해야 함.

• 시민이 갖추어야 할 자질
• 국가 공동체의 일에 참여하는 방법

02 시민이 갖추어야 할 자질은 무엇일까?

1. 바람직한 시민의 모습은?

(1) 정의로운 국가 실현을 위한 시민의 역할: 국가 공동체의 구성원으로서 시민의 자질을 갖추고 자신의 역할을 다해야 함.

플러스 자료 기억해 두자! **아리스토텔레스의 정의로운 국가의 조건**

 42쪽 07번 문제

《정치학》에서 아리스토텔레스는 "인간은 정치적 동물"이라고 하면서 인간이 행복해지기 위해 실현해야 할 본성의 한 측면을 지적한다. 그것은 사람이라면 누구나 공동체 속에서 살아가고자 하는 본성이 있으며, 공동체 속에서 타인들과 어우러질 때 인간은 행복해지려는 본성을 실현할 수 있다는 것이다. 공동체의 최소 단위인 가정이 확대되면 촌락과 국가와 같이 더 큰 규모의 공동체가 구성되며, 공동체의 구성원은 '정의'라는 질서의 원리 아래에서 서로 관계를 맺으며 살게 된다. 국가란 공동의 이익을 위해 구성되었으며, 국가의 공동 이익은 최고의 선을 획득함으로써 이루어진다는 것이 아리스토텔레스의 생각이다. 개인의 목적과 국가의 목적은 같으며, 개인이 행복을 추구하듯이 국가도 구성원의 행복을 추구하는 방향으로 운영해야 한다.

– 유원기, 《서양의 고전을 읽는다》 –

쉬운 해설 아리스토텔레스에 따르면 국가는 구성원의 행복을 추구할 때 정의로운 국가가 되는 거야. 국가는 구성원의 삶의 기반이고, 국가가 구성원의 삶에 미치는 영향이 크기 때문이지. 구성원이 자신의 능력을 최대한 발휘하고, 국가는 모든 구성원이 행복하게 살아갈 수 있도록 노력할 때 정의로운 사회가 이루어질 수 있다는 것을 기억해 두자!

(2) **시민이 갖추어야 할 자질**

① 책임 의식: 자신이 맡은 일에 최선을 다하려는 마음

② 연대 의식: 구성원들이 서로 연결되어 있다고 믿으며, 더 나은 공동체를 만들어 가기 위해 함께해야 한다는 생각

③ 애국심: 국가 공동체를 사랑하는 마음 ➡ 대한민국 국토를 사랑하는 마음, 함께 살아가고 있는 다른 시민을 사랑하는 마음, 대한민국이 지향하는 바람직한 가치를 사랑하는 마음을 포함함.

2. 시민의 역할을 다하려면?

(1) 국가 공동체의 일에 관심과 적극적 참여가 필요한 까닭: 바람직하고 정의로운 국가를 실현하는 데 이바지할 수 있음.

(2) 국가 공동체의 일에 참여하는 방법: 국가 공동체의 일에 관심을 가지고 자신의 목소리 내기, 자원봉사에 참여하기, 기부금 내기 등

03 법을 지키면 공익을 증진할 수 있을까?

1. 준법과 공익의 증진

(1) 법을 지켜야 하는 까닭: 위법 행위는 사회를 혼란하게 만들고, 공동체 구성원의 건강과 안전을 위협하며, 다른 사람의 자유와 권리를 침해함. ➡ 준법을 통해 개인의 권리를 지키고 공동체 전체의 이익을 증진함.

(2) 준법 행위로 증진할 수 있는 공익: 개인의 자유와 권리 보장, 사회 질서의 유지, 정의로운 사회의 구현

2. 공익과 시민 불복종

(1) 시민 불복종의 의미: 국가의 정의롭지 못한 법이나 정책을 바꾸기 위해 이를 공개적이고 평화적인 방법으로 위반하는 행위

(2) 시민 불복종의 정당화 조건

① 행위 목적의 정당성: 행위의 목적이 사회 전체의 이익(공익) 증진에 있어야 함.

② 비폭력성: 폭력을 사용하면 안 되며, 평화적인 방법으로 이루어져야 함.

③ 최후의 수단: 가장 마지막에 사용해야 함.

④ 처벌 감수: 위법 행위에 대한 처벌을 받아들여야 함.

플러스 자료 **기억해 두자!** **롤스의 시민 불복종** **풀어봐** 44쪽 04번 문제

롤스(Rawls, J., 1921~2002)는 그의 저서 《정의론》에서 시민 불복종의 요건을 다음과 같이 밝힌 바 있습니다. "시민 불복종은 단지 자신에게 불리한 법률이나 정책에 저항하는 태도를 뜻하지 않습니다. 사회 구성원을 수단이나 도구로 다루는 권리 침해에 항의하는 행동을 뜻하는 것이죠. 시민 불복종은 정의를 침해한 법률이나 정책에 항의합니다. 우리는 이성적이고 객관적인 판단 아래 정의롭지 않음에 관한 기준을 세워야 합니다. 누구에게는 유리하고 누구에게는 불리한 상황이 있기 마련입니다. 이때 주관적인 판단만으로 부의의를 결정하고 불복종할 수 있다고 생각하면 큰 오산이죠. 알고 보면 '불리한 이익'에 지나지 않는 일일 수 있기 때문입니다."
– 이한, 《너의 의무를 묻는다》 –

쉬운 해설 시민 불복종은 단지 자신에게 불리한 법률이나 정책에 저항하기 위한 것이 아니야. 시민 불복종은 개인이나 특정 집단의 이익을 위한 것이 아니라 정의를 침해한 법률이나 정책에 항의하기 위해 행해진다는 점을 기억해 두자!

⊙ 시민
민주적 공동체의 구성원으로서 헌법이 보장하는 모든 권리와 의무를 지는 자유로운 사람

⊙ 사이버 외교 사절단의 독도 사랑
사이버 외교 사절단 반크(VANK)는 역사적 근거를 토대로 독도가 대한민국 영토임을 만방에 알리는 영상을 사이버 공간에 올렸다. 이러한 행동은 대한민국 국토를 사랑하는 마음에서 비롯된 것이다.

핵심 POINT
• 준법과 공익의 증진
• 시민 불복종의 조건

⊙ 법
인간의 공동생활에 꼭 필요한 최소한의 행동 규칙으로 국가가 국가 구성원에게 강제하는 규범

⊙ 구현(具 갖출 구, 現 나타날 현)
어떤 내용을 구체적인 사실로 나타나게 함.

확인! 기본 문제

01 다음 빈칸에 들어갈 정답을 낱말 퍼즐 속에서 찾아 동그라미로 표시하시오.

인	간	존	엄	성	실	천
유	한	해	립	미	연	공
시	민	불	복	종	준	익
청	공	동	체	대	법	의
개	인	의	자	유	권	리
등	가	애	국	심	신	학
정	의	로	운	국	가	사

(1) 시민은 자신이 속한 국가를 사랑하는 마음을 뜻하는 (   )을(를) 발휘해야 한다.

(2) 구성원의 생명을 지키고 구성원이 최소한의 인간다운 삶을 누리며 자신이 원하는 삶을 살아갈 수 있도록 하는 등 구성원의 (   )을(를) 보장하는 일은 정의로운 국가의 기본 바탕이다.

(3) 시민은 공동체 전체의 이익인 (   )을(를) 증진하기 위해 노력해야 한다.

(4) 국가의 정의롭지 못한 법이나 정책을 바꾸기 위해 법을 공개적으로 위반하는 행위인 (   )은(는) 신중하게 이루어져야 한다.

(5) 국가 구성원은 인간의 공동생활에서 필요한 최소한의 행동 규칙을 지키는 (   )을(를) 실천해야 한다.

02 밑줄 친 부분을 바르게 고쳐 쓰시오.

(1) 준법을 통해 공익을 <u>감소</u>할 수 있다.

(   )

(2) <u>약속</u>을 지킴으로써 개인의 자유와 권리를 보장하고 사회 질서를 유지할 수 있다.

(   )

(3) 정의로운 국가는 자유, 평등, 평화, 복지 등의 <u>특수한</u> 가치를 지향해야 한다. (   )

(4) 시민 불복종이 정당화되려면 법에 <u>순응</u>하는 목적이 사회 전체의 이익을 증진하는 데 있어야 한다. (   )

03 다음 내용을 서로 알맞게 연결하시오.

(1) 책임 의식 •

(2) 시민 •

(3) 법 •

• ㉠ 민주적 공동체의 구성원으로서 헌법이 보장하는 모든 권리와 의무를 지는 자유로운 사람

• ㉡ 자신이 맡은 일에 최선을 다하려는 마음

• ㉢ 인간의 공동생활에 꼭 필요한 최소한의 행동 규칙으로 국가가 국가 구성원에게 강제하는 규범

04 다음 설명이 적절하면 ○ 표, 그렇지 않으면 X 표를 하시오.

(1) 애국심은 대한민국이 지향하는 바람직한 가치를 사랑하는 마음까지 포함한다. (   )

(2) 연대 의식이란 구성원들이 모두 독립되어 있다고 믿으며, 각자가 자신의 삶에 최선을 다할 때 더 나은 공동체를 만들어 갈 수 있다는 믿음이다. (   )

05 다음 중 옳은 내용에 ○ 표를 하시오.

(1) 정의로운 국가에서 구성원은 자신의 생활 방식을 (스스로, 국가에 의해) 결정할 자유를 누린다.

(2) 시민 불복종에 참여한 사람은 현재의 법 위반 행위에 대한 처벌을 (기꺼이 감수, 끝까지 거부)해야 한다.

향상! 실력 문제

01 다음 글의 국가가 지닌 문제점으로 적절하지 <u>않은</u> 것은?

> 국가는 독재 권력을 유지하고 사람들을 통제하기 위해 각종 수단을 동원한다. 사람들의 사생활을 감시하는 것은 물론 과거를 거짓으로 꾸미고, 새로운 언어를 창조해 사람들의 생각과 행동을 조종하며 욕구를 억압한다. 주인공 윈스턴 스미스는 이러한 부당함에 저항하다가 경찰에 체포되어 혹독한 고문을 당한다. 그는 결국, 국가의 명령을 아무 저항 없이 받아들이는 무기력한 인간이 된다.
> ─ 오웰, 《1984》 ─

① 국민의 권리를 침해하고 있다.
② 국민의 인권을 위협하고 있다.
③ 국민의 자유를 무제한으로 허용하고 있다.
④ 국민의 인간다운 삶을 보장하지 못하고 있다.
⑤ 국민이 국가의 일에 자발적이고 적극적으로 참여하지 못하고 있다.

02 다음 글의 A 나라가 정의롭지 못한 이유로 가장 적절한 것은?

> 국제 연합 아동 기금에 따르면 A 나라에서 지난 1년간 내전으로 어린이 900여 명이 죽고 1,300여 명이 다쳤다. 하루 평균 6명의 아이가 목숨을 잃거나 다친 것이다. 이들 가운데 50여 명은 학교에서 수업을 받다가 공습을 받거나 등굣길에 공격을 당해 숨졌다. 이러한 직접적인 인명 피해 외에도 제때 구호품을 공급받지 못하거나 적절한 치료를 받지 못하면서 5세 이하 어린이 1만여 명이 질병으로 사망했다.

① 세금을 많이 걷고 있다.
② 치안 유지에만 힘쓰고 있다.
③ 국방 등 최소한의 역할만 하고 있다.
④ 개인의 생명과 복지를 보장하지 못하고 있다.
⑤ 개인의 삶에 지나치게 적극적으로 개입하고 있다.

03 다음 대화의 A와 B가 생각하는 국가의 역할로 가장 적절한 것은?

> A: 내 집과 내 상가 앞의 눈을 치우는 것은 각자가 자발적으로 해야 해. 국가가 이런 역할까지 하게 되면 오히려 국민의 자유를 침해할 수 있어.
> B: 시내 곳곳의 모든 지역을 개인이 치운다는 것은 불가능해. 국가가 규정을 정해 의무로 정하거나 공무원들이 치우는 것이 좋을 것 같아.

① A는 국가가 개인의 삶에 적극적으로 개입해야 한다고 생각한다.
② B는 국가가 개인의 삶에 개입하는 것을 자제해야 한다고 생각한다.
③ A와 B 모두 국가는 필요하며 국가가 해야 할 역할이 있다고 생각한다.
④ A는 개인의 자유를 강조하면서 국가의 역할을 최대화해야 한다고 본다.
⑤ B는 국가가 개인의 삶과 관련된 모든 것을 다 해 주어야 한다고 생각한다.

04 다음 글을 통해 알 수 있는 나치스의 문제점으로 적절하지 <u>않은</u> 것은?

> 나치스는 히틀러(Hitler, A., 1889~1945)를 중심으로 유대인을 차별 대우하고 학살하였으며 제2차 세계 대전을 일으켰습니다. 이처럼 국가가 다른 나라를 침략하고, 인종이 다르다는 이유로 구성원을 차별하는 것은 옳지 않습니다.

① 다른 민족을 무시하고 배척했다.
② 세계 평화에 역행하는 전쟁을 일으켰다.
③ 모든 인종의 사람을 똑같이 대우하였다.
④ 정의로운 국가가 지녀야 할 책임을 지지 않았다.
⑤ 인간의 존엄성을 보장하기 위해 노력하지 않았다.

05 다음 글의 가족에게 해 줄 조언으로 가장 적절한 것은?

> 국회 의원 선거일 아침, 아이들은 공휴일이라고 놀이공원에 가자고 한다. 이번 선거에 큰 관심은 없는 부모님은 어떻게 할지 고민에 빠졌다.

① 선거에 큰 이슈가 없으면 투표할 필요가 없습니다.
② 아침 일찍 투표를 하고 아이들과 놀이공원을 가는 것이 좋을 것 같습니다.
③ 투표는 나에게 직접적인 이익이 되지 않기 때문에 굳이 할 필요가 없습니다.
④ 투표하지 말고 놀이공원에 일찍 가야 아이들이 기다리지 않고 놀이 기구를 탈 수 있습니다.
⑤ 선거일에 투표하지 않는다고 해서 특별한 불이익을 받지는 않으므로 원하는 대로 행동하면 됩니다.

06 다음 글의 소방관이 타인을 구하기 위해 애쓰는 까닭으로 가장 적절한 것은?

> 나는 소방관이다. 하루에도 몇 번씩 떨어지는 출동 지령, 생사의 갈림길에서 고통에 울부짖는 사람들, 흩어지는 생명 가운데 구해 낼 수 있었던 그 작고 어린 아이. 소방관이 아니었다면 상상조차 할 수 없을 순간들을 나는 매일같이 경험하고 있다.

① 불을 끄는 직업을 좋아하기 때문
② 남의 관심을 많이 받을 수 있기 때문
③ 생명을 구해야 상을 받을 수 있기 때문
④ 자신의 사명이며 책임을 다해야 하기 때문
⑤ 소방관이 돈을 많이 벌 수 있는 직업이기 때문

07 다음 글을 통해 알 수 있는 내용을 〈보기〉에서 고른 것은?

> 《정치학》에서 아리스토텔레스는 "인간은 정치적 동물"이라고 하면서 인간이 행복해지기 위해 실현해야 할 본성의 한 측면을 지적한다. 그것은 사람이라면 누구나 공동체 속에서 살아가고자 하는 본성이 있으며, 공동체 속에서 타인들과 어우러질 때 인간은 행복해지려는 본성을 실현할 수 있다는 것이다. 공동체의 최소 단위인 가정이 확대되면 촌락과 국가와 같이 더 큰 규모의 공동체가 구성되며, 공동체의 구성원은 '정의'라는 질서의 원리 아래에서 서로 관계를 맺으며 살게 된다. 개인의 목적과 국가의 목적은 같으며, 개인이 행복을 추구하듯이 국가도 구성원의 행복을 추구하는 방향으로 운영해야 한다.

> **보기**
>
> ㄱ. 국가는 구성원의 삶의 기반이 된다.
> ㄴ. 국가는 구성원의 행복을 추구해야 한다.
> ㄷ. 개인은 국가를 벗어나야만 행복할 수 있다.
> ㄹ. 국가는 개인의 이익을 실현하기 위해 구성되었다.

① ㄱ, ㄴ   ② ㄱ, ㄷ   ③ ㄴ, ㄷ
④ ㄴ, ㄹ   ⑤ ㄷ, ㄹ

08 다음 시민들의 공통점으로 가장 적절한 것은?

> • 공청회에 참석하여 정책에 관해 발언하고 있는 시민
> • 수해를 당한 사람들을 돕기 위해 자발적으로 기부에 참여하는 시민
> • 유조선의 기름이 유출된 태안반도에서 기름때를 제거하는 자원봉사를 하는 시민

① 다른 사람들을 위해 희생하고 있다.
② 시민으로서의 권리를 행사하고 있다.
③ 자신만의 이익을 위해서 행동하고 있다.
④ 다른 나라 사람들을 차별 없이 대하고 있다.
⑤ 정의로운 국가를 실현하는 데 이바지하고 있다.

09 다음 글의 핀란드 사람들이 법을 잘 지키는 이유로 가장 적절한 것은?

> 핀란드 사람들은 교통 신호를 지키지 않는 사람을 찾아보기 어려울 정도로 준법정신이 투철하다. 핀란드에서는 개인 소득의 60%를 세금으로 내는데도 체납이나 탈세가 거의 없다. "우리 부모님이 낸 세금으로 지금까지 나라가 잘 운영되어 왔고, 내가 세금을 잘 내야 행복하게 살 수 있지 않나요?"라고 핀란드 사람들은 말한다.

① 위법에 대한 처벌이 강력하기 때문
② 법을 어기면 벌금을 많이 내야 하기 때문
③ 다른 사람들과 친밀한 관계를 유지하고 싶기 때문
④ 태어날 때부터 선한 마음을 가지고 태어났기 때문
⑤ 준법은 나의 행복으로 이어진다는 믿음이 있기 때문

10 다음 글의 이○○ 씨가 버스 정류장에 화살표를 붙인 이유로 가장 적절한 것은?

> 이○○ 씨는 취업 준비생으로 평범하게 살아가는 우리 시대의 청년이었습니다. 원래 길치여서 낯선 곳에서 헤매기 일쑤였는데 버스 정류장의 버스 노선도에 버스가 어느 방향으로 가는지 표시되어 있지 않아서 불편함을 겪었습니다. 그러다 자신이 스스로 버스 정류장의 노선도에 화살표를 붙이고 다니기 시작했습니다. 지금은 많은 버스 정류장에서 이○○ 씨가 붙인 화살표를 발견할 수 있습니다.

① 돈을 많이 벌기 위해
② 더 나은 공동체를 만들기 위해
③ 다른 사람들에게 인정받기 위해
④ 자신만이 편리하게 사용하기 위해
⑤ 시민으로서의 권리를 행사하기 위해

11 다음과 같은 사람들이 많아질 때 생길 수 있는 현상으로 가장 적절한 것은?

> • 환경을 오염시키는 사람
> • 교통 신호를 위반하는 사람
> • 불법으로 자료를 내려받는 사람

① 개인의 자유와 권리가 보장된다.
② 공동체 전체의 이익이 증진된다.
③ 갈등이 평화롭게 해결되고 사회 질서가 잘 유지된다.
④ 누구나 차별 없이 공정하게 대우받는 정의로운 사회가 된다.
⑤ 사회가 혼란해지고 공동체 구성원의 건강과 안전이 위협받는다.

12 다음 글에 드러난 시민 불복종의 정당화 조건으로 적절하지 않은 것은?

> 1955년 12월 1일, 미국 몽고메리 시에서 흑인 여성 로자 파크스가 경찰에 체포되는 사건이 발생했다. 그가 백인에게 자리를 양보하라는 운전기사의 지시를 따르지 않았기 때문이었다. 그 당시 법은 흑인 차별을 용인하고 있었다. 이 사실이 알려지자 흑인들은 법의 부당함을 호소했지만 소용이 없었다. 이에 흑인들은 법의 부당함을 알리기 위해 버스 타기를 거부하며 걸어서 학교나 일터로 향했다. 이 운동에 참여한 사람 중 일부는 고발당하거나 체포되었지만, 흑인들의 저항은 계속되었고 결국 이 법의 폐지를 끌어냈다.

① 목적이 정당해야 한다.
② 항상 법의 테두리 내에서 해야 한다.
③ 마지막으로 사용하는 최후의 수단이어야 한다.
④ 비폭력적이고 평화로운 방법으로 이루어져야 한다.
⑤ 현재의 법을 위반한 사실 때문에 처벌을 감수해야 한다.

도전! 만점 문제

01 다음은 15세 이상 근로 청소년에 관한 법률 내용이다. 이러한 법을 만든 목적으로 가장 적절한 것은?

> • 일하다 다치면 치료와 보상을 받을 수 있다.
> • 청소년도 성인과 같은 최저 임금을 보장받는다.
> • 근로 조건을 밝힌 근로 계약서를 반드시 작성한다.

① 청소년의 노동력을 착취하기 위해
② 청소년의 준법정신을 고취하기 위해
③ 청소년을 제대로 감시하고 통제하기 위해
④ 청소년에게 강한 정신력을 키워 주기 위해
⑤ 청소년의 일할 자유와 권리를 보장하기 위해

02 다음 글에 나타난 문제를 해결하기 위한 시민의 자세로 적절하지 <u>않은</u> 것은?

> 마을 사람들은 소에게 풀을 먹이기 위해 뒷동산에 있는 목초지를 이용했다. 그 목초지는 아무런 비용을 지불하지 않고 사용할 수 있는 공유지였다. 마을 사람들은 목초지를 마음대로 사용할 수 있기 때문에 키우는 소의 수를 늘려 나갔다. 그러던 어느 날 무성하던 목초지의 풀이 조금씩 사라져 가더니, 결국 완전히 메말라 버렸다.

① 문제 해결에 관심을 기울인다.
② 공동체 문제에 대한 책임 의식을 갖는다.
③ 연대 의식을 갖고 다른 구성원과 협력한다.
④ 자신의 이익이 침해받고 있는지 꼼꼼히 점검한다.
⑤ 공동체의 문제를 해결하기 위해 적극적으로 노력한다.

03 시민의 역할과 관련하여 다음 글이 주는 교훈으로 적절하지 <u>않은</u> 것은?

> 장기나 바둑에 훈수를 두듯 국가의 일에 참견하는 사람은 나쁜 사람일까? 분명 좋은 사람이다. 공공의 일에 훈수를 두고 참견하는 시민을 '잔소리꾼'이나 '훈수꾼'이라고 볼 수 있다. 이 사람은 어떤 일이 진행되는 것을 보면서 잘하면 '잘한다'고 칭찬하고, 못하면 '못한다'고 야단치는 사람이다. 그들은 바로 자신이 사는 곳의 쓰레기 문제에서부터 국가 정책에 이르기까지 관심을 가지고 적극적으로 행동하는 시민이다.

① 트집을 잡고 비난만 해서는 안 된다.
② 국가 공동체의 일에 관심을 가지고 적극적으로 참여해야 한다.
③ 자신의 사사로운 이익을 위해 공동체의 일에 참여해서는 안 된다.
④ 소외된 이웃을 돕고 공동체의 어려움을 함께 극복하기 위해 노력해야 한다.
⑤ 우리 지역의 일에 관심을 갖고 다른 지역에 대해서는 배타적인 마음을 가져야 한다.

04 다음 글의 롤스가 시민 불복종에 대해 주장하는 바와 일치하는 것은?

> 롤스는 그의 저서 《정의론》에서 시민 불복종의 요건을 다음과 같이 밝힌 바 있습니다. "시민 불복종은 단지 자신에게 불리한 법률이나 정책에 저항하는 태도를 뜻하지 않습니다. 우리는 이성적이고 객관적인 판단 아래 정의롭지 않음에 관한 기준을 세워야 합니다. 누구에게는 유리하고 누구에게는 불리한 상황이 있기 마련입니다. 이때 주관적인 판단만으로 부정의를 결정하고 불복종할 수 있다고 생각하면 큰 오산이죠."

① 주관적 판단만으로 할 수 있는 일이다.
② 정의를 침해한 법률에 항의하는 일이다.
③ 자신에게 유리한 정책에 저항하는 일이다.
④ 비이성적인 판단에 의해 행할 수 있는 일이다.
⑤ 자신의 이익을 침해하는 것에만 항의하는 일이다.

정복! 서술형 문제

01 다음 글을 읽고 B 나라 입장에서 지적할 수 있는 A 나라의 문제점을 서술해 보자.

> A 나라: 우리는 국가가 개인의 삶에 가능한 한 간섭하지 않는 것이 바람직하다고 봅니다. 각 개인은 자신의 능력을 최대한 활용하여 능력에 따라 돈을 벌고, 소득의 최소한을 세금으로 냅니다. 국가는 국방이나 치안 유지 등 개인의 힘으로 할 수 없는 일을 해 줍니다.
>
> B 나라: 우리는 국가가 개인의 삶에 적극적으로 개입하는 것이 바람직하다고 봅니다. 개인이 교육이나 의료 등 복지 혜택을 최대한 누릴 수 있도록 국가가 적극적으로 개입하여 많은 일을 합니다. 이를 위해 국민은 소득의 많은 부분을 세금으로 냅니다.

02 다음 글을 통해 알 수 있는 시민이 갖추어야 할 자질은 무엇인지 서술해 보자.

> 외딴 섬에 한 남자가 살았습니다. 그전에는 아무도 이 섬에 발붙일 생각을 못 했죠. 거센 파도와 바람이 몰아치고 물 한 모금 구하기 어려운 환경에도, 그는 토담집과 양식장을 만들고, 차곡차곡 마을을 만들기 시작했습니다. 이 섬은 조금 특별했죠. 일본이 호시탐탐 눈독을 들이고, 느닷없이 '우리 땅'이라며 딴지를 걸었으니까요. 외로운 섬 주변에는 늘 긴장감이 맴돌았죠. 그는 이 섬을 무인도로 내버려 둘 수는 없다고 생각해, 주민 등록 주소를 이 섬으로 바꿔 달라고 국가에 정식으로 요청했습니다. 2년 간의 긴 노력 끝에 마침내 그는 "내 본적은 독도입니다."라고 선언합니다. 독도는 대한민국 국민 최종덕 씨가 살아온 터전이며 앞으로 우리가 살아갈 땅입니다.

03 다음 글을 읽고 물음에 답해 보자.

> 1846년 7월, 월든 숲속 호숫가에서 생활하던 소로에게 세금 징수원이 찾아왔다. 그는 소로가 여러 해 동안 내지 않았던 세금을 모두 내라고 말했다. 그러나 소로는 "비도덕적인 노예 제도를 시행하고 전쟁에 승리하여 반강제로 땅을 넘겨받은 정부를 위해 세금을 낼 수는 없습니다. 세금을 내서 국가가 정의롭지 못한 일을 하도록 하고, 많은 사람이 피를 흘리도록 내버려 두는 것이 오히려 더 잔인한 일이 아닌가요?"라고 말하며 세금 납부를 거부하였다. 그는 이 일로 감옥에 갇히게 되었다.

(1) 윗글의 소로와 같은 행위를 무엇이라고 하는지 써 보자.

(2) 소로의 행위가 정당화되기 위해 갖추어야 할 조건 네 가지를 서술해 보자.

04 다음 글과 같은 불행한 일이 발생하지 않도록 바람직한 시민으로서 가져야 할 자세를 서술해 보자.

> 1985년 미국 뉴욕에서 한 여성이 야간 근무를 마치고 집으로 귀가하던 중 괴한의 습격을 받았다. 그 여성은 바닥에 쓰러져 아파트 단지 내에 있던 동네 주민들에게 다급한 목소리로 도움을 요청했다. 그러나 당시 38명의 목격자가 베란다를 통해 이 장면을 목격했지만 아무도 나오지 않았다. 결국 그 여성은 사망했다.

2 사회 정의

- 사회 정의의 의미
- 정의로운 사회를 추구하는 까닭

◉ **공정성**
모든 사람의 이익을 동등하게 여기고 모든 사람을 평등하게 대우하여 법과 규칙을 공평하게 적용함.

▲ 마틴 루서 킹(King, M. L., 1929~1968)은 인종에 따라 차별당하지 않는 정의로운 사회를 실현하고자 흑인 차별 철폐 운동에 앞장섰다.

- 공정한 경쟁의 필요성
- 공정한 경쟁의 조건

◉ **경쟁**
같은 목적을 이루는 데 이기거나 앞서려고 서로 겨룸.

01 왜 정의로운 사회를 추구하는가?

1. 사회 정의와 정의로운 사회

(1) **사회 정의의 의미**: 사회를 공평하고 올바르게 구성하는 공정성의 원리로, 사회적으로 옳고 그름을 평가하는 기준임.

(2) **정의로운 사회의 실현**: 사회 정의에 따라 공정한 사회 규칙이나 제도를 마련하고, 사회 구성원을 공평하고 차별 없이 대우하는 사회를 만들어 감으로써 실현할 수 있음.

2. 정의로운 사회를 추구하는 까닭

(1) **기본적 권리의 동등한 보장**: 국적, 인종, 성별, 나이, 학력, 외모, 장애 등에 관계 없이 모든 사람에게 자유권, 평등권, 행복 추구권과 같은 기본적 권리를 동등하게 보장하기 위함.

(2) **공정한 분배**: 사회 구성원에게 각자의 몫을 공정하게 분배하여 구성원 모두가 인간다운 삶을 유지할 수 있도록 함.

(3) **신뢰하고 협력하는 공동체 형성**: 서로 믿고 협력하는 도덕적 공동체를 만들어 가기 위함.

02 공정한 경쟁이 이루어지기 위한 조건은 무엇일까?

1. 공정한 경쟁의 필요성

(1) **경쟁이 불가피한 까닭**: 사람의 욕구는 무한하지만, 많은 사람이 얻기를 원하는 자원은 한정되어 있기 때문

(2) **경쟁의 효과**: 경쟁을 통해 한정된 자원을 효율적으로 분배하고, 개인과 공동체의 발전을 이룰 수 있음.

(3) **공정하게 경쟁해야 하는 까닭**

① 불공정한 수단이나 방법을 사용하면 사회 구성원 간에 신뢰와 협력이 깨져 갈등과 혼란이 생길 수 있음.

플러스 자료 기억해 두자! **정의로운 사회 제도나 구조의 필요성**

풀어봐 49쪽 02번 문제

세계적 축구 선수의 연봉은 수십억 원에 이릅니다. 그들은 축구를 통해 성공한 삶을 살고 있고 세계인의 주목을 받으며 부유하게 살아갑니다. 그러나 축구공이 어디에서 어떻게 만들어지고 있는지를 아는 사람은 많지 않습니다. 우리가 사용하는 축구공 대부분은 인도와 파키스탄의 값싼 노동력을 이용해서 만듭니다. 그것도 가장 값싼 어린아이들의 노동력을 이용해서 말입니다. 비싼 축구공을 만들려면 천 번이 넘는 손 박음질을 해야 하는데, 그 일은 100% 수작업으로 이루어집니다. 그래서 숙련된 사람도 하루에 두 개밖에는 만들지 못합니다. 그 대부분이 어린아이들입니다. 가장 공정하고 정당해야 할 운동 경기가 어린아이들의 희생으로 만들어지고 있는 것입니다.

– 안상현, 《책을 읽어야 하는 10가지 이유》 –

쉬운 해설 열심히 일하고 노력해도 기본적인 생활조차 불가능하다면 어떻게 행복할 수 있겠어. 그래서 기본적인 생활조차도 불가능한 임금밖에 받을 수밖에 없는 인도와 파키스탄 일부 지역의 아이들에 대해서도 관심을 가져야 해. 이 아이들도 모두 인간다운 삶을 누리며 살아야 행복하고 정의로운 사회라고 할 수 있지. 이러한 사회를 만들기 위해서는 사회 제도나 구조가 개선되어야 해. 그래야 모두가 공평하고 차별 없이 대우받고, 인간다운 삶을 유지할 수 있다는 점, 기억해 두자!

② 개인도 행복하고 사회도 발전하는 정의로운 사회를 만들어 가려면 구성원 간에 경쟁이 공정하게 이루어져야 함.

2. 공정한 경쟁의 조건

(1) **경쟁 규칙의 동등한 적용**: 모든 참가자에게 경쟁 규칙을 똑같이 적용해야 함.

(2) **경쟁 참여 기회의 실질적 보장**: 다른 사람보다 불리한 위치에 있는 사람에게 적절한 환경이나 혜택을 제공해야 함.

(3) **최소한의 인간다운 삶 지원**: 경쟁에 뒤처진 사람도 최소한의 인간다운 삶을 유지하도록 지원하는 제도를 마련해야 함.

03 부패는 왜 발생하며, 그것을 어떻게 예방할 수 있을까?

1. 부패의 발생 원인과 문제점

(1) **부패의 의미**: 공정한 절차를 무시하고 부당한 방법으로 자신의 이익을 챙기는 행위로서 뇌물이나 친분, 권력 등을 악용하여 경제적 이익이나 유리한 기회를 얻는 행위가 부패에 해당함.

(2) **부패의 발생 원인**: 개인의 잘못된 욕심, 비합리적인 관행을 허용하는 사회 분위기 등

(3) **부패의 문제점**
　① 타인의 권익과 공익 침해: 능력 있는 사람의 기회를 빼앗고 공공의 이익까지 침해함.
　② 사회 통합과 발전 저해: 구성원끼리 서로 신뢰하고 협력하지 못하므로 사회의 안전을 위협하고 발전을 기대하기 어려움. 해외 자본 유치나 해외 진출에 어려움을 겪을 수 있음.

2. 부패를 예방하는 방법

(1) **청렴 의식 함양**: 사회 구성원 각자가 청렴 의식을 지니고 각자의 자리에서 자신이 맡은 일을 공정하게 처리하고자 노력함.

(2) **부패를 용납하지 않는 사회 분위기 조성**: 사회 구성원들이 부패를 적극적으로 감시하고 작은 부패에도 문제를 제기함.

(3) **부패 예방을 위한 제도와 정책 마련**: 부패 행위를 엄중히 처벌하는 사회 제도와 정책을 마련하여 부패를 근절함.

⊙ **공정한 경쟁을 돕는 법과 제도**
- 여성 할당제
- 지역 균형 선발 제도
- 장애인 의무 고용 제도
- 국민 기초 생활 보장법

📝 **핵심 POINT**
- 부패의 발생 원인과 문제점
- 부패 예방 방법

⊙ **부패의 어원**
- 부패를 의미하는 영어 단어 'corruption'은 '함께'를 뜻하는 라틴어 'cor'와 '파멸하다'를 뜻하는 'rupt'의 합성어로, 사회 전체를 무너지게 한다는 의미를 지닌다.
- 부패의 한자어는 '썩다'를 뜻하는 '부(腐)'와 '무너지다'를 뜻하는 '패(敗)'의 합성어로, 썩어 못 쓰게 된다는 뜻을 담고 있다.

⊙ **청렴(淸 맑을 청, 廉 청렴할 렴)**
탐욕이 없고 성품과 행실이 높고 맑은 것

 교과서 자료 놓치지 말자! **미국의 여성 참정권 보장을 위해 애쓴 수전 앤서니** 풀어봐 50쪽 07번 문제

1872년, 미국에서는 여성의 참정권을 인정하지 않았다. 앤서니(Anthony, S. B., 1820~1906)는 정의롭지 않은 상황에 분개하며 제18대 미국 대통령 선거일에 투표를 강행하였다. 당시 여성의 투표는 법을 어기는 행동이었기 때문에 한 남성의 고발로 앤서니는 기소되었고, 100달러의 벌금형을 선고받았다. 앤서니는 각 도시를 돌며 연설하기 시작하였다. "여성도 법을 만드는 데 참여하고, 법을 만드는 사람을 뽑는 선거에 직접 참여할 때, 사회 정의를 실현할 수 있습니다." 자유롭고 평등한 사회에서 살고자 하는 사람들은 크게 호응하였다. 1920년, 드디어 여성 참정권을 인정하는 수정 헌법 19조가 통과되었다. 앤서니가 사망한 지 14년이 지나서야 맺은 값진 열매였다.
　　　　　　　　　　　　　　　　　　　　　　　　　　　　　　　　　　　－ 콜드웰 외, 《세상을 바꾼 법정》 －

쉬운 해설 사회 정의를 실현하기 위하여 역사적으로 많은 노력이 있어 왔어. 여성의 참정권을 획득하기 위해 노력한 것도 그중의 하나야. 이러한 노력으로 인해 여성의 참정권을 인정하는 법이 통과되기도 했지. 사회 정의를 실현하여 누구나 행복하게 살 수 있는 사회를 만들기 위해서는 불합리한 사회 제도나 구조를 개선하려는 노력이 필요하다는 점을 놓치지 말자!

확인! 기본 문제

01 다음 빈칸에 들어갈 정답을 낱말 퍼즐 속에서 찾아 동그라미로 표시하시오.

공	정	성	윤	리	실	천
자	유	평	등	정	경	무
공	평	청	백	평	쟁	권
청	렴	의	식	준	법	의
개	인	의	자	유	권	리
등	가	성	부	패	신	학
정	의	로	운	사	회	사

(1) (　　　)은(는) 공정한 사회 규칙이나 제도를 마련하여 사회 구성원을 공평하고 차별 없이 대우하는 사회이다.

(2) 모든 사람의 이익을 동등하게 여기고 모든 사람을 평등하게 대우하여 법과 규칙을 공평하게 적용하는 것을 (　　　)(이)라고 한다.

(3) (　　　)은(는) 같은 목적을 이루는 데 이기거나 앞서려고 서로 겨룬다는 의미이다.

(4) 뇌물, 친분, 권력 등을 악용하여 경제적 이익이나 유리한 기회를 얻는 행위가 (　　　)에 해당한다.

(5) (　　　)은(는) 부패 없는 사회를 만들기 위한 전제 조건으로 사회 구성원 각자는 모두 이를 지녀야 한다.

02 밑줄 친 부분을 바르게 고쳐 쓰시오.

(1) <u>협력</u>은 인간이 얻을 수 있는 자원이 한정되어 있기 때문에 발생한다. (　　　)

(2) 경쟁에서 <u>공정한</u> 수단이나 방법을 사용하면 구성원 간의 신뢰와 협력이 깨진다. (　　　)

(3) 정의로운 사회에서는 <u>동일한</u> 분배를 실현하고자 노력한다. (　　　)

(4) 우리나라는 부패를 엄중히 처벌하기 위해 부패 행위를 신고한 사람을 법으로 <u>징계</u>하고 있다. (　　　)

03 다음 내용을 서로 알맞게 연결하시오.

(1) 최소한의 인　　•
간다운 삶

(2) 경쟁 참여 기　•
회 보장

(3) 경쟁 규칙의　•
동등한 적용

•　㉠ 시각 장애인에게
시험 시간 연장

•　㉡ 국민 기초 생활
보장법

•　㉢ 공정하게 심판
받는 운동 경기

04 주어진 초성을 참고하여 빈칸에 알맞은 말을 쓰시오.

(1) 정의로운 사회를 추구하는 까닭은 구성원에게 각자의 몫을 공정하게 (ㅂㅂ)하기 위해서이다.
(　　　)

(2) 부패를 예방하는 방법은 부패를 용납하지 않는 (ㅅㅎ) 분위기를 만드는 것이다.
(　　　)

05 다음 설명이 적절하면 ○ 표, 그렇지 않으면 X 표를 하시오.

(1) 정의로운 사회는 공정한 사회 규칙이나 제도를 통해 사회 구성원을 차별 없이 대우하는 사회이다. (　　　)

(2) 정의로운 사회를 만들어 가려면 구성원 간에 경쟁이 공정하게 이루어져야 한다. (　　　)

06 다음 중 옳은 내용에 ○ 표를 하시오.

(1) 부패는 공정한 절차를 (무시하고, 인정하고) 부당한 방법으로 자신의 이익을 챙기는 행위이다.

(2) 청렴은 탐욕이 (없고, 있고) 성품과 행실이 높고 맑은 것을 의미한다.

향상! 실력 문제

01 ⓐ과 같은 국가에게 할 수 있는 충고로 적절하지 <u>않은</u> 것은?

> ⓐ 일부 나라에서는 아직도 여성들이 투표를 할 수 없습니다. 사실 여성들이 투표권을 갖게 된 것은 그리 오래되지 않았습니다. 1893년에 세계 최초로 뉴질랜드에서 여성의 투표권을 인정하였고, 민주주의가 발전한 미국에서도 1920년에 여성의 투표권을 인정하였습니다.

① 모든 인간은 평등하게 대우받아야 합니다.
② 여성을 차별하는 사회는 정의롭지 않습니다.
③ 정의롭지 못한 사회 제도는 개선해야 합니다.
④ 성별에 따른 선거 제한은 정의로운 일입니다.
⑤ 사회 정의에 따라 공정한 사회 제도를 마련해야 합니다.

02 다음 글에 나타난 문제를 해결하고 정의로운 국가를 실현하기 위해 필요한 노력으로 적절하지 <u>않은</u> 것은?

> 우리가 사용하는 축구공 대부분은 인도와 파키스탄의 값싼 노동력을 이용해서 만듭니다. 그것도 가장 값싼 어린아이들의 노동력을 이용해서 말입니다. 비싼 축구공을 만들려면 천 번이 넘는 손 박음질을 해야 하는데, 그 일은 100% 수작업으로 이루어집니다. 그래서 숙련된 사람도 하루에 두 개밖에는 만들지 못합니다. 그 대부분이 어린아이들입니다. 가장 공정하고 정당해야 할 운동 경기가 어린아이들의 희생으로 만들어지고 있는 것입니다.

① 구성원의 인간다운 삶을 보장한다.
② 사회적 약자를 위한 정책을 세워 나간다.
③ 각자가 맡은 개인적 의무만 다하도록 한다.
④ 정의롭지 못한 사회 구조를 바꾸어 나간다.
⑤ 기본적 권리를 차별 없이 동등하게 보장한다.

03 다음 연설문의 킹 목사가 정의로운 사회를 추구한 이유로 적절한 것은?

> 저에게는 꿈이 있습니다. 언젠가 이 나라가 모든 인간은 평등하게 태어났다는 것을 자명한 진실로 받아들이고, 그 진정한 의미를 굳게 믿고 살아가는 날이 오리라는 꿈입니다. 언젠가는 조지아의 붉은 언덕 위에 예전에 노예였던 부모의 자식과 그 노예의 주인이었던 부모의 자식들이 형제애의 식탁에 함께 둘러앉는 날이 오리라는 꿈입니다. 나의 네 자녀가 피부색이 아니라 인격에 따라 평가받는 그런 나라에 살아가는 날이 오리라는 꿈입니다.

① 효율적인 경쟁을 지속하기 위해
② 흑인의 권리만을 극대화하기 위해
③ 인종에 따른 차별을 정당화하기 위해
④ 노력보다 능력에 따른 분배를 실현하기 위해
⑤ 모든 구성원의 기본적 권리를 동등하게 보장하기 위해

04 다음 정의의 여신상에 대한 설명으로 적절하지 <u>않은</u> 것은?

> 디케(Dike)는 그리스 신화에 나오는 '정의의 여신'이다. 디케란 그리스어로 '정의' 또는 '정도(正道)'를 뜻한다. 이 여신은 여러 조각상으로 만들어졌는데, 대부분 한 손에는 저울을, 다른 한 손에는 법전이나 칼을 들고 있으며 눈은 감고 있거나 천으로 가려져 있다.

① 저울은 엄정한 정의의 기준을 상징한다.
② 저울은 모든 사람을 공평하게 대우하겠다는 의미를 담고 있다.
③ 칼은 잘못한 사람들에게 엄격하게 벌을 주겠다는 의지를 담고 있다.
④ 칼은 정확한 판정에 따라 정의를 실현하려면 힘이 필요하다는 의미를 담고 있다.
⑤ 감거나 가린 눈은 개인의 사사로운 감정에 따라 판결을 내리겠다는 의지를 담고 있다.

05 다음 글의 시험이 불공정한 이유로 적절한 것은?

> 지금부터 숲의 우두머리를 뽑겠습니다. 공정하게 경쟁하기 위해서 모두 같은 시험을 통과해야 합니다. 경쟁에 참여할 동물은 저 나무 위에 올라가세요. 가장 먼저 오른 동물이 숲의 우두머리입니다.

① 이기는 것에만 집착하고 있다.
② 너무 과도한 경쟁을 하고 있다.
③ 자원을 비효율적으로 분배하고 있다.
④ 모두가 불행해지는 경쟁을 하고 있다.
⑤ 어느 한쪽에만 규칙이 유리하게 적용되고 있다.

06 ㉠에 들어갈 내용으로 가장 적절한 것은?

> 권 씨는 시각 장애 1급 대학생이다. 자격증을 따기 위해 ○○ 시험을 치렀으나, 크게 확대한 시각 장애인용 시험지 글씨도 잘 보이지 않아 시험 시간이 턱없이 부족했다. 이에 권 씨는 장애인도 (㉠)해 달라며 국가 인권 위원회에 호소하였다. 그 결과 시험 주관사는 국가 인권 위원회의 권고를 받아들여, 다음 달부터 이 시험에 응시하는 시각 장애인은 시력에 따라 시험 시간을 1.2~1.5배 더 길게 보장받게 된다.

① 경쟁 규칙을 동등하게 적용
② 경쟁 결과를 동일하게 보장
③ 불공정한 수단의 사용을 방지
④ 모든 사람에게 똑같은 규칙을 적용
⑤ 경쟁에 참여할 기회를 실질적으로 보장

07 다음 글을 통해 얻을 수 있는 교훈으로 적절하지 <u>않은</u> 것은?

> 1872년, 미국에서는 여성의 참정권을 인정하지 않았다. 앤서니는 정의롭지 않은 상황에 분개하며 제18대 미국 대통령 선거일에 투표를 강행하였다. 당시 여성의 투표는 법을 어기는 행동이었기 때문에 한 남성의 고발로 앤서니는 기소되었고, 100달러의 벌금형을 선고받았다. 앤서니는 각 도시를 돌며 연설하기 시작하였다. "여성도 법을 만드는 데 참여하고, 법을 만드는 사람을 뽑는 선거에 직접 참여할 때, 사회 정의를 실현할 수 있습니다." 자유롭고 평등한 사회에서 살고자 하는 사람들은 크게 호응하였다. 1920년, 드디어 여성 참정권을 인정하는 수정 헌법 19조가 통과되었다. 앤서니가 사망한 지 14년이 지나서야 맺은 값진 열매였다.

① 인간은 모두 존엄하다는 것을 인식해야 한다.
② 사회 정의 실현을 위해서는 사회 제도도 필요하다.
③ 성별을 근거로 기본적 권리를 제한해서는 안 된다.
④ 모든 사람에게 기본적인 권리를 동등하게 보장해야 한다.
⑤ 불공정한 사회 제도는 개인의 노력만으로 해결할 수 있다.

08 ㉠을 시행하는 이유로 가장 적절한 것은?

> ㉠ 블라인드 채용이란 학력, 출신지, 가족 관계, 신체 조건 등의 조건이 아닌 오로지 직무 능력만으로 인재를 채용하는 방식을 말한다. 블라인드 채용 방식은 공기업을 넘어 사기업으로까지 전파되며 2017년 채용 트렌드로 자리 잡았다.

① 법을 어기지 않기 위해
② 가정 환경을 몰래 물어보기 위해
③ 과거의 직무 경력을 파악하기 위해
④ 공정하게 채용 시험을 치르기 위해
⑤ 경쟁이 필요 없는 채용 환경을 만들기 위해

09 다음과 같은 부패가 발생하는 원인으로 적절하지 못한 것은?

> 아들의 취업을 부탁하며 고위 관계자 강 씨에게 수차례 뇌물을 건넨 전 씨가 결국 유죄를 선고 받았다. 당시 강 씨는 많은 빚을 진 상황에서 전 씨에게 접근해 "돈을 주면 아들이 일할 수 있게 도와주겠다."라고 약속했다. 전 씨는 강 씨의 요구에 응하였고 이듬해 아들은 실제로 일자리를 얻었다. 이후 강 씨는 "윗사람에게 잘 보여야 한다."라며 계속 뇌물을 요구했고, 이에 전 씨가 순순히 응하다 덜미를 잡혔다. 결국, 두 사람은 뇌물 수수로 실형을 받았고 수천만 원을 들여 취업시킨 아들도 자리에서 물러났다.

① 부당하게 자기 이익을 챙기려는 욕심
② 공정성을 중요한 가치로 여기는 생각
③ 비합리적인 관행을 허용하는 사회적 분위기
④ 경제적 이익을 남들보다 쉽게 얻으려는 생각
⑤ 권력이나 명예를 차지하기 위해 사용하는 정당하지 못한 방법

10 다음 자한의 행동에서 알 수 있는 부패를 예방하는 방법으로 가장 적절한 것은?

> 중국 송나라 때 어떤 사람이 자한을 찾아와 사사로운 일을 부탁하며 간청하였다. "이 옥은 정말 보배로운 물건입니다. 받아 주십시오." 그러나 자한은 정중하게 거절하며 다음과 같이 말하였다. "나는 남의 물건에 욕심내지 않는 것을 보배로 여기고 당신은 이 옥을 보배로 여기니, 만약 내가 이 옥을 받으면 우리 모두 보배를 잃게 됩니다. 따라서 내가 이 옥을 받지 않음으로써 각자의 보배를 간직함이 더 낫겠습니다."

① 부패 행위를 한 사람을 엄중히 처벌한다.
② 사회 구성원 각자가 청렴 의식을 지닌다.
③ 부패 행위를 신고한 사람을 법으로 보호한다.
④ 부패를 용납하지 않는 사회 분위기를 만든다.
⑤ 부패를 적극적으로 감시하고 작은 부패에도 문제를 제기한다.

11 부패 문제 해결과 관련하여 다음 글을 통해 얻을 수 있는 교훈으로 적절하지 않은 것은?

> 싱가포르는 아시아 국가에서뿐만 아니라 세계적으로도 부패 없는 나라로 인정받고 있다. 이런 싱가포르에서도 1950년대 말까지는 부정부패가 국민 생활에 깊숙이 자리하고 있었다. 그러나 1959년 집권한 국민 행동당이 강력한 부정부패를 척결하는 정책을 추진하면서 싱가포르에 변화의 바람이 불기 시작했다. 새 정부가 부패 방지법을 제정하는 동시에 부패 사범만을 색출, 처벌하기 위해 부패 조사국을 설립한 것이다. 부패 조사국은 부정하게 얻은 것으로 드러난 재산을 끝까지 추적하여 모두 거두어들이고, 부패 사범에게는 지위의 높고 낮음에 상관없이 일반 범죄자보다 한층 무거운 처벌을 내렸다.

① 부패를 방지하는 법을 시행한다.
② 부패 행위에 대한 감시 활동을 한다.
③ 사소한 부패 행위도 용납하지 않는다.
④ 부패 행위를 엄격히 조사하고 처벌한다.
⑤ 공익 신고자 및 내부 고발자를 엄벌한다.

12 다음 글의 청백리 제도를 통해 얻을 수 있는 긍정적 효과로 적절하지 않은 것은?

> 조선 시대에는 청렴결백한 관리에게 표창하는 청백리 제도를 시행하였다. 청백리란 우수한 공직 수행 능력과 청렴하고 검소한 태도를 모두 갖춘 공직자를 일컫는다. 이러한 청백리 제도를 오늘날에도 계승하여 지방 자치 단체들은 청렴결백하고 국민에 대한 투철한 봉사 정신으로 직무에 힘쓴 공직자를 선정하여 청백리상을 수여하고 있다.

① 부패를 예방할 수 있다.
② 바른 관리상을 제시할 수 있다.
③ 청렴하고 정의로운 사회를 만들 수 있다.
④ 은밀하게 부패를 저지를 수 있도록 주의를 줄 수 있다.
⑤ 사회 전체의 공익을 중요하게 생각하는 의식을 함양할 수 있다.

도전! 만점 문제

01 다음 글을 통해 알 수 있는 공정한 경쟁의 조건으로 가장 적절한 것은?

> 영철이네 학교 체육 대회에서 줄다리기를 하게 되었다. 학급 반장들이 모여 각 반에서 20명씩 뽑아 경기를 치르기로 합의하였다. 그런데 첫 번째 시합에서 패하자 마음이 조급해진 영철이네 반 아이들은 합의한 규칙을 무시하고 두 번째 시합에서 3명의 학생을 몰래 추가하여 총 23명의 선수를 내보냈다.

① 모든 사람에게 공정한 분배가 이루어지도록 한다.
② 모든 참가자에게 경쟁 규칙을 동등하게 적용한다.
③ 누구든 나이, 성별 등을 이유로 차별받지 않도록 한다.
④ 모든 사람에게 경쟁에 참여할 기회를 실질적으로 보장한다.
⑤ 경쟁에 뒤처진 사람도 최소한의 인간다운 삶을 유지하도록 지원한다.

02 다음과 같이 주장하는 사람의 입장이라고 볼 수 없는 것은?

> 저는 소수 인종이라는 이유로 그동안 열악한 교육 환경에서 공부를 했습니다. 저와 같은 사회적 약자에게 혜택을 주는 것이 공정합니다.

① 각자의 몫을 공정하게 분배해야 한다.
② 모든 사람에게 기본적인 권리를 동등하게 보장해야 한다.
③ 능력이 뛰어난 사람만을 우대하는 사회를 만들어야 한다.
④ 공정한 공동체 속에서 누구나 행복한 삶을 누릴 수 있도록 해야 한다.
⑤ 자신의 능력을 발휘할 수 없는 환경에 있는 사람에게도 그들의 몫을 제대로 주어야 한다.

03 다음 그림에 대한 설명으로 적절하지 않은 것은?

(가)   (나)

① (가)는 기계적 평등을 보여 주고 있다.
② (나)는 실질적 평등을 보여 주고 있다.
③ (나)는 사회적 약자에 대한 배려를 보여 준다.
④ (가)는 필요에 따른 분배가 정의로운 것이라는 입장을 반영한다.
⑤ (나)는 불리한 위치에 있는 사람도 고려하는 것이 정의로운 것이라는 관점을 반영한다.

04 다음과 같은 제도를 시행한 이유로 가장 적절한 것은?

> 국민 기초 생활 보장법은 국가가 생활이 어려운 사람에게 생계 · 의료 · 자활 등에 필요한 경비를 지원하도록 규정한 법이다.

① 처벌을 피하고 법을 지키기 위해
② 모든 사람에게 같은 규칙을 적용하기 위해
③ 청렴 의식을 고양하고 부패를 방지하기 위해
④ 경쟁에 참여할 기회를 형식적으로 보장하기 위해
⑤ 모든 사람이 최소한의 인간다운 삶을 유지하도록 지원하기 위해

정복! 서술형 문제

01 다음 글을 읽고 물음에 답해 보자.

> 경쟁의 참여 기회를 실질적으로 보장한다는 것은 다른 사람보다 불리한 조건을 가진 사람에게 적절한 혜택을 제공한다는 것을 포함한다.

(1) 윗글과 같이 공정한 경쟁을 보장하기 위해 만든 제도 세 가지를 서술해 보자.

---

(2) (1)의 제도가 공정한 경쟁을 위해 어떤 기여를 할 수 있는지 서술해 보자.

---

02 다음 만화와 같이 공정한 경쟁이 필요한 이유를 서술해 보자.

---

03 다음 글을 읽고 상피 제도를 시행한 이유를 서술해 보자.

> 상피 제도는 일정한 범위 안의 친족간에는 같은 관사(官司)에 취임하지 못하도록 하거나 또는 청송관(聽訟官, 소송을 맡는 관리)·시관(試官, 시험을 맡는 관리) 등이 될 수 없도록 하는 제도이다. 어떤 지방에 특별한 연고가 있는 관리가 그 지방에 파견되지 못하는 것도 이에 포함된다. 1092년 고려 시대에 제정되었으나 잘 지켜지지 않았다. 하지만 조선 시대에는 이를 엄격히 적용하였다. 특히 친족·외족·처족 등의 4촌 이내로 적용 범위가 규정되어 있던 것이 그 이상으로 범위를 확대하여 적용하는 경우도 많았다.

---

04 다음 글을 바탕으로 부패를 예방하고 청렴한 사회를 만들기 위한 개인적·사회적 차원에서 해야 할 노력을 서술해 보자.

> • 목민관 노릇을 잘하려는 사람은 반드시 자애로워야 하고, 자애롭고 싶은 사람은 반드시 청렴해야 한다. 청렴하고 싶은 사람은 반드시 절약해야 한다. 아껴 쓰고 조절해서 사용하는 것은 목민관의 첫 번째 임무이다.
> • 청렴은 목민관의 본질적인 임무다. 만 가지 선의 근원이고 모든 덕의 뿌리이다. 청렴하지 아니하고서는 목민관을 잘할 수 없다.

3 북한 이해

✏️ 핵심 POINT

• 북한을 바라보는 서로 다른 시각
• 북한을 이해하는 바람직한 자세

01 북한을 어떻게 이해할 것인가?

1. 북한을 바라보는 서로 다른 시각

(1) 군사적으로 대립하는 경계의 대상: 북한 정권은 군사적 침략을 통해 우리의 안보 및 국민의 생명과 안전을 위협하는 경계의 대상

(2) 통일 공동체 실현을 위한 협력의 대상: 북한 주민은 우리와 역사의 아픔을 함께 나눈 형제이자 동포로서 함께 통일 공동체를 만들어 가기 위해 화해하고 협력해야 할 대상

2. 북한을 이해하는 바람직한 자세

(1) 균형 있는 이해

　① 북한을 화해와 협력의 대상으로만 여길 경우 ➡ 국가 안보를 위협할 위험이 있음.

　② 경계의 대상으로만 여기고 적대시할 경우 ➡ 남북한 공동의 평화와 번영을 이끌어 가기 어려움.

　③ 호혜적 관계 속에서 통일 한국을 이루려면 북한을 균형 있게 이해해야 함.

⊙ 호혜
서로 특별한 혜택을 주고받는 일

(2) 객관적 사실에 기초한 이해: 북한이 처한 대내외 환경과 북한의 실상을 있는 그대로 바라보아야 함.

(3) 보편적 가치에 근거한 이해: 보편적 가치를 근거로 북한을 올바르게 이해해야 함.

✏️ 핵심 POINT

• 북한 주민의 정치·경제·사회·문화·예술 생활
• 북한 주민이 우리에게 지니는 의미

02 북한 주민은 어떻게 살고 있고, 그들은 우리에게 어떤 존재인가?

1. 보편적 가치의 관점에서 본 북한 주민의 생활

(1) 북한 주민의 정치 생활

　① 당의 결정과 정부 기관의 통제 속에서 생활함.

　② 국호는 '조선 민주주의 인민 공화국'으로 겉으로 민주주의를 표방하지만, 모든 권력은 조선 노동당과 1인 지도자에게 집중되어 있음.

(2) 북한 주민의 경제생활

　① 중앙 집권적 계획 경제에 따라 통제됨: 생활용품, 주택, 직장 등을 배급받음.

　② 1990년대 중반 이후 경제 위기 ➡ 시장 경제의 모습이 등장함. 예 장마당

교과서 자료 놓치지 말자! 　　**남북 분단의 배경**

 57쪽 01번 문제

일본의 패망 후 미군과 구 소련군이 북위 38선을 기준으로 한반도의 남과 북에 각각 머물면서 남북 분단이 시작되었다. 모스크바 3국 외상 회의에서 미국·영국·구 소련은 한반도에 대한 신탁 통치를 결정하였다. 모스크바 3국 외상 회의의 결정을 두고, 한반도에서는 신탁 통치를 찬성하는 견해와 반대하는 견해가 극심하게 대립하였다. 미·소 공동 위원회는 한반도의 임시 정부 수립을 논의하였으나 뜻을 모으지 못하고, 한국의 독립 문제를 국제 연합 총회에 보냈다. 구 소련과 북한은 38선 이북에 국제 연합 한국 임시 위원단이 들어오는 것을 거부하였다. 결국, 1948년 남북은 각각 선거를 치렀다. 1950년 6월 25일, 북한의 침략으로 전쟁이 시작되었고, 남북은 분단 상황을 굳혔다. 그리고 우리는 아직 분단의 아픔 속에 살아가고 있다.

쉬운 해설 한반도의 분단은 역사적으로 볼 때 국제적인 상황으로 인해 시작되었다고 할 수 있어. 1945년 8월 15일 일본의 항복 이후, 미국과 구 소련을 양대 축으로 하는 냉전이 본격적으로 시작되었지. 세계적 냉전 구조와 국내의 이념적 갈등이 결합하면서 발생한 한반도의 냉전은 북위 38도선을 경계로 분단을 초래했어. 또한 우리 내부의 민족적 역량이 결집하지 못해서 남북 분단이 고착화되었지. 이처럼 남북의 분단은 냉전에 따른 국제적 환경의 영향, 우리 민족 내적인 문제가 복합적으로 작용한 결과라는 점을 놓치지 말자!

(3) 북한 주민의 사회생활

① 집단주의 원칙에 따라 이루어짐. ➡ '하나는 전체를 위하여 전체는 하나를 위하여'라는 구호 아래 개인보다 집단의 목표를 우선시함.

② 체제 유지를 위한 정치사상 교육: 어린 시절부터 학교, 직장, 퇴직 이후까지 조직 생활을 통해 정치사상을 익힘. ➡ 외국어, 컴퓨터 등 실용 과목도 가르치지만 북한 교육의 목적을 북한 체제에 순응하는 인간을 키우는 데 있음.

(4) 북한 주민의 문화·예술 생활: 당이 통제하고 관리함. ➡ 노래, 영화 등은 당과 지도자를 찬양하는 내용이 주를 이루며, 체제 유지를 위한 선전의 도구로 활용함.

2. 북한 주민이 우리에게 지니는 의미

(1) 역사와 전통을 공유하는 동포이자 미래의 통일 공동체를 함께 만들어 가야 할 동반자

(2) 보편적 가치를 실현하기 위해 함께 노력해야 할 존재

⊙ 북한 주민의 사회생활
· 북한은 체제를 선전하고 단결을 과시하는 수단으로 종종 집단 체조를 보여 줌.
· 북한의 중학생 중 13세 이하의 학생들은 소년단에 가입해 북한 체제 유지에 필요한 사상 교육을 받음.

⊙ 정치사상
국가의 모든 제도와 정치 단체, 정치 행동에 관한 인식 및 가치 판단의 사상 체계

03 북한 이탈 주민의 생활을 통해 본 통일의 과제는 무엇인가?

1. 북한 이탈 주민이 겪는 어려움

(1) 심리적 어려움: 남한 정착 과정에서의 긴장과 불안함, 북한에 두고 온 가족에 대한 그리움과 미안함, 남한 주민의 편견과 선입견으로 인해 고통을 겪음.

(2) 문화적 어려움: 언어와 제도, 삶의 양식, 사고방식과 가치관의 차이로 인한 어려움

(3) 경제적 어려움: 능력 발휘의 기회 부족, 취업 시 대가를 충분히 받지 못하는 일도 많음.

(4) 북한 이탈 주민의 어려움을 해결하면서 통일 과정의 문제를 예측하고 대비할 수 있음. ➡ 북한 이탈 주민은 '먼저 온 미래의 동반자'

2. 통일을 위한 우리의 과제

(1) 서로에 관한 인식 개선: 서로 편견을 버리고 존중하며 배려해야 함.

(2) 경제적 역량 기르기: 남북한의 경제적 격차를 줄이기 위해 남북 모두 안정적 경제 성장과 균형 있는 발전을 이루어 나가야 함.

(3) 남북한의 이질화 극복: 서로 다른 문화와 가치관의 차이를 극복해야 함.

핵심 POINT
· 북한 주민이 겪는 심리적·문화적·경제적 어려움
· 북한 이탈 주민의 남한 생활을 통해 알 수 있는 통일 과제

교과서 자료 · 놓치지 말자! **북한 이탈 주민은 '통일 사다리'**

풀어봐 59쪽 10번 문제

· 시내버스를 운전하는 유 씨는 북한에서 농사만 짓다가 2002년 탈북했다. 그가 남한에서 할 수 있는 일은 식당 일이나 막일밖에 없었다. 유 씨는 "2005년 운전면허 학원비를 지원해 준 고용 노동부와 일할 기회를 준 버스 회사 덕분에 남한 사회의 구성원이 될 수 있었다."라고 말한다. 그는 지금 누구보다 모범적인 버스 기사다.

· 공원 앞에서 빵을 구워 파는 박 씨는 더는 북에서 굶주리기 싫어서 2001년 형과 함께 두만강을 건넜다. 그는 정부 지원으로 학업을 마치고 북한 이탈 주민의 창업을 지원하는 제도 덕분에 어엿한 '사장님'이 되었다. 그는 "남한 사회에서 조금만 손을 잡아 주면 어엿한 구성원으로 자리 잡을 수 있는 북한 이탈 주민이 많다. 통일하면 고향에 돌아가 남한에서 배운 것을 가르쳐 주고 싶다."라고 말한다. ─《조선일보》, 2016년 5월 30일 ─

쉬운 해설 | 북한 이탈 주민의 성공적 정착은 통일을 준비하는 과정에서 중요한 의미를 지니고 있어. 먼저, 북한 이탈 주민은 통일을 대비하는 상호 교류와 사회 통합의 연습장을 제공하지. 즉, 이들은 통일 후 사회 통합에 기여할 수 있어. 다음으로 북한 이탈 주민은 통일을 대비하는 소중한 인적 자원이 되지. 이들은 우리 사회의 가치와 삶의 방식을 북한 주민들에게 전달하는 매개자 역할을 할 수 있고, 통일 후 북한 주민들의 적응을 돕는 조력자로서의 역할도 할 수 있어. 이처럼 북한 이탈 주민은 통일 이후 남북 관계를 연결하는 사다리가 될 것이라는 점을 놓치지 말자!

확인! 기본 문제

01 다음 빈칸에 들어갈 정답을 낱말 퍼즐 속에서 찾아 동 그라미로 표시하시오.

경	제	적	민	주	주	의
계	산	대	족	장	마	당
객	관	적	공	이	질	화
정	협	력	동	포	편	견
치	균	형	체	제	예	술
사	문	화	적	연	통	감
상	배	급	기	대	제	시

(1) 북한 정권의 군사적 침략은 우리 국민의 생명 과 안전을 위협하므로, 북한은 우리와 군사적 으로 대립하는 (　　　)의 대상이라고 볼 수 있다.

(2) 1990년대 중반 이후 북한이 경제 위기를 겪은 후, 배급 체계가 무너지고 (　　　)(이)라고 부르는 곳에서 물건을 사고파는 등 시장 경제 의 모습도 찾아볼 수 있다.

(3) 남북한 주민은 서로에 대한 (　　　)을(를) 버리고, 더불어 살아갈 이웃이라고 생각하며 존중하고 배려해야 한다.

(4) 북한 이탈 주민은 일자리를 구해도 대가를 충 분히 받지 못하는 일이 많아서 (　　　) 어려 움을 겪는다.

02 밑줄 친 부분을 바르게 고쳐 쓰시오.

(1) 우리는 북한이 처한 대내외 환경과 북한의 실 상을 <u>주관적</u> 사실에 기초해서 이해해야 한다.
(　　　)

(2) 북한의 경제생활은 <u>지방 분권적</u> 계획 경제에 따라 통제된다. (　　　)

(3) 통일을 위해 우리는 서로 다른 문화와 가치관 으로 인한 남북한의 <u>동질화</u>를 극복하기 위해 노력해야 한다. (　　　)

03 다음 내용을 서로 알맞게 연결하시오.

(1) 집단주의 · 원칙

(2) 보편적 · 가치

· ㉠ 시대가 달라져도 변 하지 않으며 모든 인간이 보장받아야 하는 기본적 가치

· ㉡ '하나는 전체를 위 하여 전체는 하나를 위하여'라는 구호 아래 개인보다 전체 의 목표를 중시하는 원칙

04 다음 설명이 적절하면 ○ 표, 그렇지 않으면 X 표를 하 시오.

(1) 북한을 부정적으로만 보거나 긍정적으로만 바 라보는 태도는 모두 바람직하지 않다.
(　　　)

(2) 우리 민족은 일제 강점기를 겪는 동안 남북 분 단이라는 비극적 상황에 놓이게 되었다.
(　　　)

(3) 북한 교육의 목적은 북한 체제에 순응하는 인 간을 키우는 데 있다. (　　　)

(4) 통일 이후에 남북한의 경제적 격차는 여러 가 지 사회 문제의 원인이 될 수 있다. (　　　)

05 다음 중 옳은 내용에 ○ 표를 하시오.

(1) 북한 주민은 누군가의 가족이며 우리의 아픔을 함께 나눈 형제이자 동포이므로, 우리와 함께 통일 공동체를 만들어 가야 할 (경계, 협력)의 대상이다.

(2) 우리가 북한을 균형 있게 이해할 때, 남북은 (적대적, 호혜적) 관계를 바탕으로 통일로 나 아갈 수 있다.

향상! 실력 문제

01 꼭나와 남북 분단의 배경을 순서대로 나열한 것은?

> (가) 일본의 패망 후 미군과 구 소련군이 북위 38도선을 기준으로 한반도를 분할 점령하였다.
>
> (나) 북한의 침략으로 6·25 전쟁이 시작되었고, 이로 인해 남북의 분단이 고착화되었다.
>
> (다) 미·소 공동 위원회를 개최하였으나 결렬되었고, 한국의 독립 문제는 국제 연합 총회에 상정되었다.

① (가) – (나) – (다)
② (가) – (다) – (나)
③ (나) – (가) – (다)
④ (다) – (가) – (나)
⑤ (다) – (나) – (가)

02 다음 글을 통해 알 수 있는 것으로 적절하지 <u>않은</u> 것은?

> 제20차 남북 이산가족 상봉의 마지막 날, 금강산 이산가족 면회소에서 가족들은 마지막 눈물을 쏟았다. 이순규 할머니는 결혼한 지 6개월 만에 헤어진 남편과 65년 만에 상봉하였다. 할머니는 오인세 할아버지의 넥타이를 만져 주며 잠시 고개를 들지 못했다. 얼굴 한 번 보지 못했던 아들은 의젓하게 자라 "아버지, 건강한 아들로 낳아 주셔서 감사해요. 만수무강하세요."라고 말하며, 아내와 함께 신발을 가지런히 벗고 큰절을 올렸다. 오인세 할아버지의 주름 가득한 얼굴에 눈물이 번졌다. 다시 만날 기약 없이 헤어지며 이산가족들은 모두 한목소리로 외쳤다. "우리 다시 만나자. 꼭 다시 만나요."

① 북한 주민은 우리 누군가의 가족이다.
② 남북한 주민 간에 이질화가 심각하다.
③ 북한 주민은 우리와 역사의 아픔을 함께 나눈 동포이다.
④ 이산가족의 고통을 해소하기 위해 통일은 반드시 이루어져야 한다.
⑤ 북한은 경계의 대상일 뿐만 아니라 우리에게 또 다른 모습도 가지고 있다.

03 다음 글을 통해 알 수 있는 우리가 북한에 대해 가져야 할 시각으로 가장 적절한 것은?

> 북한군이 서부 전선에서 남쪽을 향해 포격한 가운데 인천 강화도 주민 100여 명이 대피하였다. 목함 지뢰 사건 이후 우리 군이 북한을 향해 확성기로 심리전 방송을 재개하자, 북한군은 오후 대북 확성기 설비가 있는 곳으로 포탄 수십 발을 쏜 것이다. 우리 군이 포탄으로 대응 사격했으나 이후 북한군은 별다른 움직임이 없었다. 우리 군의 인명 피해는 없는 것으로 알려졌다.

① 화해하고 협력해야 할 대상이다.
② 북한 주민도 우리와 같은 동포이다.
③ 역사의 아픔을 함께 나눈 형제이다.
④ 군사적으로 대립하는 경계의 대상이다.
⑤ 통일 공동체를 함께 만들어 가야 할 대상이다.

04 북한을 이해하는 바람직한 자세로 옳은 것만을 〈보기〉에서 있는 대로 고른 것은?

>
>
> ㄱ. 국가 안보를 위해 경계의 대상으로만 여기고 적대시해야 한다.
> ㄴ. 분단 현실과 상관없이 북한을 화해와 협력의 대상으로 여겨야 한다.
> ㄷ. 객관적 사실에 기초해서 북한의 실상을 있는 그대로 바라보아야 한다.
> ㄹ. 인간 존엄성, 자유, 평등, 인권 등과 같은 보편적 가치를 근거로 이해해야 한다.

① ㄱ, ㄴ
② ㄴ, ㄷ
③ ㄷ, ㄹ
④ ㄱ, ㄴ, ㄷ
⑤ ㄴ, ㄷ, ㄹ

05 북한의 문화·예술 생활에 대해 올바르게 말한 사람만을 〈보기〉에서 있는 대로 고른 것은?

> 보기
> - 지윤: 당이 철저하게 통제하고 관리하고 있어.
> - 도형: 당과 지도자를 찬양하는 내용이 대부분이야.
> - 윤서: 체제를 유지하기 위한 선전의 도구로 활용하고 있어.
> - 정인: 2000년대에 접어들어 유입된 남한의 대중문화를 인정하고 있어.

① 지윤
② 정인
③ 지윤, 도형
④ 윤서, 정인
⑤ 지윤, 도형, 윤서

06 다음 글을 통해 알 수 있는 북한 사회의 정치 생활에 대한 옳은 설명만을 〈보기〉에서 있는 대로 고른 것은?

> 긴 줄이 늘어선 북한 지방 선거 투표장. 투표용지를 받은 주민들이 별다른 기표도 없이 그대로 투표함에 넣습니다. 이로써 당이 정한 1명의 후보를 놓고 찬성 표시를 하는 것입니다. 만일 당의 결정에 찬성하지 않는다면 별도로 표시해야 합니다. 선거 결과는 투표율 99.97%에 찬성률 100%. 과거 문제가 됐던 반대 투표함이 사라지고 기표소도 생겨났지만 삼엄한 감시 때문에 여전히 반대 의사를 표현할 수는 없다는 뜻입니다.

> 보기
> ㄱ. 조선 노동당과 1인 지도자에게 권력을 집중하고 있다.
> ㄴ. 주민의 정치 활동은 정부 기관의 통제 속에서 이루어진다.
> ㄷ. 당의 사상적 지침이나 체제에 대한 비판이 비교적 자유로운 편이다.
> ㄹ. '조선 민주주의 인민 공화국'이라는 국호에서 알 수 있듯이 실제로 민주주의 국가이다.

① ㄱ, ㄴ
② ㄴ, ㄷ
③ ㄷ, ㄹ
④ ㄱ, ㄴ, ㄷ
⑤ ㄱ, ㄷ, ㄹ

07 다음 글을 참고하여 북한 주민의 생활 모습을 보편적 가치의 관점에서 가장 적절하게 평가한 것은?

> 북한이 노동당 창건 70주년을 앞두고 경축 분위기를 띄우는 가운데 평양에 체류 중인 외신 기자의 눈에 비친 것은 행사에 의무적으로 동원된 사람들의 웃음기 없는 얼굴이었습니다. 한편, 평양에서 150km 떨어진 시골 마을, 국제 적십자사는 물 부족으로 고통받는 북한 주민 농가에 식수 공급을 지원하고 있지만, 전염병과 흉작이 우려되는 상황입니다.

① 감시와 통제가 없어 자유롭게 생활하고 있다.
② 언론과 출판, 집회와 결사의 자유를 누리고 있다.
③ 집단주의 원칙에 따라 자유로운 생활을 하고 있다.
④ 인간 존엄성과 인권을 보장받아 인간다운 삶을 살고 있다.
⑤ 생필품을 보급받지 못하고 적절한 의료 혜택도 누리지 못하고 있다.

08 북한 주민의 사회생활에 대한 설명으로 옳은 것은?

① 어린 시절부터 학교, 직장, 퇴직 이후까지 정치사상을 익힌다.
② 학생들은 14살이 된 이후부터는 조직 생활에 참여하지 않는다.
③ 학교에서는 예전부터 외국어, 컴퓨터 등 실용 과목을 중심으로 교육하고 있다.
④ 체제에 순응하지 않고 비판할 줄 아는 인간을 길러 내기 위한 교육을 강조하고 있다.
⑤ '하나는 전체를 위하여 전체는 하나를 위하여'라는 구호 아래 집단보다 개인의 목표를 우선시한다.

09 다음 글을 통해 알 수 있는 북한 이탈 주민이 겪는 어려움으로 가장 적절한 것은?

> 국가 인권 위원회가 2017년 실시한 '인권 의식 실태 조사' 결과, 북한 이탈 주민의 45.4%가 북한 출신이라는 이유로 심적으로 고통을 당한 적이 있다고 응답했다. 북한 이탈 주민에게 고통을 가하는 당사자는 일반 시민, 직장 상사, 직장 동료 순으로 조사되었다.

① 심리적 어려움   ② 경제적 어려움
③ 도덕적 어려움   ④ 정치적 어려움
⑤ 교육적 어려움

10 다음 글이 우리에게 주는 교훈으로 옳은 것만을 〈보기〉에서 있는 대로 고른 것은?

> 공원 앞에서 빵을 구워 파는 박 씨는 더는 북에서 굶주리기 싫어서 2001년 형과 함께 두만강을 건넜다. 그는 정부 지원으로 학업을 마치고 북한 이탈 주민의 창업을 지원하는 제도 덕분에 어엿한 '사장님'이 되었다. 그는 "남한 사회에서 조금만 손을 잡아 주면 어엿한 구성원으로 자리 잡을 수 있는 북한 이탈 주민이 많다. 통일하면 고향에 돌아가 남한에서 배운 것을 가르쳐 주고 싶다."라고 말한다.

〈보기〉
ㄱ. 북한 이탈 주민은 먼저 온 미래의 동반자라고 할 수 있다.
ㄴ. 북한 이탈 주민은 통일 이후 남북 관계를 연결하는 사다리가 될 수 있다.
ㄷ. 북한 이탈 주민이 우리 사회의 구성원으로서 자리 잡을 때 통일 한국의 미래도 밝아 올 것이다.
ㄹ. 북한 이탈 주민이 남한에서 겪는 어려움을 해소함으로써 통일 과정에서 생길 수 있는 문제를 미리 예측하고 해결할 수 있다.

① ㄱ, ㄴ   ② ㄷ, ㄹ   ③ ㄱ, ㄴ, ㄷ
④ ㄴ, ㄷ, ㄹ   ⑤ ㄱ, ㄴ, ㄷ, ㄹ

11 다음 글을 토대로 중학생인 우리가 북한 이탈 청소년을 위해 할 수 있는 노력으로 적절하지 <u>않은</u> 것은?

> 북한 이탈 청소년 대안 학교 강의실에서는 막바지 영화 촬영이 한창이었다. 이 강의를 기획한 이○○ 씨는 "북한 이탈 청소년들은 영화에 대해 관심이 많은데, 그 이유가 남한 친구를 사귀지 못해 혼자 영화를 보러 다녔기 때문이라는 얘기를 듣고 정말 마음이 아팠다."라면서 "아이들이 남한 사회에 성공적으로 정착하는 데에 작은 보탬이 되었으면 좋겠다."라고 말했다.

① 북한 이탈 청소년에 대한 편견을 버린다.
② 북한 이탈 청소년에게 관심을 갖고 배려한다.
③ 북한 이탈 청소년의 문화적 배경을 이해한다.
④ 북한 이탈 청소년을 불쌍한 시선으로 바라본다.
⑤ 북한 이탈 청소년이 낯설어 하는 것을 알려 준다.

12 다음 글에 나타난 북한 이탈 주민이 겪는 어려움으로 가장 적절한 것은?

> 목숨을 걸고 비무장 지대를 넘어온 나는 곧바로 '잉여 인간'으로 전락했다. 생활비라도 벌기 위해 주유소에 찾아가 면접을 봤지만, 퇴짜 맞기 일쑤였다. 구인 공고가 실린 지역 생활 정보지가 집 한편에 켜켜이 쌓여 갔지만, 탈북민을 받아 주는 곳은 어디에도 없었다. 마침내 종로에 있는 일식당에 취직했다. 남들이 여덟 시간 일할 때 나는 열두 시간 일했다. 배달과 주방일 외에도 온갖 궂은일을 도맡아 했다. 드디어 첫 월급봉투를 받은 날, 나는 내 눈과 귀를 의심했다. 동료들보다 더 일했음에도 월급은 그들보다 수십만 원이나 적었던 것이다. '노력과 대가는 비례한다.'라는 상식적인 논리조차 탈북민에게는 예외였다.
>
> — 주승현, 《조난자들》 —

① 보수가 넉넉하지 못하다는 점
② 새로운 환경에서 불안감을 느낀다는 점
③ 북한 특유의 말투를 고치기 힘들다는 점
④ 개인적 자유를 중시하는 환경이 낯설다는 점
⑤ 사고방식과 가치관의 차이로 갈등이 발생하는 점

도전! 만점 문제

01 다음 글을 통해 알 수 있는 통일 이후에 나타날 수 있는 문제점만을 〈보기〉에서 있는 대로 고른 것은?

> 평등과 집단의 이익을 우선시하는 집단주의 사회에서 살아온 북한 이탈 주민들은 상대적으로 개인의 자유를 중시하는 남한 사회에서 혼란을 겪을 수밖에 없다.

〈보기〉
ㄱ. 남한 주민과 북한 출신 주민 사이에 갈등이 생길 수 있다.
ㄴ. 북한 출신 주민이 문화적 차이에서 오는 충격을 경험할 수 있다.
ㄷ. 북한 출신 주민이 자신이 일한 대가를 충분히 받지 못할 수 있다.

① ㄱ   ② ㄴ   ③ ㄷ
④ ㄱ, ㄴ   ⑤ ㄱ, ㄴ, ㄷ

02 다음 글이 우리에게 주는 교훈으로 옳지 않은 것은?

> 어느 날, 제가 식당에서 밥을 먹는데 북한을 이탈한 사람들이 남으로 온다는 텔레비전 뉴스가 나왔어요. 그러자 옆자리에 있던 아저씨께서 "저 사람들은 왜 온대? 여기도 굶는 사람들이 많은데."라며 언성을 높이셨어요. 이런 이야기를 들을 때마다 저는 죄지은 사람처럼 느껴져요. 그리고 남한 사람들이 저를 보며, "저 사람은 북한에서 왔는데도 잘하네."라고 말하는 것도 싫어요.

① 북한 이탈 주민을 우리와 상관없는 사람이라고 생각하고 거리를 둔다.
② 북한 이탈 주민에 대한 편견과 선입견을 버리고 그들을 존중해야 한다.
③ 북한 이탈 주민을 우리와 같은 역사와 전통을 공유하는 동포로 바라봐야 한다.
④ 북한 이탈 주민을 우리와 똑같이 인간답게 살 권리가 있는 존재로 여겨야 한다.
⑤ 북한 이탈 주민이 남한 사회에 적응하면서 겪는 어려움에 관심을 갖고 배려해야 한다.

03 다음은 남한의 일반 주민과 북한 이탈 주민을 대상으로 조사한 내용의 일부이다. 이를 통해 알 수 있는 통일의 과제로 옳은 것을 〈보기〉에서 있는 대로 고른 것은?

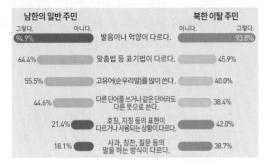

– 국립국어원, 〈2016년 남북 언어 의식 조사〉 –

〈보기〉
ㄱ. 남북한의 언어 이질화를 극복하기 위해 노력해야 한다.
ㄴ. 남북한의 안정적 경제 성장과 균형 있는 발전을 이루어 나가야 한다.
ㄷ. 남북한은 각각 서로 다른 문화와 가치관을 고집하면서 독립적으로 발전해야 한다.

① ㄱ   ② ㄴ   ③ ㄷ
④ ㄱ, ㄷ   ⑤ ㄱ, ㄴ, ㄷ

04 다음과 같이 북한을 이해하는 학생들에게 할 수 있는 조언으로 가장 적절한 것은?

> 2017 학교 통일 교육 실태 조사 결과, 북한에 대한 이미지를 묻는 질문에 '독재'라고 답한 학생이 47.3%로, 전년도에 비해 1.4% 높은 수치를 기록했다. 북한에 대해 어떻게 생각하느냐는 질문에는 '적으로 생각해야 하는 대상'이라는 응답이 전년도에 비해 6.9%나 상승하여 40%로 나타났다.

① 주관적 생각이나 감상에 따라 바라보세요.
② 무조건 긍정적으로 바라보려고 노력하세요.
③ 국가 안보를 위해 더욱 경계하고 적대시하세요.
④ 객관적 사실에 기초해서 균형 있게 바라보세요.
⑤ 분단 현실은 잊고 화해의 대상으로 바라보세요.

정복! 서술형 문제

01 다음 글을 읽고 우리가 북한을 바라보는 서로 다른 시각을 바탕으로 ㉠의 의미를 구체적으로 서술해 보자.

> 분단 상태가 이어지면서 우리는 북한을 여러 가지 시각으로 바라보고 있다. 북한 정권의 군사적 침략은 우리 국민의 생명과 안전을 위협한다. 그러나 북한은 우리에게 또 다른 모습으로 다가오기도 한다. 북한 주민은 누군가의 가족이며 우리와 역사의 아픔을 함께 나눈 형제이자 동포이기 때문이다. 이처럼 북한은 우리에게 ㉠ 이중적 존재로 다가온다.

02 다음 글을 읽고 물음에 답해 보자.

> 1990년대 북한은 대홍수, 냉해 등으로 인해 배급이 중단되고 수많은 주민이 굶주림으로 사망하게 된다. 이 기간 동안 버려진 아이들이 '꽃제비'라고 불리며 거지, 부랑자 생활을 하게 되었다. 이러한 북한 주민의 생활을 ㉠ 보편적 가치에 비추어 객관적으로 평가하면 _____ ㉡ _____.

(1) 윗글의 ㉠의 의미를 서술해 보자.

(2) 윗글의 ㉡에 들어갈 내용에 대해 서술해 보자.

03 다음은 북한 대중가요의 제목이다. 이를 통해 알 수 있는 북한의 문화·예술 생활의 특징을 서술해 보자.

> • 충성의 마음
> • 당을 따라 청춘들아 앞으로
> • 무장으로 받들자 우리의 최고 사령관

04 북한 주민에 대해 다음 글이 말하고자 하는 바가 무엇인지 서술해 보자.

> 대한민국 사람들에게 북한 주민들은 그저 '아무나'가 아닙니다. 비록 그들의 목소리를 직접 들을 수 없지만, 수백만 명의 이산가족들이 겨우 수백 킬로미터 떨어진 북쪽에 살고 있음을 우리는 알고 있습니다. …… 북한의 인권 침해에 관한 끔찍한 소식을 듣고 있노라면 가슴이 찢어지고 저도 모르게 눈물이 흐릅니다. 먼 훗날, 오늘 우리가 한 일을 돌아보며 우리와 똑같이 인간다운 삶을 살 자격이 있는 북한 주민을 위해 '옳은 일을 했다.'라고 말할 수 있기를 진심으로 바랍니다.

05 다음 글을 읽고 물음에 답해 보자.

> 북한 이탈 주민들이 즐겨 찾는 인터넷 커뮤니티에는 "내가 이북민이라고 말하는 순간 편견은 시작된다. 면접에서 탈북민이라고 절대 밝히지 않는다."라는 글이 자주 올라온다. 글쓴이는 "탈북민이라고 말하면 면접관들이 곤란한 표정을 지으며 채용 불가 입장을 전했지만 관련 사실을 공개하지 않았을 때는 직장을 얻는 데 큰 어려움이 없었다."라고 전했다.

(1) 윗글을 통해 알 수 있는 북한 이탈 주민이 겪는 어려움에 대해 서술해 보자.

(2) 윗글에 나타난 문제점을 해결하기 위해 우리가 가져야 할 자세는 무엇인지 서술해 보자.

4 통일 윤리 의식

🖊️ **핵심 POINT**

• 통일을 바라보는 긍정적·부정적 시각

• 통일을 해야 하는 도덕적 근거

⊙ **학생들이 생각하는 통일의 도덕적 근거**

2017년 학교 통일 교육 실태 조사 결과, 국내 초등·중등·고등 학생들의 62.6%가 "통일이 필요하다."라고 답했으며, 그렇게 답한 까닭으로 전쟁 불안 해소(31.8%), 국력 강화(25%), 한민족 공동체 회복(15%), 이산가족 문제 해결(14.2%) 등을 들었다.

⊙ **인도주의**

모든 인간은 단지 인간이라는 점에서 동등한 자격을 가진다는 생각으로 인류의 공존을 꾀하고, 복지를 실현하려는 사상

🖊️ **핵심 POINT**

• 통일 한국의 모습

• 통일 한국이 지향해야 할 바람직한 미래상

01 도덕적으로 바라볼 때 통일은 왜 필요한가?

1. 통일을 바라보는 여러 시각

(1) 긍정적으로 보는 시각: 분단을 극복하고 남과 북이 하나가 되기를 염원함.

(2) 부정적으로 보는 시각: 통일 과정에서 발생할 수 있는 사회 갈등과 혼란, 경제적 부담으로 인해 통일의 필요성에 관해 의문을 가지며, 통일 이후의 일을 염려함.

2. 통일을 해야 하는 도덕적 근거

(1) 보편적 가치 실현

① 이산가족과 실향민의 아픔과 고통을 해소하여 인도주의를 실현함.

② 남북한 주민 모두 자기 의지대로 행동하는 자유의 가치를 실현함.

③ 통제와 억압 속에서 인권을 침해당하는 북한 주민의 인간 존엄성을 보장함.

④ 전쟁과 같은 공포가 없는 평화를 구현함.

(2) 민족 공동체 회복

① 남북 간 이질화를 극복하고 동질성을 회복함.

② 전통문화와 역사를 계승함.

(3) 공동체 발전: 경제적 발전을 할 수 있고, 더 살기 좋은 나라를 만들어 갈 수 있으며, 동북아시아 지역의 발전을 선도할 수 있음.

02 통일 한국을 어떤 모습으로 가꾸어야 할까?

1. 우리가 꿈꾸는 통일 한국의 모습은?

(1) 전쟁 위험이 사라져 경제가 성장함.

(2) 국방비를 복지비로 투자함.

(3) 남북의 자원을 결합하여 남북이 공동으로 발전함.

(4) 통일 한국인의 무대가 전 세계로 확장됨.

교과서 자료 놓치지 말자! **통일로 얻는 이익**

통일 비용은 투자 비용이다.	통일에는 일정한 비용이 들게 마련이다. 그러나 도로, 공장 건설 등에 쓰는 통일 비용은 사라지는 소모 비용이 아니라 미래의 이익 창출을 위한 투자 비용이다.
통일 비용이 분단 비용보다 적다.	국방비·외교비와 같은 분단 비용은 분단을 유지하는 동안 계속 내야 하며 분단 기간이 길어질수록 규모가 점점 커진다. 반면 통일 비용은 통일 전후 한시적으로 발생한다.
통일 비용이 통일 편익보다 적다.	통일하는 순간부터 여러 분야에서 체제 통합에 따른 다양한 이익이 발생한다. 통일 편익은 통일 이후 계속 발생하므로 통일 비용보다 매우 클 것으로 예상한다.

– 통일 교육원, 《2016 통일 문제 이해》 –

쉬운 해설 통일은 상이한 체제 및 제도와 이질적인 주민의 삶을 통합하는 과정으로서, 여기에는 일정한 비용과 노력이 들어가지. 그러나 통일은 비용만 들어가는 것이 아니라 이를 상쇄하고도 남을 정도의 편익과 혜택을 가져올 수 있어. 통일을 하게 되면 통일로 인해 분단 관리에 소요되는 노력과 비용이 소멸되고, 통일을 통해 얻을 수 있는 유·무형의 이익이 창출된다는 점을 놓치지 말자!

2. 통일 한국이 지향해야 할 바람직한 미래상은?

(1) **인간 존엄성 보장**: 인권, 자유, 평등, 평화와 같은 가치를 지향함으로써 남북한 주민의 인간 존엄성을 보장해야 함.

(2) **자유 민주주의 정립**: 남북 주민이 자발적으로 참여하고 의견을 모을 수 있는 민주적 절차를 마련해야 함. ➡ 정치적·경제적·문화적 격차로 인해 발생할 수 있는 갈등을 평화롭게 해결할 수 있음.

(3) **자유 경제 활동 보장**: 각자의 관심과 능력에 따라 자유롭게 직업을 선택하고 최선을 다하도록 함. ➡ 경제가 성장하고 경제 성장의 혜택을 모든 구성원이 함께 나눌 수 있음.

(4) **민족 문화 발전**: 민족 문화를 창의적으로 계승하여 개방적·진취적으로 발전시켜야 함.

(5) **세계 평화 지향**: 국가적 역량을 키워 주변 국가들과 평화로운 관계를 유지하고 국제 사회 평화 유지에 중요한 역할을 담당해야 함.

⊙ 평화를 지향하는 통일 한국
대외적으로 통일 한국은 평화를 지향하는 비핵 국가여야 한다. 통일 한국은 비핵화 및 한반도 평화 정착을 통해 동북아시아의 평화 공동체 건설에 이바지하며 세계 국가로 나아가기 위한 국가 역량을 강화해야 한다.
– 통일 교육원, 《2016 통일 문제 이해》 –

03 통일 국가를 형성하고 세계 평화에 기여하려면 어떤 자세를 지녀야 할까?

1. 통일과 세계 평화

(1) **분단 상황으로 인한 평화의 위협**: 남북한 주민은 전쟁에 대한 불안을 느끼며 평화롭게 살아가기 어려움. 북한의 핵 실험은 세계 평화를 위협함.

(2) **통일이 세계 평화의 실현에 주는 의의**: 한반도의 전쟁 가능성을 근본적으로 제거하여 동북아시아의 긴장 상태를 해소하고 세계 평화와 인류의 공동 번영에 이바지함.

(3) **평화 통일의 필요성**: 구성원의 인간다운 삶을 보장하고 세계 평화에 이바지하는 평화 통일을 이루어야 함. ➡ 무력 통일은 구성원의 인간다운 삶을 해치고 세계 평화를 위협함.

2. 평화를 실현하는 통일을 이루기 위한 자세

(1) **다름을 인정하고 포용하는 자세**: 역사를 공유하는 민족 공동체로서 서로 포용하며 조화를 이루어야 함.

(2) **단계적으로 교류·협력하는 자세**: 언어·역사·예술 분야부터 경제 분야로 교류·협력의 폭을 넓히고, 이를 바탕으로 정치·군사 분야까지 나아가야 함.

(3) **화해와 공동 번영을 추구하는 자세**: 남북한의 대립을 극복하고 주변 국가와 평화롭게 공존하여 세계 속의 통일 한국으로 거듭나며 함께 번영해야 함.

핵심 POINT
- 통일이 세계 평화의 실현에 주는 의의
- 평화를 실현하는 통일을 이루기 위한 자세

▲ 남북의 언어적 차이를 극복하기 위한 '겨레말 큰사전' 편찬 모임

▲ 2018년 평창 동계 올림픽에서의 남북한 동시 입장 모습

플러스 자료 기억해 두자! **남북한 교류·협력의 확대** 풀어 봐 67쪽 10번 문제

문화 체육 관광부는 2018년 북한의 평창 동계 올림픽 참가를 한반도 평화를 실현할 수 있는 전환점으로 삼고, 향후 남북 문화 교류를 재개하고 확대하겠다고 밝혔다. 평창 동계 올림픽을 계기로 남북 문화 교류를 재개하여 체육 분야에서는 국제 종합 경기 대회에서 추가로 공동 입장과 공동 응원을 추진하고 국내 대회에 북한 팀을 초청하거나 종목별 교류를 확대하겠다는 것이다. 또한 문화·예술 분야에서도 겨레말 큰사전 공동 편찬, 만월대 공동 발굴 조사, 우리 민족 기록 유산 공동 전시 등 남북 교류를 이어간다는 방침이다.
– 《연합뉴스》, 2018년 1월 19일 –

쉬운 해설 위의 신문 기사를 통해 앞으로 체육 및 언어, 역사 분야에서의 남북한 교류가 확대될 것이라는 점을 알 수 있어. 이러한 남한과 북한 사이의 평화적 협력과 교류는 남북한의 이질화를 해소하고, 민족의 동질성을 회복하여 통일을 준비해 나가는 데 밑거름이 될 수 있어. 또한 남북한의 긴장 상태를 완화시키고 서로 간의 신뢰를 회복하는 데 큰 도움이 될 수 있지. 그렇기 때문에 평화를 실현하는 통일을 이루기 위해서는 무엇보다 남한과 북한이 단계적으로 교류·협력하는 자세를 가져야 한다는 점을 기억해 두자!

확인! 기본 문제

01 다음 빈칸에 들어갈 정답을 낱말 퍼즐 속에서 찾아 동그라미로 표시하시오.

통	일	평	등	보	편	적
분	단	화	극	복	인	억
인	발	전	회	복	권	압
도	동	문	민	주	주	의
주	질	제	격	차	문	화
의	성	미	래	공	동	체
근	거	동	질	성	긴	장

(1) 통일을 통해 북한 주민의 인간 존엄성을 보장할 수 있기 때문에 통일은 (　　　) 가치를 실현하는 일이다.

(2) 통일은 남북 간 이질화를 극복하고 (　　　)을(를) 회복하기 위해서 반드시 이루어져야 한다.

(3) 통일 직후 남북한 주민들 사이에는 정치적·경제적·문화적 (　　　) 때문에 여러 가지 갈등이 발생할 수 있다.

(4) 무력 통일은 구성원의 인간다운 삶을 해칠 뿐만 아니라 세계 (　　　)을(를) 위협한다.

(5) 남과 북은 역사를 공유하는 민족 (　　　)(으)로서 서로 포용하며 조화를 이루어야 한다.

02 밑줄 친 부분을 바르게 고쳐 쓰시오.

(1) 통일을 부정적으로 보는 시각에서는 분단을 극복하고 남과 북이 하나가 되기를 염원한다. (　　　)

(2) 통일 한국은 민족 문화를 폐쇄적이고 진취적으로 발전시키는 나라여야 한다. (　　　)

(3) 남북한은 분단 상황에서 군사적으로 협력하는 가운데 언제 전쟁이 일어날지 모르는 위험을 안고 있다. (　　　)

(4) 남북한은 서로 공감할 수 있는 언어·역사·예술 분야부터 시작하여 경제 분야로 교류와 협력의 폭을 점차 좁혀 나갈 수 있다. (　　　)

03 다음 내용을 서로 알맞게 연결하시오.

(1) 분단 비용 •　　• ㉠ 통일에 들어가는 일정한 비용

(2) 통일 비용 •　　• ㉡ 통일 이전에 국방비·외교비 등 계속 내야 하는 비용

(3) 통일 편익 •　　• ㉢ 통일하는 순간부터 여러 분야에서 체제 통합에 따라 발생하는 이익

04 주어진 초성을 참고하여 빈칸에 알맞은 말을 쓰시오.

(1) 통일을 부정적으로 보는 시각에서는 사회 갈등과 혼란, 전쟁, 통일 (ㅂㅇ) 등을 떠올린다. (　　　)

(2) 통일은 한반도의 전쟁 가능성을 근본적으로 제거시켜 인류의 (ㅍㅎ)로운 삶과 공동 번영에 이바지할 수 있다. (　　　)

05 다음 설명이 적절하면 ○ 표, 그렇지 않으면 X 표를 하시오.

(1) 평화 통일을 이루려면 남북한의 대립을 극복하고 더불어 화해와 공동 번영을 추구하는 자세를 지녀야 한다. (　　　)

(2) 통일 한국은 자유로운 경제 활동을 보장하는 나라여야 한다. (　　　)

06 다음 중 옳은 내용에 ○ 표를 하시오.

(1) 통일은 모두에게 (이익, 손해)이(가) 되는 공동체의 발전을 위해서도 필요하다.

(2) 오랜 기간 다른 체제 속에서 살아온 남북한은 서로의 다른 문화를 (인정, 무시)하고 이해하려고 노력해야 한다.

향상! 실력 문제

01 다음 글을 통해 알 수 있는 통일을 해야 하는 도덕적 근거로 가장 적절한 것은?

> "미안한 마음뿐이지. 생사 확인만이라도 했으면 좋겠는데……." 올해 우리 나이로 98세인 재미 교포 리○○ 씨는 "북에 두고 온 아이들에게 미안하다."라는 얘기를 여러 차례 반복했다. 리 씨는 평안북도 용천 출신으로, 1950년 10월 폭격을 피해 미군을 따라 월남했다. 당시 34세이던 부인과 3남 3녀를 고향에 남겨 놓았다. 지금 살아 있다면 환갑이 다 됐을 막내는 생후 1년도 채 안 된 젖먹이였다. 한 달쯤 있다가 다시 돌아갈 것으로 생각하고 혼자 떠나왔던 고향은 결국 돌아갈 수 없는 곳이 되고 말았다. 그러나 고향을 한시도 잊어 본 적이 없는 그는 가족 상봉을 여러 차례 시도했다. 2003년에는 "가족들을 찾았다."라는 북쪽의 연락으로 평양에 가려고 비행기 표까지 끊어 놨지만, 출발 당일 동명이인이라는 소식에 좌절한 적도 있었다. 리 씨는 "지금까지 살고 있는 목적은 고향에 가겠다는 생각 때문이다. 걸어서라도 갈 수 있으면 가고 싶고, 통일이 돼 그 다음 날 고향 선산에 묻히면 그만이다."라고 말했다.

① 인도주의 실현　　② 복지 사회 건설
③ 전통문화의 계승　　④ 한반도 평화의 정착
⑤ 경제적 발전과 번영

02 다음의 북한과 관련하여 들어가는 비용 중 분단 비용과 통일 비용의 예를 바르게 연결한 것은?

	분단 비용	통일 비용
①	국방비	외교·행정비
②	무기 구입비	남북 연결 도로 건설비
③	외교·행정비	무기 구입비
④	남북 연결 도로 건설비	국방비
⑤	국방비	무기 구입비

03 다음 밑줄 친 부분의 이유로 가장 적절한 것은?

> 2018 평창 동계 올림픽 개막식에서 남북 선수단은 한반도기를 들고 아리랑 선율에 맞춰 입장했다. 아이스하키, 쇼트트랙 등의 경기장에서는 100여 명의 '남북 공동 응원단'이 한반도기를 흔들며 "우리는 하나다."를 외쳤다. 경기장을 찾은 한 국민은 인터뷰를 통해 "<u>이번 남북한의 개막식 공동 입장과 여자 아이스하키 단일팀 구성 과정 등을 지켜보며 누구보다 감동과 감회에 젖어들었다. 또한 북측 응원단 분들이 지나가면서 눈을 마주치고 손을 흔들어 주셨는데 처음 보는 사람인데도 반갑게 느껴졌다.</u>"라고 말했다.

① 문화적 번영을 이룰 수 있기 때문
② 전쟁의 공포에서 벗어날 수 있기 때문
③ 민족의 이질성을 재확인할 수 있기 때문
④ 같은 민족이라는 동질성을 느낄 수 있기 때문
⑤ 남북이 얻게 될 경제적 가치에 대한 기대 때문

04 다음 글을 통해 알 수 있는 통일의 필요성은?

> 남북한의 대결 체제는 남북한이 보유한 자원을 효율적으로 이용하지 못하게 하였다. 분단 이전의 남쪽은 쌀 등 농업 생산량이 많았고, 북쪽은 석탄 등 천연자원이 풍부했다. 하지만 분단으로 인해 남북한은 산업 기반이 불균형하게 되었고 이에 따른 어려움을 겪어야 했다.

① 보편적 가치를 실현할 수 있다.
② 민족 공동체를 회복할 수 있다.
③ 전통문화와 역사를 계승할 수 있다.
④ 경제적 발전과 번영을 이룰 수 있다.
⑤ 전쟁과 같은 공포가 없는 평화를 구현할 수 있다.

05 통일 이후 겪게 될 수 있는 문제점만을 〈보기〉에서 있는 대로 고른 것은?

> **보기**
> ㄱ. 화폐의 통합 문제
> ㄴ. 통일에 따르는 비용 문제
> ㄷ. 남북한 주민 간 재산권 문제
> ㄹ. 가치관과 생활 방식 차이로 인한 문제

① ㄱ, ㄴ   ② ㄱ, ㄴ, ㄷ
③ ㄱ, ㄷ, ㄹ   ④ ㄴ, ㄷ, ㄹ
⑤ ㄱ, ㄴ, ㄷ, ㄹ

06 다음의 독일 통일 사례가 우리에게 주는 교훈으로 적절한 것만을 〈보기〉에서 있는 대로 고른 것은?

> 독일 베를린에서 수백 명이 모여 통일 이후 정부의 정책에 항의하는 시위를 벌였다. 동독 지역 재건을 위해 20년 동안 2조 유로(약 3,000조 원)에 달하는 돈을 쏟아 부은 결과 독일은 재정 적자 확대, 세금 부담 증가 등의 후유증에 시달리고 있다. 또한 서독 사람들은 동독 출신을 '오씨(ossi)'로, 동독 출신을 서독 사람들을 '베씨(wessi)'라고 부른다. 오씨는 '가난하고 게으른 동독인'이라는 뜻으로 '패배와 수치'를 상징하는 반면, 베씨는 '거만하고 역겨운 서독인들'이라는 뜻으로 '성공한 서독인'에 대한 빈정거림의 의미가 담겨 있다.

> **보기**
> ㄱ. 통일 후 나타날 수 있는 문제를 예상하고 대비해야 한다.
> ㄴ. 남북한 주민들의 서로 다른 가치관과 사고방식을 이해하도록 노력해야 한다.
> ㄷ. 자유로운 경제 활동을 제한하여 남북한 주민의 경제적 격차를 줄여야 한다.
> ㄹ. 남북한 주민들 사이의 갈등을 해결하기 위한 민주적 절차를 마련해야 한다.

① ㄱ   ② ㄴ, ㄷ   ③ ㄷ, ㄹ
④ ㄱ, ㄴ, ㄹ   ⑤ ㄱ, ㄴ, ㄷ, ㄹ

07 다음 글을 토대로 통일 한국이 지향해야 할 바람직한 미래상을 설정하였을 때, 가장 적절한 것은?

> 북한 인권 정보 센터가 세미나를 가졌다. ○○○ 이사장은 "우리가 어떻게 하면 북한 인권 문제를 궁극적으로 해결할 수 있는지 미약하게나마 도움을 줄 수 있을지 다시 생각해 보는 좋은 기회가 되길 바란다."라고 전했다. 세미나에서 북한의 종교적 자유에 대한 설문 발표를 했다. 발표에 따르면 북한 헌법에는 종교의 자유가 명시돼 있지만, "북한에서 자유롭게 종교 활동을 할 수 있는가?"라는 문항에 응답한 11,805명 중 11,762명(99.6%)이 "북한에서 종교 활동을 자유롭게 할 수 없다."라고 응답했다.

① 세계 평화를 지향하는 나라
② 민족 문화를 발전시키는 나라
③ 인간 존엄성을 보장하는 나라
④ 갈등을 조정하고 해결하는 나라
⑤ 지나친 경제적 격차를 해소하는 나라

08 다음 (가), (나)에 들어갈 내용으로 가장 적절한 것은?

〈통일 한국의 바람직한 미래상〉

	(가) 정치적 측면	(나) 문화적 측면
①	자유 민주주의를 정립해야 한다.	폐쇄적인 문화를 지향해야 한다.
②	자유 민주주의를 정립해야 한다.	민족 문화를 개방적이고 진취적으로 발전시켜야 한다.
③	국제 사회의 평화를 유지해야 한다.	폐쇄적인 문화를 지향해야 한다.
④	성장의 혜택을 함께 나눌 수 있는 복지 제도를 마련해야 한다.	국제 사회의 평화를 유지해야 한다.
⑤	성장의 혜택을 함께 나눌 수 있는 복지 제도를 마련해야 한다.	폐쇄적인 문화를 지향해야 한다.

09 다음 글에 나타난 통일을 이루기 위해 지녀야 할 바람직한 자세로 가장 적절한 것은?

안중근 의사 순국 100주년을 맞아 안 의사가 형장의 이슬로 사라졌던 중국 뤼순 감옥에서 거행된 안 의사 추모식은 여러모로 뜻깊은 행사였다. 이날 '안중근 의사 기념 사업회'가 개최한 추모식은 뤼순 감옥에서 열린 최초의 남북 공동 안 의사 추모 행사였다는 데 의미가 있다. 이날 행사에는 북한측 '조선 종교인 협의회'가 함께 참석하였다. 이날 남북한은 안 의사의 애국정신과 평화 사상을 기리고, 그의 사상을 연구하고 발전시키는 노력을 함께해 나가기로 뜻을 모았다.

① 서로의 차이점을 인정하려는 자세
② 정치와 군사 분야부터 협력하려는 자세
③ 투철한 국가 안보 의식을 가지려는 자세
④ 시혜적 차원에서 북한에 도움이 되려는 자세
⑤ 공감대를 형성할 수 있는 분야부터 교류하려는 자세

10 다음과 같은 노력을 하는 이유로 가장 적절한 것은?

문화 체육 관광부는 2018년 북한의 평창 동계 올림픽 참가를 한반도 평화를 실현할 수 있는 전환점으로 삼고, 향후 남북 문화 교류를 재개하고 확대하겠다고 밝혔다. 평창 동계 올림픽을 계기로 남북 문화 교류를 재개하여 체육 분야에서는 국제 종합 경기 대회에서 추가로 공동 입장과 공동 응원을 추진하고 국내 대회에 북한 팀을 초청하거나 종목별 교류를 확대하겠다는 것이다.

① 이산가족의 고통을 해소하기 위해
② 민족의 경제적 발전과 번영을 위해
③ 북한 주민의 인간다운 삶을 보장하기 위해
④ 신뢰를 회복하고 긴장 상태를 완화하기 위해
⑤ 주변 국가와의 평화로운 공존을 모색하기 위해

11 다음 글이 주는 교훈으로 가장 적절한 것은?

○○ 중학교에서는 각 교과별로 통일을 주제로 한 수업이 다양하게 시도되고 있다. 도덕 시간에는 통일 신문 만들기, 통일 UCC 제작하기를 하며, 미술 시간에는 통일 이미지 일러스트레이션을 만든다. 국어 시간에는 통일을 주제로 시를 쓰고 미술 시간에는 이를 부채에 손 글씨를 활용하여 써 보는 활동을 융합 수업으로 진행한다. 이 학교에서는 통일 자료실을 '통일 나루'라고 부르고 있는데 이는 통일 교육의 출발점이자 종착점이 되는 공간이라는 의미를 담고 있다. 2층에 위치한 통일 나루는 카페처럼 밝고 환한 분위기에 각종 교육 활동을 통해 제작된 학생 작품들이 전시되어 있다. 상시 개방되어 있어 누구나 둘러 볼 수 있으며 학생들에게는 배움과 휴식을 동시에 제공하는 공간이 되고 있다.

① 북한 사회를 보편적 가치에 비추어 이해해야 한다.
② 남북한은 접근하기 쉬운 분야부터 협력해 나가야 한다.
③ 남북한 간에 겪는 갈등을 대화와 토론을 통해 해결해야 한다.
④ 통일 과정과 통일 이후에 발생할 수 있는 문제점을 미리 예상해야 한다.
⑤ 미래의 주역인 청소년들이 통일에 대해 관심을 가지도록 노력을 기울여야 한다.

12 통일과 세계 평화의 관계에 대한 설명으로 적절하지 <u>않은</u> 것은?

① 통일은 세계 평화 실현에 이바지할 수 있다.
② 통일은 평화를 위협하는 요인을 없앨 수 있다.
③ 통일은 인류의 평화로운 삶에 이바지할 수 있다.
④ 통일은 동북아시아의 긴장 상태를 해소할 수 있다.
⑤ 통일은 한반도에서 전쟁이 일어날 확률을 높일 수 있다.

도전! 만점 문제

01 다음은 통일의 필요성에 대한 조사 결과이다. 이에 대한 설명으로 가장 적절한 것은?

> 〈2017년 학교 통일 교육 실태 조사 결과〉
> (가) "통일이 필요하다."라고 응답한 학생들은 그 이유에 대해, 전쟁 불안 해소(31.8%), 국력 강화(25%), 한민족 공동체 회복(15%), 이산가족 문제 해결(14.2%) 등의 순서로 응답하였다.
> (나) "통일이 필요하지 않다."라고 응답한 학생들은 그 이유로, 통일 후 사회 혼란(31.0%), 북한의 위협으로 인한 거부감(27.4%), 경제적 부담(19.2%) 등의 순서로 응답하였다.

① (가)의 시각에서는 통일 이후 벌어질 일에 관해 염려한다.
② (가)의 시각에서는 통일의 필요성에 관해 의문을 가진다.
③ (나)의 시각에서는 분단을 극복하고 남과 북이 하나가 되기를 염원한다.
④ (나)의 시각에서는 평화와 화합, 이산가족의 만남 등을 중요하게 여긴다.
⑤ (가), (나)의 시각에서 알 수 있듯이 통일을 바라보는 시각은 다양하다.

02 다음 대화에서 학생들이 공통으로 지향하는 통일 한국의 바람직한 미래상은?

> 은정: 각자의 활동 영역이 자유로워야 해.
> 준수: 자발적으로 참여하고 다양한 의견을 모을 수 있어야 해.
> 서은: 여행, 직업 등 다양한 선택의 기회를 가질 수 있어야 해.

① 자유 민주주의 체제를 바로 세운 나라
② 경제적 역량을 키워 세계 속에서 우뚝 선 나라
③ 주변 국가들과 평화로운 관계를 유지하는 나라
④ 민족 문화와 전통을 창의적으로 계승하는 나라
⑤ 복지 제도를 통해 성장 혜택을 함께 나누는 나라

03 다음 자료를 통해 알 수 있는 남북 분단으로 인한 문제점으로 가장 적절한 것은?

(괄호 안은 100점 만점 대비 점수임.)

1위	덴마크(90.8)
2위	독일(89.9) / 리히텐슈타인(89.9)
4위	캐나다(89.2)
22위	일본(84.3)
70위	대한민국(75.3)
83위	미국(72.0)
141위	중국(61.2)
163위	북한(54.8)
195위	남수단(20.2)

– 세계 평화 포럼, 〈세계 평화 지수 2017 보고서〉 –

▲ 세계에서 가장 평화로운 나라 순위

① 이산가족과 실향민이 고통을 당한다.
② 보유 자원을 효과적으로 이용하지 못한다.
③ 남북한 주민 간의 이질화 문제가 심각하다.
④ 군사적 대립을 지속함으로써 평화를 위협한다.
⑤ 남북한 모두 교통·물류 부분에서 손해를 본다.

04 다음 사례와 같은 남북한의 평화적 교류와 협력이 중요한 이유만을 〈보기〉에서 있는 대로 고른 것은?

> 남북한의 국어학자들은 2005년 2월 20일 금강산에서 민족의 단합과 조국 통일에 이바지하기 위하여 민족어 공동 사전 편찬을 위한 공동 편찬 위원회 결성식을 했다. 공동 편찬 위원회는 민족어 공동 사전의 이름을 '겨레말 큰사전'이라고 칭하고 빠른 시간 안에 완성하기로 하였다.

보기
ㄱ. 남북 협력은 단기적 시각에서 이루어져야 한다.
ㄴ. 민족의 동질성을 회복하여 통일을 준비해 나가는 밑거름이 된다.
ㄷ. 경제 분야 및 정치·군사 분야까지 교류와 협력의 폭을 점차 넓혀 나갈 수 있다.

① ㄱ ② ㄴ ③ ㄷ
④ ㄱ, ㄴ ⑤ ㄴ, ㄷ

정복! 서술형 문제

01 다음 글을 읽고 통일을 해야 하는 도덕적 근거를 서술해 보자.

> 이○○ 할아버지는 지난주 임진강에 들러 북녘 고향 땅을 바라보며 목 놓아 울었다. 개성 개풍군이 고향인 할아버지는 1953년 7월, 부모, 형제와 생이별을 하게 되었다. 그 후 할아버지는 부모, 형제의 생사조차 알지 못한 채 60여 년을 살아왔다. 할아버지는 이제는 더 이상 기다릴 자신이 없다고 말한다.

02 다음 글을 읽고 물음에 답해 보자.

> 남북한 탁구 선수 유승민과 김혁봉은 이틀간의 짧은 만남이었지만 서로 든든한 동료로 의지하며 국제 탁구 친선 대회에서 우승컵을 들어 올렸다. 1991년 세계 선수권 대회 이후 20년 만에 '작은 단일팀'으로 뭉쳐 우승하는 뜻깊은 장면을 연출한 것이다. 두 사람은 호흡이 잘 맞은 덕에 우승까지 할 수 있었다며 서로에게 공을 돌렸다. 김혁봉은 "같이 나와 일등을 했으니 지켜보는 모든 사람이 기뻐할 것"이라며 "같은 민족끼리 호흡을 맞춰 더 잘 맞았다."라고 말했다. 유승민도 "이번 대회를 계기로 남북한 선수들이 더 좋은 관계를 이어갈 수 있었으면 좋겠다."라고 덧붙였다.

(1) 위 사례를 참고하여 평화 통일을 이루기 위해 우리는 어떤 자세를 지녀야 하는지 서술해 보자.

(2) 위 사례와 같은 노력을 통해 얻을 수 있는 긍정적인 효과는 무엇인지 서술해 보자.

03 다음 글을 읽고 북한의 핵 실험을 전 세계가 비판하는 이유를 서술해 보자.

> 전 세계 핵 실험을 감시하는 포괄적 핵 실험 금지 기구(CTBTO)는 핵 실험을 강행한 북한을 강력히 규탄하는 한편 포괄적 핵 실험 금지 조약(CTBT)의 조기 발효를 실현해야 한다는 보고서를 채택했다. 일본 대사 기타노는 "각국이 사태의 심각성이 증대한다고 인식하고 있으며 추가 핵 실험을 저지하기 위해서라도 CTBT의 조기 발효를 구하는 목소리가 잇따랐다."라고 전했다.

04 다음 베트남 통일 사례가 우리에게 주는 교훈은 무엇인지 서술해 보자.

> 분단 후 북베트남은 남베트남을 통일하기 위해 이 지역을 전쟁터로 만들었고, 이 전쟁에 미국을 비롯한 여러 나라가 참여하며 또 다른 세계 대전으로 번질 위험도 있었다. 북베트남은 통일을 이룬 뒤 남베트남의 정치인 등을 수용소에 가두었고, 결국 심각한 인권 침해를 견디지 못한 90만여 명의 베트남인들은 조국을 버리고 탈출하였다.

II 단원 한눈에 보기

II-1 도덕적 시민

01 어떤 국가가 정의로운 국가일까?

국가와 구성원의 삶	• 국가의 유형에 따라 구성원의 삶이 달라짐. • 누구나 도덕적으로 정의로운 국가에 살기를 원함.
정의로운 국가의 조건	• 인간의 존엄성을 보장해야 함. • 공정한 사회 제도를 확립하고 운영해야 함. • 보편적 가치를 지향해야 함.

02 시민이 갖추어야 할 자질은 무엇일까?

바람직한 시민의 모습	책임 의식	자신이 맡아서 해야 할 임무나 의무를 소중히 여기고 최선을 다해야 함.
	연대 의식	구성원들이 서로 연결되어 있다고 믿으며, 더 나은 공동체를 만들어 가기 위해 함께해야 함.
	애국심	국가 공동체를 사랑하는 마음을 가져야 함.
시민의 역할		• 시민으로서 자질을 함양하고 시민의 역할을 다하여 정의로운 국가 실현에 이바지해야 함. • 국가 공동체의 일에 관심을 갖고 참여해야 함.

03 법을 지키면 공익을 증진할 수 있을까?

준법 행위로 증진할 수 있는 공익	• 개인의 자유와 권리를 보장할 수 있음. • 사회 질서를 유지하도록 함. • 정의로운 사회를 구현하도록 함.
시민 불복종의 조건	• 목적의 정당성 • 비폭력성 • 최후의 수단 • 처벌 감수

II-2 사회 정의

01 왜 정의로운 사회를 추구하는가?

정의로운 사회를 추구하는 까닭	• 구성원의 기본적인 권리를 동등하게 보장하기 위해 • 각자의 몫을 공정하게 배분하기 위해 • 신뢰하고 협력하는 공동체를 만들기 위해

02 공정한 경쟁이 이루어지기 위한 조건은 무엇일까?

공정한 경쟁의 필요성	공정한 경쟁을 통해 개인도 행복하고 사회도 발전하는 정의로운 사회를 만들 수 있음.
공정한 경쟁의 조건	• 모든 참가자에게 경쟁 규칙을 동등하게 적용해야 함. • 경쟁에 참여할 기회를 실질적으로 보장해야 함. • 경쟁에 뒤처진 사람도 최소한의 인간다운 삶을 유지하도록 지원하는 제도를 마련해야 함.

03 부패는 왜 발생하며, 그것을 어떻게 예방할 수 있을까?

부패	원인	• 부당하게 이익을 챙기려는 개인의 잘못된 욕심 • 비합리적 관행을 허용하는 사회 분위기
	문제	• 다른 사람의 권익과 공익을 침해함. • 사회의 통합과 발전을 저해함.
	예방하는 방법	• 사회 구성원 각자가 청렴 의식을 지녀야 함. • 부패를 용납하지 않는 사회 분위기를 형성함. • 부패 예방을 위한 제도와 정책을 마련함.

II-3 북한 이해

01 북한을 어떻게 이해할 것인가?

북한에 대한 다른 시각	• 우리와 군사적으로 대립하는 경계의 대상 • 함께 통일 공동체를 만들어 가야 할 협력의 대상
북한을 이해하는 바람직한 자세	• 균형 있는 이해 • 객관적 사실에 기초한 이해 • 보편적 가치에 근거한 이해

02 북한 주민은 어떻게 살고 있고, 우리에게 어떤 존재인가?

북한 주민의 생활	정치	당의 결정과 정부 기관의 통제 속에서 이루어짐.
	경제	중앙 집권적 계획 경제에 따라 통제됨.
	사회	집단주의 원칙에 따라 이루어짐.
	문화·예술	체제를 유지하기 위한 선전의 도구로 활용함.
북한 주민이 우리에게 지니는 의미		우리와 같은 역사와 전통을 공유하는 동포이며, 미래의 통일 공동체를 함께 만들어 가야 할 동반자

03 북한 이탈 주민의 생활을 통해 본 통일의 과제는 무엇인가?

북한 이탈 주민이 겪는 어려움	• 북한 탈출 및 남한 정착 과정에서 겪는 긴장과 불안 및 북한 출신이라는 편견과 선입견으로 겪는 심리적 어려움 • 남한의 문화 적응에 따른 문화적 어려움 • 남한에 정착하는 과정에서 겪는 경제적 어려움
통일을 위한 우리의 과제	• 남북한 주민이 서로를 바라보는 인식을 개선해야 함. • 통일을 위한 경제적 역량을 길러야 함. • 남북한의 이질화를 극복하기 위해 노력해야 함.

II-4 통일 윤리 의식

01 도덕적으로 바라볼 때 통일은 왜 필요한가?

통일을 해야 하는 도덕적 근거	보편적 가치 실현	보편적 가치를 실현하는 일임.
	민족 공동체 회복	남북한 이질화를 극복하고 동질성을 회복하며 전통문화와 역사를 계승하는 일임.
	공동체 발전	모두에게 이익이 되는 공동체 발전을 가져옴.

02 통일 한국을 어떤 모습으로 가꾸어야 할까?

통일 한국의 바람직한 미래상	• 인간 존엄성을 보장하는 나라 • 자유 민주주의를 정립한 나라 • 자유로운 경제 활동을 보장하는 나라 • 민족 문화를 개방적이고 진취적으로 발전시키는 나라 • 세계 속에서 평화를 지향하는 나라

03 통일 국가를 형성하고 세계 평화에 기여하려면 어떤 자세를 지녀야 할까?

통일과 세계 평화	• 통일은 한반도의 전쟁 가능성을 제거하여 동북아시아의 긴장 상태를 해소할 수 있음. • 통일은 전 세계의 불안과 우려를 씻어 냄으로써 세계 평화와 인류의 공동 번영에 이바지함.
통일을 이루기 위한 자세	• 다름을 인정하고 포용하는 자세 • 단계적으로 교류하고 협력하는 자세 • 화해와 공동 번영을 추구하는 자세

마무리! 대단원 실전 문제

01 다음 글을 통해 유추할 수 있는 내용으로 적절하지 <u>않은</u> 것은?

> A 나라 대표: 국가는 모든 국민이 인간다운 삶을 살 수 있도록 관심을 갖고 적극적으로 도와주어야 합니다. 개인의 행복 증진을 위해서 국가는 의무 교육 제도나 의료 보험 제도와 더불어 각종 복지 정책을 시행하고 있습니다.
>
> B 나라 대표: 국가가 국민의 삶에 지나치게 간섭을 하면 개인의 자유가 위축될 수 있습니다. 다른 사람에게 피해를 주지 않는 행위에 대해서 국가는 간섭하지 않습니다. 따라서 국가는 외부로부터의 침략을 방어하고 국내의 치안과 질서를 유지하는 최소한의 역할만 하고 있습니다.

① A 나라는 국가가 기본적인 삶을 보장하므로 구성원이 안정감을 느끼며 살 수 있다.
② A 나라는 세금 부담이 높아서 사람들의 불만이 쌓일 수 있다.
③ B 나라 구성원은 자신의 능력을 마음껏 펼치며 자유롭게 살 수 있다.
④ B 나라에서는 개인의 능력에 따라 경제적 불평등이 크게 발생하지 않는다.
⑤ A 나라와 B 나라 모두 국민의 행복을 위해 도덕적으로 정의로운 국가를 지향한다.

02 다음 격언을 바탕으로 국가가 갖추어야 할 조건만을 〈보기〉에서 있는 대로 고른 것은?

> • 국가라는 배가 항해할 때 정의는 북극성과 같은 역할을 한다. (플라톤)
> • 정의가 없다면 국가도 강도 집단과 다를 바가 없다. (아우구스티누스)

〈보기〉
ㄱ. 동일한 분배　　ㄴ. 보편적 가치 지향
ㄷ. 국민의 희생 강요　　ㄹ. 공정한 사회 제도

① ㄱ, ㄴ　　② ㄱ, ㄷ　　③ ㄴ, ㄹ
④ ㄱ, ㄴ, ㄷ　　⑤ ㄴ, ㄷ, ㄹ

03 다음 신문 기사를 통해 알 수 있는 정의로운 국가의 조건으로 적절하지 <u>않은</u> 것은?

> 1970년대 캄보디아를 통치했던 크메르 루주 정부는 화폐와 무역이 필요 없는 이상 사회를 건설한다며 프놈펜 시민 200만 명을 농촌으로 강제 이주시켰다. 이 과정에서 170만 명 이상의 사람이 굶주림, 탈진 등으로 목숨을 잃었고, 크메르 루주 정부 정권에 반대하는 지식인들이나 관료는 물론 그 일가족까지 모두 처형하거나 강제 노동으로 내몰아 죽게 했다.
> – 〈조선일보〉, 2014년 8월 8일 –

① 모든 사람의 인권을 존중해야 한다.
② 국민의 최소한의 인간다운 삶을 보장해야 한다.
③ 구성원들이 자신의 생활 방식을 스스로 결정할 수 있어야 한다.
④ 사회 제도와 정책을 민주적으로 결정하고, 공정하게 운영해야 한다.
⑤ 빈부의 격차가 없는 완전한 평등이 실현된 사회를 위해 보편적 가치를 제약할 수 있어야 한다.

04 다음 글에서 알 수 있는 바람직한 시민이 갖추어야 할 자질은?

> 12월에 들어서면서 많은 눈과 계속되는 한파로 도로 가장자리와 인도, 주택가 골목길 같은 이면 도로에 빙판이 사라지지 않고 있다. 빙판길에 미끄러지면서 낙상 사고로 골절상을 입는 사례가 눈에 띄게 늘어나는 등 그 피해가 주민들 스스로에게 고스란히 돌아가고 있다. 지방 자치 단체별로 마련한 '내 집, 내 점포 앞 눈 치우기' 관련 조례가 있기는 하지만, 눈을 치우지 않아도 제재할 수 있는 규정이 없어 이를 실행에 옮기는 시민은 찾아보기 힘들다.

① 애국심　　　② 권리 행사
③ 책임 의식　　④ 질서 의식
⑤ 비판 정신

05 다음 신문 기사가 시사하는 바람직한 시민의 자질로 가장 적절한 것은?

> "포항 시민들이 10년 전 기름 피해로 시름하던 태안을 보듬어 주었던 것처럼 이제 지진으로 위태로운 포항에 태안이 힘을 보탭니다."
> 충청남도 태안군 자원 봉사 센터는 포항 지진 피해 구호 봉사자들에게 따뜻한 음식을 제공하기 위해 자원 봉사자와 사랑의 밥차를 파견하였다. 지난 2007년 12월 기름 유출 사고를 123만 자원 봉사자와 온 국민의 사랑으로 극복한 태안군은 전국에 재해·재난 현장으로 자원 봉사자들을 파견해 당시에 받은 사랑에 보답하고 있다.
> – 《브레이크뉴스》, 2017년 12월 19일 –

① 준법정신   ② 연대 의식
③ 권리 행사   ④ 관용 정신
⑤ 의무 이행

06 준법의 필요성으로 적절한 것만을 〈보기〉에서 있는 대로 고른 것은?

> **보기**
> ㄱ. 사회 질서를 유지할 수 있다.
> ㄴ. 정의로운 사회를 구현할 수 있다.
> ㄷ. 사익을 최대한으로 증진시킬 수 있다.
> ㄹ. 개인의 자유와 권리를 충실히 보장할 수 있다.

① ㄱ, ㄴ   ② ㄱ, ㄷ   ③ ㄴ, ㄹ
④ ㄱ, ㄴ, ㄹ   ⑤ ㄱ, ㄷ, ㄹ

07 다음 글의 밑줄 친 부분에 들어갈 알맞은 말을 써 보자.

> _____은(는) 대한민국 국토를 사랑하는 마음, 함께 살아가고 있는 다른 시민을 사랑하는 마음, 대한민국이 지향하는 바람직한 가치를 사랑하는 마음까지 포함한다.

※ [08~09] 다음 글을 읽고 물음에 답해 보자.

> 우리는 법을 지키는 행위로 공익을 증진할 수 있다. 그러나 현실에 맞지 않거나 잘못된 법은 공익을 해치고 시민에게 고통을 주기도 한다. 이처럼 국가가 정의롭지 못한 법이나 정책을 바꾸기 위해 이를 공개적이고 평화적인 방법으로 위반하는 행위를 (㉠)(이)라고 한다.

08 빈칸 ㉠에 들어갈 용어로 알맞은 것은?

① 준법 행위   ② 시민 불복종
③ 폭력 집회   ④ 반전 평화 운동
⑤ 부패 방지 운동

09 ㉠이 정당화될 수 있는 조건으로 보기 어려운 것은?

① 비폭력적이어야 한다.
② 처벌을 기꺼이 받아들여야 한다.
③ 최후의 수단으로 행해져야 한다.
④ 위법 행위의 목적이 정당해야 한다.
⑤ 특정 집단의 이익이 증진될 경우에만 해야 한다.

10 다음 그림이 시사하는 바로 적절하지 <u>않은</u> 것은?

① 사회 정의를 바로 세우고 이에 따라야 한다.
② 사회 구성원을 차별하는 것은 정의롭지 못하다.
③ 사회 정의에 따른 공정한 제도를 마련해야 한다.
④ 개인의 노력만이 정의로운 사회의 실현을 가능하게 한다.
⑤ 정의롭지 못한 사회 제도나 구조는 다양한 문제를 일으킨다.

11 다음에서 설명하는 용어는?

> 사회를 공평하고 올바르게 구성하는 공정성의 원리로, 사회적으로 옳고 그름을 평가하고 판단하는 기준이다.

① 헌법　　　　　② 기본권
③ 사회 정의　　　④ 사회 계약
⑤ 보편적 가치

※ [12~13] 다음 글을 읽고 물음에 답해 보자.

> (가) 인도의 카스트 제도는 신분 계층을 대대로 세습하는 제도이다. 출생하면서 숙명적으로 결정된 카스트는 결혼, 직업, 교육의 제한뿐만 아니라, 심지어 다른 카스트 간에는 음식조차 나누어 먹을 수 없도록 금지하는 법이다.
>
> (나) 21세기에 접어든 이후 전 세계가 늘린 부의 단 1%만이 전 세계 인구 하위 절반에 돌아갔고, 증가분의 절반 이상은 최상위 1%에 돌아갔다. 이와 같이 한쪽으로 치우친 부의 분배가 나타난 원인 중 하나는 고소득층이 국가에 내야 할 세금을 해외로 빼돌리는 행위가 증가했기 때문이다. 세금이 덜 걷히면 어려운 사람들을 위한 사회 보장 지출이 줄어드는 악순환이 반복된다.
> – 《내일신문》, 2016년 4월 20일 –

12 (가)를 통해 유추할 수 있는 정의로운 사회를 추구해야 하는 이유로 가장 적절한 것은?

① 공정한 부의 분배를 실현하기 위해
② 시민 의식을 갖출 수 있도록 하기 위해
③ 사회적 약자에게 가장 큰 혜택을 주기 위해
④ 자신의 책임을 다하는 제도를 마련하기 위해
⑤ 사회 구성원의 기본적 권리를 동등하게 보장하기 위해

서술형

13 (나)를 토대로 정의로운 사회의 공정한 분배 방법을 서술하시오.

------

14 경쟁에 대한 설명으로 옳지 <u>않은</u> 것은?

① 우리의 삶에서 피하기 어렵다.
② 개인과 공동체 발전의 원동력이 된다.
③ 한정된 자원을 효율적으로 배분할 수 있다.
④ 사회적 갈등을 해소해 사회 통합에 기여한다.
⑤ 자신의 가치를 높이고 능력을 향상시킬 수 있다.

15 다음 내용과 관련된 공정한 경쟁의 조건은?

> 도핑(doping)은 운동선수가 일시적으로 경기 능력을 높이기 위하여 해당 종목에서 금지된 약물을 복용하는 것을 말한다. 모든 운동선수는 의사나 약사에게 자신이 선수라는 것을 밝히고 치료를 받아야 한다. 또한 약을 처방받았을 때도 본인이 도핑 관련 기관에 문의한 후에 약을 먹어야 한다.
> – 한국 도핑 방지 위원회, 《2016 도핑 방지 가이드》 –

① 경쟁 규칙의 동등한 적용
② 경쟁 참여 기회의 실질적 보장
③ 경쟁 결과에 대한 공정한 보상
④ 경쟁 탈락자의 재참여 기회 제한
⑤ 불리한 조건의 사람에게 유리한 규칙의 적용

16 다음 내용과 관련된 법·제도로 가장 적절한 것은?

> 경쟁에서 진 패자들을 위한 안전망을 갖추고 있어야 한다. 남보다 더 많이 가지려고 하는 인간의 속성상 경쟁은 피할 수 없고, 그 결과 상당수의 패배자가 발생할 수밖에 없다. 그러므로 이들을 위해 사회는 추가적인 재분배 원칙을 마련해 둘 필요가 있다.

① 여성 할당제
② 남녀 평등 고용법
③ 지역 균형 선발 제도
④ 국민 기초 생활 보장법
⑤ 장애인 의무 고용 제도

17 다음과 같은 제도의 운영 목적만을 〈보기〉에서 있는 대로 고른 것은?

> • 중국어 능력 시험(HSK)에서 시각 장애인 응시자의 시험 시간을 정규 규정보다 1.2배에서 1.5배 가량 연장함.
> • 중소기업이 경쟁력을 발휘할 수 있는 사업 분야에 대기업의 진출을 막는 '중소기업 적합 업종 제도'를 시행함.

> 보기
> ㄱ. 경쟁 규칙의 동등한 적용
> ㄴ. 경쟁 결과의 다양성 확보
> ㄷ. 경쟁 과정의 공정성 확보
> ㄹ. 경쟁 참여 기회의 실질적 보장

① ㄱ, ㄴ ② ㄴ, ㄷ ③ ㄷ, ㄹ
④ ㄱ, ㄷ, ㄹ ⑤ ㄴ, ㄷ, ㄹ

※ [18~19] 다음 그림을 보고 물음에 답해 보자.

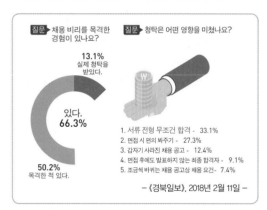

질문 채용 비리를 목격한 경험이 있나요?

13.1% 실제 청탁을 받았다.
있다. 66.3%
50.2% 목격한 적 있다.

질문 청탁은 어떤 영향을 미쳤나요?

1. 서류 전형 무조건 합격 - 33.1%
2. 면접 시 편의 봐주기 - 27.3%
3. 갑자기 사라진 채용 공고 - 12.4%
4. 면접 후에도 발표하지 않는 최종 합격자 - 9.1%
5. 조금씩 바뀌는 채용 공고상 채용 요건 - 7.4%

– 《경북일보》, 2018년 2월 11일 –

---

18 위와 같은 부패 행위가 발생하는 원인으로 적절하지 <u>않</u>은 것은?

① 과정보다 결과를 우선시하는 태도 때문
② 비합리적 관행을 허용하는 사회 분위기 때문
③ 공적인 일과 사적인 일을 엄격하게 구분하기 때문
④ 부당하게 자기 이익을 챙기려는 개인의 잘못된 욕심 때문
⑤ 사회의 상호 견제와 감시 체제가 제대로 작동하지 않기 때문

---

19 위와 같은 부패 행위가 가져올 수 있는 문제만을 〈보기〉에서 있는 대로 고른 것은?

> 보기
> ㄱ. 공익 침해
> ㄴ. 연고주의의 약화
> ㄷ. 사회 통합과 발전 저해
> ㄹ. 타인의 권리와 이익 침해

① ㄱ, ㄴ ② ㄴ, ㄷ ③ ㄷ, ㄹ
④ ㄱ, ㄴ, ㄷ ⑤ ㄱ, ㄷ, ㄹ

---

20 다음 내용과 관련 깊은 부패 예방 방법으로 가장 적절한 것은?

> 조선 시대 국가를 통치하는 법전인 『경국대전』에는 부정부패에 대한 여러 가지 엄격한 규정이 있었다. 부정부패를 한 사람은 그 후손조차 과거에 응시하지 못하게 했으며, 세금을 중간에 가로챈 자는 본인이 죽더라도 그의 아내와 자식에게 받아 낼 수 있는 규정을 마련해 놓은 것이다.

① 검소한 생활 습관 갖기
② 시민 사회의 감시 활동 활성화
③ 사회 구성원 각자가 서로 신뢰하기
④ 부패 근절을 위한 '청탁 금지법' 시행
⑤ 사소한 부패 행위를 관용하는 사회 분위기 만들기

서술형

21 다음 두 사진을 토대로 북한은 우리에게 어떤 존재인지 서술해 보자.

▲ 판문점 공동 경비 구역

▲ 2018년 평창 동계 올림픽 남북한 동시 입장

22 다음 내용을 토대로 볼 때 북한을 이해하는 바람직한 자세는?

> 영화 '태양 아래' 제작진은 북한 평양 주민들의 일상을 찍기 위해 북한과 접촉한다. 북한이 제시한 5명의 어린이 후보 중 감독은 8세의 진미를 선택한다. 감독은 소녀의 이미지만 본 게 아니라 기자인 아버지, 식당에서 일하는 어머니에 낡고 비좁은 아파트에서 조부모까지 함께 지낸다는 조건까지 고려했다.
> 그러나 촬영 당일 인물은 그대로였지만 그 외의 것은 모두 달라져 있었다. 조부모는 사라졌고 비좁은 집이 주체 사상탑이 보이는 평양의 최고급 아파트로 바뀌었으며 진수성찬이 차려진 밥상이 있는 부엌에는 흔한 식기 하나 보이지 않았다. 또, 진미의 아버지는 공장 노동자로 직업까지 바뀌었다.
> – 《조선일보》, 2016년 4월 23일 –

① 특수한 가치에 근거하여 이해한다.
② 긍정적 시각만을 바탕으로 이해한다.
③ 객관적 사실에 기초해 북한의 실상을 이해한다.
④ 북한 정권이 알리는 북한의 모습을 있는 그대로 받아들인다.
⑤ 북한을 경계의 대상이자 협력의 대상으로서 균형 있게 이해한다.

※ [23~24] 다음 내용을 읽고 물음에 답해 보자.

> **북한 주민의 생활**
> 1. 정치 생활
>   – ㉠ 조선 노동당에 권력이 집중됨.
>   – ㉡ 당의 사상적 지침을 받음.
> 2. 경제생활
>   – ㉢ 중앙 집권적 계획 경제에 따라 통제됨.
>   – ㉣ 완전한 배급 체계가 확립됨.
> 3. 사회생활
>   – ㉤ 집단주의 원칙에 따라 이루어짐.
>   – 개인보다 집단의 목표를 우선시함.

23 윗글의 ㉠~㉤ 중 옳지 **않은** 것은?

① ㉠   ② ㉡   ③ ㉢
④ ㉣   ⑤ ㉤

24 위와 같은 북한 주민의 생활을 평가한 것으로 적절하지 **않은** 것은?

① 조직 생활을 통해 정치사상을 익힌다.
② 자유로운 경제 활동에 제한을 받는다.
③ 개인이 추구하는 가치가 존중받지 못한다.
④ 당의 감시와 통제 아래 자유로운 생활을 한다.
⑤ 체제를 비판하는 경우 비인간적인 탄압을 받는다.

25 다음 북한의 은어를 통해 알 수 있는 북한 주민의 인권 실태로 가장 적절한 것은?

> • **가루밥**: 강냉이 가루를 섞어 지은 밥
> • **차라병**: 아이들이 영양실조로 배만 볼록 나오는 병
> • **꽃제비**: 일정하게 사는 곳과 하는 일 없이 먹을 것을 찾아 떠돌아다니는 어린이

① 생존권을 보장받지 못하고 있다.
② 주민들 간의 문화적 격차가 심화되었다.
③ 집회와 결사의 자유를 누리지 못하고 있다.
④ 여행·거주 이전의 자유를 보장받지 못하고 있다.
⑤ 자유로운 정치적 결정 및 표현의 자유를 제한받고 있다.

서술형

26 다음 글을 토대로 우리가 북한 주민을 대하는 자세와 남북이 함께 노력해야 할 점을 서술해 보자.

> 대한민국 사람들에게 북한 주민들은 그저 '아무나'가 아닙니다. 비록 그들의 목소리를 직접 들을 수 없지만, 수백만 명의 이산가족들이 겨우 수백 킬로미터 떨어진 북쪽에 살고 있음을 우리는 알고 있습니다. … 북한의 인권 침해에 관한 끔찍한 소식을 듣고 있노라면 가슴이 찢어지고 저도 모르게 눈물이 납니다.
> – 국제 연합 한국 대사 연설 중에서 –

27 다음 신문 기사를 통해 유추할 수 있는 북한 이탈 주민의 어려움을 〈보기〉에서 고른 것은?

북한 이탈 청소년 대안 학교인 '○○ 학교' 박△△ 교장은 "국가 자격증을 5개씩 딴 청년이 좋은 분위기 속에서 면접을 보다가도 '북한에서 왔다.'라는 말을 꺼내자마자 취업이 어그러지는 사례도 많았고, 어렵사리 정비 분야에 취업한 청소년이 '동물원의 원숭이 보듯 한다.'라며 힘들어하는 경우도 봤습니다."라며 안타까운 마음을 표현했다.
　　　　　　　　　　　　－ 《조선일보》, 2015년 3월 10일 －

〈보기〉
ㄱ. 문화 차이에 따른 적응의 어려움
ㄴ. 편견과 선입견으로 인한 심리적 고통
ㄷ. 사고방식과 가치관의 차이로 인한 혼란
ㄹ. 일자리를 쉽게 얻지 못해 생겨나는 경제적 어려움

① ㄱ, ㄴ　　　② ㄱ, ㄷ　　　③ ㄱ, ㄹ
④ ㄴ, ㄷ　　　⑤ ㄴ, ㄹ

28 다음 신문 기사를 통해 알 수 있는 통일을 위한 우리의 과제만을 〈보기〉에서 있는 대로 고른 것은?

북한 이탈 청소년에게 남한의 학교생활은 만만치 않다. 교육 환경이 다른 점도 문제이지만, 학과 진도를 따라가기 어렵기 때문이다. 전혀 다른 교육 과정을 따랐던 이들에게 남한 청소년들을 따라가게 하는 것은 처음부터 무리일지 모른다. 그뿐만 아니라 말투나 태도가 남한 학생들과 달라 소통이 힘들고 따돌림을 받는 것도 이들을 더욱 어렵게 한다.
　　　　　　　　　　　　－ 《서울경제》, 2016년 10월 4일 －

〈보기〉
ㄱ. 경제적 역량 기르기
ㄴ. 남북한 이질화 극복
ㄷ. 서로에 관한 인식 개선
ㄹ. 사회 통합을 위한 제도 마련

① ㄱ, ㄴ　　　② ㄱ, ㄷ　　　③ ㄴ, ㄷ
④ ㄱ, ㄴ, ㄹ　　⑤ ㄴ, ㄷ, ㄹ

29 다음 글에서 알 수 있는 통일을 해야 하는 도덕적 근거로 가장 적절한 것은?

화가가 되고 싶었던 열아홉 살 꿈 많던 청년은 이제 백발의 노인이 되었습니다. 추석날 남들 다 가는 고향을 못 가는 실향민, 달에 비친 우리 아우 모습이 보고 싶어서, 달이 휘영청 떴을 때는 늘 고향 아버지나 어머니, 동생들 등 보고 싶은 사람을 연상해서 그림에 담습니다. 아버지, 어머니, 동생들을 보고 싶습니다. 꿈에도 그리는 고향 땅을 밟고 싶습니다.
　　　　　　　　　　　　－ KBS, 〈남북의 창〉 －

① 민족 공동체를 회복하고 발전시킬 수 있다.
② 북한 주민의 인간 존엄성을 보장할 수 있다.
③ 전쟁과 같은 공포가 없는 평화를 구현할 수 있다.
④ 모두에게 이익이 되는 공동체 발전을 이룰 수 있다.
⑤ 이산가족과 실향민의 아픔을 해소하여 인도주의를 실현할 수 있다.

30 다음 사례가 시사하는 바로 가장 적절한 것은?

남북 역사학자 협의회는 남북한의 역사 공동 연구를 통해 문화 유산 보존과 민족 동질성 회복에 힘써 왔다. 북한의 국보 122호인 개성 만월대는 남북의 공동 발굴 조사를 통해 성과를 올린 대표적인 사례이다. 만월대 공동 발굴은 남북 간의 긴장 상황에서도 거의 유일하게 지속한 사회·문화 교류 사업이었으며, 2013년 개성 역사 유적 지구는 유네스코 세계 문화유산에 등재되었다.

① 민족 공동체 회복을 위해 통일이 필요하다.
② 남북 간 이질화 고착이 통일의 선결 과제이다.
③ 남북한 교류·협력을 통해 군사적 긴장을 완화해야 한다.
④ 통일을 통해 남북한의 각종 자원을 효율적으로 활용할 수 있어야 한다.
⑤ 유적지 발굴을 통해 관광 자원을 개발하고 관광 산업을 활성화해야 한다.

31 다음 내용과 가장 관련이 깊은 말은?

> 통일이 되면 국방비나 외교적 경쟁 비용이 줄어들고, 남한과 북한의 경제가 통합되면서 국내 시장이 커지며, 남한과 북한이 서로 자원과 기술력을 보완해 경제적 성장을 기대할 수 있다. 아시안 하이웨이와 남북한의 철도, 도로가 연결되면 육로를 통해 중국과 유럽 진출이 가능해지면서 우리의 생활 공간도 확대될 것이다. 또 한반도 내 전쟁 가능성이 없어지면서 우리나라의 국제적 지위도 향상될 수 있다.

① 국방비 　　　　② 통일 비용
③ 통일 편익 　　　④ 분단 비용
⑤ 사회 간접 자본

32 다음 글의 ㉠에 들어갈 말로 적절한 것은?

> 통일 한국은 (　㉠　)를 정립한 나라여야 한다. 통일 직후 남북한 주민들 사이에는 정치적·경제적·문화적 격차 때문에 여러 가지 갈등이 발생할 수 있다. 이러한 갈등을 평화롭게 해결하려면 서로의 처지를 이해하고 조정할 수 있는 절차가 필요하다. 따라서 남북 주민이 자발적으로 참여하고 다양한 의견을 모을 수 있는 (　㉠　) 체제를 바로 세워야 한다.

① 배타주의 　　　② 연고주의
③ 집단주의 　　　④ 자유 민주주의
⑤ 자민족 중심주의

33 통일 한국의 미래상으로 적절한 것을 〈보기〉에서 고른 것은?

> [보기]
> ㄱ. 인간 존엄성을 보장하는 나라
> ㄴ. 자유로운 경제 활동을 보장하는 나라
> ㄷ. 전통적인 민족 문화만을 고수하는 나라
> ㄹ. 남북한 각각의 정치 체제를 인정하는 나라

① ㄱ, ㄴ　　② ㄱ, ㄷ　　③ ㄱ, ㄹ
④ ㄴ, ㄷ　　⑤ ㄴ, ㄹ

34 다음 신문 기사와 관련된 내용으로 적절하지 **않은** 것은?

> • 북한의 연평도 포격 도발이 일어난 지 6년이 지났지만, 연평도의 주민들은 여전히 불안을 느끼고 우울증을 겪는 것으로 나타났다. 게다가 어쩔 수 없는 군부대 훈련으로 주민 대피령이 반복되어 연평도 포격 도발을 떠올리게 하는 분위기가 이어지고 있다.
> 　　　　　　　　　 － 《인천일보》, 2016년 5월 12일 －
> • 미국인 77%가 북한을 세계 평화와 안보에 최대 위협으로 인식하고 있다는 여론 조사 결과가 나왔다. 또 북한 핵 문제 해결을 위한 방법으로 "우선 대화를 해야 한다."와 "압력을 가해야 한다."의 응답률이 거의 비슷하게 나왔다.
> 　　　　　　　　　 － 《뉴스타운》, 2018년 1월 11일 －

① 남북한은 항상 전쟁의 위험을 안고 있다.
② 분단 상황에서는 평화롭게 살아가기 어렵다.
③ 남북한의 대치 상황은 세계 여러 나라에도 영향을 끼친다.
④ 세계 평화를 위협하는 요인을 없애기 위해서는 평화 통일을 해야 한다.
⑤ 한반도의 평화 정착을 위해서는 국제 사회에서 북한의 핵 보유를 인정해 주어야 한다.

35 다음 신문 기사를 토대로 통일을 이루기 위해 우리가 노력해야 할 점으로 가장 적절한 것은?

> 새로운 삶을 시작하려 위험을 무릅쓰고 한국에 온 권 씨는 "한국에서 탈북민들은 2등 시민으로 취급받는다."라고 말했다. 이어 "남한 사람들은 나를 바보처럼 취급하고, 똑같은 일을 하더라도 다른 사람만큼 임금도 주지 않았다. 그것은 단지 내가 북한에서 왔다는 이유때문이었다."라고 덧붙였다. － 《헤럴드경제》, 2017년 8월 7일 －

① 올바른 안보 의식을 갖추는 자세
② 다름을 인정하고 포용하는 자세
③ 단계적으로 교류·협력하는 자세
④ 주변 국가와의 공존을 모색하는 자세
⑤ 통일의 필요성을 인식하고 관심을 가지는 자세

사각사각
네컷만화

스트레스 해소 강의
~단것의 마수~

글 / 그림 우쿠쥐

글 / 그림 우쿠쥐

III

자연·초월과의 관계

1 자연관

핵심 POINT

• 자연을 바라보는 두 가지 관점
• 인간과 자연의 바람직한 관계

01 인간은 자연의 주인일까?

1. 자연을 바라보는 두 가지 관점

(1) 자연은 인간 삶의 물질적·정신적 토대: 인간은 자연으로부터 의식주 등 필요한 것을 얻고 자연 속에서 휴식을 취하며 여유와 활력을 얻음.

(2) 환경 파괴의 원인과 그 결과

① 환경 파괴의 원인: 인간을 자연의 주인으로 여기고, 자연을 필요에 따라 개발하고 이용할 수 있는 대상으로 여김.

② 결과: 자연을 무분별하게 이용 ➡ 생태계 파괴 ➡ 인류에게 해로운 영향

(3) 인간 중심주의적 관점

① 특징: 자연의 도구적 가치를 중시하고, 자연을 인간의 필요를 충족하기 위한 수단으로 봄.

② 긍정적 측면: 인간의 삶을 풍요롭게 해 줌.

③ 부정적 측면: 무분별한 개발과 환경 파괴로 인간의 삶을 위협할 수 있음.

(4) 생태 중심주의적 관점

① 특징: 자연의 본래적 가치를 중시하고, 자연을 그 자체로 소중하다고 봄.

② 긍정적 측면: 자연 그 자체의 가치를 인정함.

③ 부정적 측면: 경제 발전과 환경 개발을 멈추라는 주장으로 이어질 수 있음.

2. 인간과 자연의 바람직한 관계

(1) 인간과 자연은 서로 영향을 주고받는 관계로서 조화롭게 공존해야 함.

(2) 자연과의 공존을 고려하여 발전을 이루어야 함.

⊙ **도구적 가치**
어떤 목적을 달성하기 위한 수단이 지니는 가치

⊙ **본래적 가치**
그 자체가 목적이 되고, 그 자체로 소중한 가치

핵심 POINT

• 물질주의적 소비 생활에 따른 환경 문제
• 환경친화적 소비 생활의 중요성

02 환경에 관한 가치관과 소비 생활은 어떤 관계가 있을까?

1. 물질주의적 소비 생활과 환경 문제

(1) 환경에 관한 가치관은 우리의 소비 생활에 큰 영향을 끼침.

(2) 환경의 도구적 가치만을 중시하면 물질주의적 소비 생활로 이어짐.

(3) 물질주의적 소비 생활: 물질적 만족을 최고의 가치로 여기는 소비 생활

교과서 자료 **놓치지 말자!** **환경적으로 건전하고 지속 가능한 발전**

풀어봐 86쪽 09번 문제

인간과 자연이 조화로운 관계를 이루려면 '환경적으로 건전하고 지속 가능한 발전'을 추구해야 한다. 환경적으로 건전하고 지속 가능한 발전이란 환경 보전과 경제 성장 간의 균형을 이루는 발전을 말한다. 현재 우리가 자원을 낭비하고 환경을 파괴하면 미래의 후손들이 행복하게 살아가기 어렵다. 따라서 우리는 지구 생태계가 지속할 수 있도록 환경을 보호하면서 경제를 발전시켜 나가야 한다.

쉬운 해설 우리는 환경을 보호하면서 우리에게 필요한 경제 발전을 추구해야 해. 즉 인간의 삶에 필요한 개발을 하되, 우리의 후손이 지속적으로 이용할 수 있는 범위 내에서 개발해야 한다는 얘기야. 이처럼 인간과 자연은 조화로운 공존을 추구해야 한다는 점을 놓치지 말자!

(4) 물질주의적 소비 생활에 따른 환경 문제

　① 지구의 한정된 자원을 고갈시킴: 지하자원, 산림·수산 자원 등은 한정되어 있음.

　② 지구 생태계의 자정 능력을 위협함: 생태계의 균형이 파괴되어 환경 문제가 발생함.

2. 환경친화적 소비 생활의 중요성

(1) 환경친화적 소비 생활: 생태계의 지속 가능성을 고려하는 소비 생활

(2) 환경친화적 소비 생활이 중요한 이유

　① 인간이 자연과 더불어 행복하게 살아가는 데 필요함.

　② 현세대뿐만 아니라 미래 세대의 행복한 삶을 보장하는 데 필요함.

(3) 환경친화적 소비 생활을 위한 노력

　① 개인의 노력이 모이면 환경친화적 기업 및 법과 제도가 늘어날 수 있음.

　② 환경에 관한 가치관과 소비 생활을 스스로 평가하면서 환경친화적 소비 생활을 실천하려는 노력을 기울여야 함.

03 환경친화적 삶을 위한 구체적인 실천 방안은 무엇일까?

1. 일상생활에서 환경친화적 삶을 실천하려면?

(1) 자원의 소비 줄이기, 쓸모 있는 물건 재사용하기, 자원 재활용하기 등

(2) 환경에 대한 가치관과 생활 습관을 바꾸기 위한 노력이 필요함.

2. 환경친화적 삶을 위한 사회적 노력은?

(1) 환경친화적 삶을 지원하는 제도: 친환경 자동차 구매 혜택 제도, 그린카드 제도, 환경세 제도, 공공 자전거 대여 제도 등

(2) 사회적 노력은 환경 문제 해결에 긍정적 영향을 끼칠 수 있음.

3. 환경친화적 삶을 위한 국제적 협력은?

(1) 환경 문제의 국제적 성격: 환경 문제는 전 세계가 함께 관심을 기울이고 해결해야 할 문제 ➡ 환경 문제의 해결을 위한 국제적 협력이 이루어지고 있음.

(2) 국제 협약 체결: 기후 변화 협약 등

(3) 국제 환경 기념일 제정: 세계 물의 날, 지구의 날, 세계 환경의 날 등

(4) 환경 문제를 해결하려면 개인적·사회적·국제적 차원에서 함께 실천해야 함.

(5) 환경친화적 삶을 실천할 때, 인류와 함께 모든 생명체가 건강하고 행복하게 살아갈 수 있음.

◉ **자정 능력**
생태계에 위해나 변화가 발생할 때 생태계가 그 변화에 적응하고 균형을 유지하여 영향을 줄일 수 있는 능력

핵심 POINT

· 일상생활 속에서 환경친화적 삶을 실천하는 방법
· 환경 문제 해결을 위한 사회적·국제적 차원의 노력

◉ **그린카드 제도**
환경친화적 소비 생활을 하면 경제적 혜택으로 돌려주는 제도

◉ **환경세 제도**
환경을 오염하는 행위나 기관에 세금을 부과하는 제도

◉ **기후 변화 협약**
환경과 관련된 대표적인 국제 협약으로, 지구 온난화 방지를 위해 선진국의 온실가스 배출량 감축 목표치를 규정하고 이를 규제함.

교과서 자료　놓치지 말자!　물질주의적 소비 생활의 문제점

 87쪽 11번 문제

우리는 과거보다 더 풍요로운 삶 속에서 많은 것을 소비하고도 우울·불안·중독 등을 겪는 사람을 종종 볼 수 있다. 이러한 사람을 일컬어 '어플루엔자(affluenza)'에 감염되었다고 한다. 어플루엔자란 풍요로움을 뜻하는 'affluent'와 유행성 독감을 뜻하는 'influenza'의 합성어로, 물질주의적 소비 생활로 고통받는 사람들이 마치 독감 환자처럼 늘어나고 있다는 뜻으로 만든 말이다. 어플루엔자에 걸린 사람들은 최신 가전제품이나 이름난 물건을 사기 위해 더 오래 일하고, 조급해지며, 스트레스를 받는다. 이러한 물질주의적 소비 생활은 자원 고갈과 환경 파괴로 이어져 더 큰 문제라고 할 수 있다.

– 네일러 외, 《어플루엔자》 –

쉬운 해설 오늘날 현대인은 풍요로워지면 풍요로워질수록 더 많은 것을 추구하는 소비 심리를 보이고 있어. 풍요로워지기 위해서 더 많은 것을 추구하는 과정에서 과중한 업무에 시달리고 스트레스를 받게 되는 등, 물질주의적 소비 생활은 다양한 문제를 낳는다는 점을 놓치지 말자!

확인! 기본 문제

01 다음 빈칸에 들어갈 정답을 낱말 퍼즐 속에서 찾아 동그라미로 표시하시오.

동	생	태	계	물	자	도
물	리	적	산	질	원	구
인	간	중	심	주	의	적
지	속	적	인	의	등	가
보	전	본	래	적	가	치
환	경	보	전	소	성	찰
자	정	능	력	비	자	연

(1) 자연을 무분별하게 개발하고 이용하는 행동은 인간이 자연의 주인이라고 보는 (　　　)적 관점에서 비롯되었다고 할 수 있다.

(2) 어떤 목적을 달성하기 위한 수단이 지니는 가치를 (　　　)(이)라고 한다.

(3) 생태 중심주의적 관점은 자연의 (　　　) 가치를 중시하고, 자연은 인간의 이익과 상관없이 그 자체로 소중하다고 본다.

(4) 생태계에 위해나 변화가 발생할 때 생태계가 그 변화에 적응하고 균형을 유지하여 영향을 줄일 수 있는 능력을 (　　　)(이)라고 한다.

(5) (　　　)적 소비 생활이란 물질적 만족을 최고의 가치로 여기는 소비 생활을 말한다.

02 밑줄 친 부분을 바르게 고쳐 쓰시오.

(1) 지구에는 석탄·석유와 같은 자원과 삼림·수산 자원 등이 풍부하지만, 그 양은 무한하다.
(　　　)

(2) 인간 중심주의적 관점이 지나치면 경제 발전과 환경 개발을 멈추어야 한다는 주장으로 이어질 수 있다. (　　　)

(3) 환경을 보전하려는 가치관에 따라 생태계의 지속 가능성을 고려하며 소비하는 생활 방식을 인간 친화적 소비 생활이라고 한다.
(　　　)

03 다음 내용을 서로 알맞게 연결하시오.

(1) 물건을　　　•
　재사용

(2) 자원을　　　•
　재활용

(3) 자원의　　　•
　소비
　줄이기

•　㉠ 가전제품의 코드를 뽑아 둠.

•　㉡ 캔이나 플라스틱, 종이를 나누어 배출함.

•　㉢ 교과서나 교복을 깨끗이 사용한 후 후배에게 물려줌.

04 밑줄 친 부분을 바르게 고쳐 쓰시오.

(1) 부가세 제도는 환경을 오염하는 행위나 기관에 세금을 부과하는 제도이다. (　　　)

(2) 신용카드 제도는 환경친화적 소비 생활을 하면 경제적 혜택을 돌려주는 제도이다.
(　　　)

05 다음 설명이 적절하면 ○ 표, 그렇지 않으면 X 표를 하시오.

(1) 환경적으로 건전하고 지속 가능한 발전은 환경 보전과 경제 성장 간의 균형을 이루는 발전을 말한다. (　　　)

(2) 환경 문제는 특정 개인이나 국가만의 문제일 뿐 전 세계가 함께 관심을 기울이고 해결해야 할 문제는 아니다. (　　　)

06 다음 중 옳은 내용에 ○ 표를 하시오.

(1) 지구는 오염된 물이나 공기 등을 스스로 정화하고 생태계의 균형을 유지하는 능력이 (있다, 없다).

(2) 인간과 자연은 서로 영향을 주고받는 관계이므로 조화롭게 (공존, 대립)하는 것이 바람직하다.

향상! 실력 문제

01 밑줄 친 ㉠에 들어갈 내용으로 가장 적절한 것은?

> 인간은 살아가면서 수많은 자연의 혜택을 누린다. 물, 공기, 햇빛은 물론 의식주에 이르기까지 살아가는 데 필요한 모든 것을 자연으로부터 얻는다. 또한, 깨끗한 자연 속에서 휴식을 취하며 여유와 활력을 얻기도 한다. 이처럼 ㉠

① 자연은 인간을 지배하며 존재해 왔다.
② 인간은 자연의 혜택을 누리지 못했다.
③ 자연은 인간 삶의 물질적·정신적 토대가 된다.
④ 인간은 자연의 주인으로서 자연을 지속적으로 개발해 왔다.
⑤ 자연은 스스로 존재하며 인간과 조화로운 관계를 유지하지 못했다.

02 다음 사례 속 사람들이 지닌 자연관으로 보기 <u>어려운</u> 것은?

> 감자 칩, 컵라면, 샴푸, 화장품 등을 만드는 데 쓰이는 팜유는 팜나무에서 얻는다. 전 세계적으로 팜유의 수요가 늘면서 팜나무 농장도 늘어나고 있다. 동남아시아의 보르네오 섬에도 팜나무 농장이 속속 들어서고 있다. 원래 이 섬은 다양한 야생 동물, 희귀 식물, 곤충들이 살아가는 울창한 숲이었다. 그러나 사람들이 숲을 없애고 팜나무 농장을 만들면서 야생 동물들은 멸종 위기에 놓였으며 희귀 식물과 곤충들은 숲과 함께 사라져 갔다.
> – 요코쓰카 마코토, 《코끼리와 숲과 감자 칩》 –

① 인간은 자연의 주인이다.
② 자연은 인간이 이용할 수 있는 대상이다.
③ 자연은 인간의 필요를 충족시키는 수단이다.
④ 자연은 인간의 이익과 상관없이 그 자체로 소중하다.
⑤ 자연은 우리의 삶을 풍요롭게 해 주기 위한 존재이다.

03 갑, 을이 각각 주장하는 자연의 가치를 바르게 연결한 것은?

> 갑: 자연은 그 자체로 소중하다.
> 을: 자연은 인간의 필요를 충족하기 위한 수단이다.

	갑	을
①	본래적 가치	도구적 가치
②	본래적 가치	물질적 가치
③	도구적 가치	본래적 가치
④	도구적 가치	물질적 가치
⑤	정신적 가치	본래적 가치

04 밑줄 친 부분의 사례로 가장 적절한 것은?

> 자연의 도구적 가치를 중시하는 인간 중심주의적 관점은 인간의 삶을 풍요롭게 해 주는 긍정적 측면이 있지만, 지나치면 <u>부정적 측면</u>이 발생할 수도 있다.

① 환경 개발이 필요 없게 된다.
② 자연이 인간을 지배하게 된다.
③ 인간이 자연을 마음껏 이용할 수 없다.
④ 더 이상의 경제 발전을 가져오지 못하게 된다.
⑤ 무분별한 개발과 환경 파괴로 이어져 인간의 삶마저 위협할 수 있다.

05 생태 중심주의적 관점에 대한 적절한 설명을 〈보기〉에서 고른 것은?

> **보기**
> ㄱ. 자연의 본래적 가치를 중시한다.
> ㄴ. 자연을 인간의 이익을 위한 수단으로 본다.
> ㄷ. 자연을 인간의 이익과 상관없이 그 자체로 소중하다고 본다.
> ㄹ. 자연을 경제 발전을 위해 끊임없이 개발해야 할 대상으로 여긴다.

① ㄱ, ㄴ ② ㄱ, ㄷ ③ ㄴ, ㄷ
④ ㄴ, ㄹ ⑤ ㄷ, ㄹ

06 다음 글을 통해 알 수 있는 내용이 <u>아닌</u> 것은?

> ○○시는 도시화를 진행하면서 몇몇 하천을 콘크리트로 덮어 도로와 주차장으로 활용하였다. 콘크리트로 덮인 하천은 수질이 나빠져 악취가 진동하였고, 주변 생태계는 파괴되었다. 이러한 문제를 해결하기 위해 ○○시는 10여 년 전부터 콘크리트로 덮인 하천을 복원하기 시작하였다. 콘크리트를 걷어 내고 하천이 제 모습을 찾아가자 달뿌리풀, 물억새 등의 식물이 자라났고, 갈겨니 같은 물고기와 해오라기도 살게 되었다. 또 하천은 도시의 공기를 맑게 하고 무더위를 식혀 주는 역할도 하고 있다. 생태계가 살아난 하천은 시민과 관광객이 즐겨 찾는 휴식처가 되었다.
> – 《경향신문》, 2016년 7월 7일 –

① 인간은 자연의 영향을 받는다.
② 자연은 인간의 영향을 받는다.
③ 생태계를 보전하는 일은 인간에게도 유익하다.
④ 인간과 자연은 조화롭게 공존하는 것이 바람직하다.
⑤ 인간은 자연을 적극적으로 개발하여 경제 발전을 이루어야 한다.

07 다음 빈칸에 공통으로 들어갈 말은?

> • 환경의 도구적 가치만을 중시하면 (　　　)로 이어질 수 있다.
> • (　　　)은 물질적 만족을 최고의 가치로 여기는 소비 생활을 말한다.

① 윤리적 소비 생활
② 환경 보전 소비 생활
③ 물질주의적 소비 생활
④ 환경친화적 소비 생활
⑤ 생태 중심주의적 소비 생활

08 다음 글에서 추론할 수 있는 물질주의적 소비 생활의 결과로 가장 적절한 것은?

> 생태계는 위해나 변화가 발생할 때 그 변화에 적응하고 균형을 유지하여 영향을 줄일 수 있는 능력이 있다. 하지만 우리가 이러한 생태계의 능력을 뛰어넘는 오염 물질을 계속 배출하면 앞으로 깨끗한 환경에서 살아가기 어려울 것이다.

① 물질주의적 소비 생활은 경제 위기로 이어질 것이다.
② 물질주의적 소비 생활은 지속 가능한 발전을 가능하게 할 것이다.
③ 물질주의적 소비 생활은 지구 생태계의 자정 능력을 위협할 것이다.
④ 물질주의적 소비 생활을 지속하면 지구의 자원이 지나치게 급증할 것이다.
⑤ 물질주의적 소비 생활은 지구의 풍부한 자원을 순환시켜 유지시킬 것이다.

09 다음 글과 관련 있는 주장으로 가장 적절한 것은?

> 인간과 자연이 조화로운 관계를 이루려면 '환경적으로 건전하고 지속 가능한 발전'을 추구해야 한다. 환경적으로 건전하고 지속 가능한 발전이란 환경 보전과 경제 성장 간의 균형을 이루는 발전을 말한다. 우리는 지구 생태계가 지속할 수 있도록 환경을 보호하면서 경제를 발전시켜 나가야 한다.

① 자연은 스스로 균형을 이루어 나갈 수 없다.
② 경제 성장과 지구 생태계의 균형은 인간의 몫이 아니다.
③ 현세대의 이익을 위해 미래 세대의 희생을 요구할 수 있다.
④ 현재 우리가 자원을 낭비하고 환경을 파괴하면 미래의 후손들이 행복하게 살아가기 어렵다.
⑤ 인간은 과학 기술을 더욱 발전시켜 환경의 지배자로서 물질적 만족을 극대화해 나가야 한다.

10 다음 만화가 주는 교훈으로 가장 적절한 것은?

① 인간 중심주의적 소비 생활이 필요하다.
② 환경친화적 삶은 개인적으로만 실천할 수 있다.
③ 생태계의 지속 가능성을 고려하는 소비 생활을 해야 한다.
④ 인간의 이익을 극대화하는 환경친화적 소비 생활을 해야 한다.
⑤ 미래 세대보다는 현세대의 행복한 삶을 보장하는 소비 생활을 해야 한다.

11 다음 글이 시사하는 바로 가장 적절한 것은?

> 우리는 과거보다 더 풍요로운 삶 속에서 많은 것을 소비하고도 우울·불안·중독 등을 겪는 사람을 종종 볼 수 있다. '어플루엔자(affluenza)'란 풍요로움을 뜻하는 'affluent'와 유행성 독감을 뜻하는 'influenza'의 합성어이다. 어플루엔자에 걸린 사람들은 최신 가전제품이나 이름난 물건을 사기 위해 더 오래 일하고, 조급해지며, 스트레스를 받는다. — 네일러 외, 《어플루엔자》 —

① 물질적 풍요가 주는 행복
② 물질주의적 소비 생활의 문제점
③ 환경친화적 소비 생활의 문제점
④ 유행에 따르는 소비 생활의 확대
⑤ 지구 생태계가 가진 자정 능력의 상실

12 윤정이와 진숙이가 각각 주장하는 환경친화적 삶의 방식을 바르게 연결한 것은?

> 윤정: 교과서나 교복을 깨끗이 사용한 후 후배들에게 물려주면 좋을 것 같아!
> 진숙: 캔이나 플라스틱, 종이를 나누어 배출하면 새로운 자원으로 다시 사용할 수 있을 거야!

	윤정	진숙
①	재사용하기	재활용하기
②	재사용하기	소비 줄이기
③	재활용하기	재사용하기
④	재활용하기	소비 줄이기
⑤	소비 줄이기	재활용하기

13 다음 글을 통해 알 수 있는 환경친화적 삶을 살기 위한 노력으로 가장 적절한 것은?

> 나는 우연히 아파트 옥상에 올라갔다가 무당벌레들이 잔뜩 죽어 있는 것을 보고 깜짝 놀랐다. 무당벌레도 살 수 있는 환경을 만들어야겠다고 결심한 후 옥상에 텃밭을 만들어 보았지만, 무당벌레들은 여전히 죽어 갔다. 나는 무당벌레가 아파트 조명등 때문에 죽는다는 것을 알게 된 후, 무당벌레를 해치지 않는 조명등이 필요함을 사람들에게 알리고 텃밭도 조금씩 늘려 갔다. 마침내 무당벌레를 해치지 않는 조명등으로 바꾸고 나니 무당벌레가 죽지 않게 되었다. 이제 우리는 무당벌레와 함께 살 수 있게 된 것이다.
> — 이환희, 《죽지 마, 무당벌레야!》 —

① 지나친 소비를 줄여야 한다.
② 인간 중심주의적 관점을 지녀야 한다.
③ 환경친화적 삶을 지원하기 위한 강력한 제도와 처벌 규정을 마련해야 한다.
④ 환경 문제 해결을 위해 주변의 작은 것부터 개선하려는 노력을 기울여야 한다.
⑤ 여러 국제기구를 통해 환경 문제의 심각성을 지구촌 모든 사람과 공유해야 한다.

도전! 만점 문제

01 다음 인디언의 주장에 관한 올바른 설명을 〈보기〉에서 고른 것은?

> 우리는 편안하고 안락한 삶을 위해 당신들이 살고 있는 그 땅이 필요합니다. 얼마면 그 땅을 살 수 있습니까?

> 어떻게 땅과 하늘을 사고팔 수 있습니까? 신선한 공기와 물방울도 우리 것이 아닌데 어떻게 그것을 팔 수 있습니까? 이 땅의 모든 것은 우리에게 신성합니다.

> **보기**
> ㄱ. 자연의 본래적 가치를 중시하고 있다.
> ㄴ. 인간을 자연의 주인으로 여기고 있다.
> ㄷ. 자연이 그 자체로 소중하다고 보고 있다.
> ㄹ. 자연을 인간의 필요를 충족하기 위한 수단으로 여기고 있다.

① ㄱ, ㄴ   ② ㄱ, ㄷ   ③ ㄴ, ㄷ
④ ㄴ, ㄹ   ⑤ ㄷ, ㄹ

02 밑줄 친 ㉠, ㉡에 대한 설명으로 가장 적절한 것은?

> 우리가 환경을 어떻게 바라보느냐에 따라, 즉 ㉠ 환경을 도구로 이용하는 것을 중시하는 가치관과 ㉡ 환경 보전을 중시하는 가치관 중 무엇을 선택하느냐에 따라 소비 생활의 모습이 달라진다.

① ㉠은 환경친화적 소비 생활로 이어질 수 있다.
② ㉠에 따르면 물질적 만족을 최고의 가치로 여기게 된다.
③ ㉠에 따르면 소비에 있어 생태계의 지속 가능성을 고려하게 된다.
④ ㉡에 따르면 더 많은 자원을 소비하려는 경향을 보이게 된다.
⑤ ㉡은 물질적 만족이나 편리함을 중시하는 소비 생활로 이어질 수 있다.

03 다음 글의 환경 단체들이 자연을 바라보는 관점과 이에 따른 주장을 바르게 연결한 것은?

> ○○군청이 케이블카 설치 계획을 내놓자 주민과 환경 단체가 맞섰다. 주민들은 '케이블카 설치가 지역 발전을 위해 꼭 필요하다.'라고 찬성하지만, 환경 단체는 '케이블카 설치는 생태계를 해치는 일이다.'라며 반대한다. 또 △△시에서 생태 습지 구역에 복합 체육 시설과 공원 등을 조성할 계획을 세우자 지역 환경 단체들은 "금개구리를 비롯한 다양한 생물 종을 보전해야 한다."라고 주장하는 반면, 입주민 모임은 "금개구리 서식지를 다른 곳으로 옮기고 시민을 위한 공간을 마련해야 한다."라고 주장했다.
> – 《연합뉴스》, 2015년 11월 10일 –

	관점	주장
①	인간 중심주의	환경 개발을 멈추어야 한다.
②	인간 중심주의	자연의 소중함을 지켜야 한다.
③	생태 중심주의	자연은 그 자체로서 소중하다.
④	생태 중심주의	자연 개발은 인간의 삶을 풍요롭게 해 준다.
⑤	생태 중심주의	인간과 자연은 조화로운 관계를 유지하기 어렵다.

04 다음과 같이 체크한 학생에게 환경친화적 소비를 위해 할 수 있는 조언으로 가장 적절한 것은?

질문	예	보통	아니요
쓰지 않는 가전제품의 코드를 뽑아 놓습니까?	✓		
교과서나 교복을 후배에게 물려주고 있습니까?	✓		
쓰레기는 분리해서 배출합니까?			✓

① 쓸모 있는 물건을 재사용하세요.
② 자원의 소비를 줄이려고 노력하세요.
③ 자원을 재활용하려는 노력이 필요해요.
④ 자원을 전혀 사용하지 않도록 노력하세요.
⑤ 환경 문제 해결을 위해 국제적으로 협력하세요.

정복! 서술형 문제

01 여학생과 남학생이 각각 가지고 있는 자연을 바라보는 관점을 다음 용어를 사용하여 서술해 보자.

인간은 자연보다 우월하니까 자연을 지배할 수 있어. 자연은 인간의 풍요로운 삶을 위한 수단에 불과해.

인간은 지구라는 생명 공동체의 구성원일 뿐이야. 자연은 인간의 이익과 관계없이 그 자체로 아름답고 소중한 존재야.

> 인간, 자연, 가치

(1) 여학생의 관점

(2) 남학생의 관점

02 다음 글을 읽고 물음에 답해 보자.

> 인간과 자연이 조화로운 관계를 이루려면 ㉠ 환경적으로 건전하고 지속 가능한 발전을 추구해야 한다. 우리는 지구 생태계가 지속할 수 있도록 환경을 보호하면서 경제를 발전시켜 나가야 한다.

(1) 밑줄 친 ㉠의 의미를 서술해 보자.

(2) 밑줄 친 ㉠을 추구해야 하는 이유를 미래 세대와 관련하여 서술해 보자.

03 다음 글을 읽고 물음에 답해 보자.

> 환경에 관한 가치관은 우리의 소비 생활에 큰 영향을 끼친다. 우리가 환경을 어떻게 바라보느냐에 따라, 즉 환경을 도구로 이용하는 것을 중시하는 가치관과 환경 보전을 중시하는 가치관 중 무엇을 선택하느냐에 따라 소비 생활의 모습이 달라지기 때문이다. 예를 들어 우리가 환경의 도구적 가치만을 중시하면 ㉠ 물질주의적 소비 생활로 이어질 수 있다.

(1) 밑줄 친 ㉠의 의미를 서술해 보자.

(2) 밑줄 친 ㉠이 일으킬 수 있는 환경 문제를 두 가지 서술해 보자.

04 다음 글을 읽고 물음에 답해 보자.

> 지구촌 환경 문제를 해결하기 위해서 (㉠) 와(과) 같은 국제 협약을 맺고 이를 실천할 수 있다. (㉠)은(는) 환경과 관련된 대표적인 국제 협약으로, 지구 온난화 방지를 위해 선진국의 온실가스 배출량 감축 목표치를 규정하고 이를 규제하고 있다. 이처럼 ㉡ 환경친화적 삶을 실천하기 위해서는 개인적·사회적 노력과 함께 국제적 협력이 이루어져야 한다.

(1) 빈칸 ㉠에 들어갈 알맞은 말을 써 보자.

(2) 밑줄 친 ㉡과 같이 말할 수 있는 이유를 서술해 보자.

2 과학과 윤리

- 과학 기술이 우리 삶에 미치는 긍정적 영향
- 과학 기술이 지닌 문제점과 한계

⊙ **과학 기술의 긍정적 영향에 관한 베이컨의 견해**
서양 사상가 베이컨은 과학 기술이 발전할수록 모든 사람이 물질적 풍요 속에서 더 행복해질 것이라고 보았다.

⊙ **드론**
사람이 타지 않고 원격 장치로 조정할 수 있는 무인 비행기

✏️ **핵심 POINT**

- 과학 기술에 책임이 필요한 이유
- 과학 기술의 바람직한 활용 방안

01 과학 기술은 모든 문제를 해결해 줄 수 있을까?

1. 과학 기술의 발전과 삶의 변화

(1) 물질적 풍요와 편리 증진: 식량, 전자 제품 등 우리 삶에 필요한 것을 대량 생산

(2) 건강 증진과 생명 연장: 의료 기술과 신약 등을 이용하여 각종 질병 치료

(3) 사람들 사이의 교류 확대: 정보 통신 기술의 발달로 시공간의 제약 없이 소통

2. 과학 기술이 지닌 문제점과 한계

(1) 과학 기술이 지닌 문제점

　① 인권 및 사생활 침해 예 드론, 감시 카메라, 위치 추적 기술 등의 악용 가능성

　② 과학 기술에의 종속 예 휴대 전화에 지나치게 의존, 컴퓨터 게임에 중독

　③ 생명의 존엄성 훼손 예 생명 공학 실험 과정에서 생명을 함부로 조작할 가능성

　④ 환경 파괴를 가속할 우려가 있으며, 살상 무기로 인류 평화를 위협할 수 있음.

(2) 과학 기술의 한계: 과학 기술만으로 인류의 모든 문제를 해결할 수는 없음. ➡ 과학 기술 발전에 따른 문제점과 한계를 인식하고 해결 방법을 고민해야 함.

02 과학 기술에 책임이 필요한 이유는 무엇인가?

1. 과학 기술에 책임이 필요한 까닭은?

(1) 과학 기술의 잘못된 개발과 활용이 수많은 사람에게 피해를 줄 수 있기 때문

(2) 과학 기술의 영향력이 점점 더 넓어지고 있기 때문

(3) 과학 기술이 복잡해지면서 그 부작용을 예측하기가 어려워지고 있기 때문

2. 과학 기술을 바람직하게 활용하려면?

(1) 인간 존엄성과 인권 향상을 위해 활용: 특정 이익이나 유용성만을 추구해서는 안 됨.

(2) 인류의 복지 증진에 이바지: 빈곤 해소와 인류의 행복 증진 등 풍요롭고 인간다운 삶을 누리는 데 기여해야 함.

(3) 미래 세대에 관한 책임 고려: 현재의 과학 기술은 미래에 영향을 끼치므로 과학 기술은 현세대와 미래 세대의 요구를 함께 충족하는 방향으로 발전해야 함.

교과서 자료 놓치지 말자! **과학 기술의 개발과 활용에 책임이 따를까?**

풀어봐 93쪽 05번 문제

1942년 미국은 제2차 세계 대전을 하루빨리 끝내기 위해 '맨해튼 계획'을 세우고 원자 폭탄을 개발하였다. 이 계획의 책임자는 미국의 이론 물리학자 오펜하이머(Oppenheimer, R., 1904~1967)였다. 그는 살상 무기를 만드는 이 계획이 과연 옳은 일인지 고뇌하는 다른 학자들에게 "원자탄 연구란 얼마나 아름다운 물리학인가? 과학을 연구할 때에는 오직 재미만을 추구하라."라고 충고했다. 과학자들은 오직 과학 연구로만 원자탄 연구를 대하면 된다는 충고였다. 그의 말에 따라 연구자들은 원자탄 연구에 매진하였고, 결국 원자탄이 완성되었다. 1945년 미국은 일본의 히로시마와 나가사키에 원자탄을 투하하였고, 수많은 사상자와 폐허를 남겼다. — 이필렬 외, 《과학, 우리 시대의 교양》 수정 인용 —

쉬운 해설 어떤 사람은 과학 기술의 목적이 자연을 탐구하여 객관적 진리를 발견하는 데 있으므로 과학 기술의 사회적 영향을 고려하거나 그 결과에 책임을 물을 필요가 없다고 주장하기도 해. 하지만 과학 기술을 잘못된 방향으로 개발하고 활용하면 수많은 사람에게 피해를 줄 수 있어. 그러므로 과학 기술의 개발과 활용에는 큰 책임이 따른다는 점을 놓치지 말자!

확인! 기본 문제

01 다음 빈칸 안에 들어갈 정답을 낱말 퍼즐 속에서 찾아 동그라미로 표시하시오.

노	예	존	주	체	성	베
인	간	엄	긍	정	적	이
토	목	성	학	상	향	컨
환	경	학	교	화	상	장
과	학	기	술	사	생	활
인	권	술	전	쟁	평	화
개	사	생	활	플	라	톤

(1) (　　　　)은(는) 각종 산업과 정보 통신 등 다양한 영역에서 발전하며 우리 삶에 큰 변화를 가져다주었다.

(2) 서양 사상가 (　　　　)은(는) 과학 기술이 발전할수록 모든 사람이 물질적 풍요 속에서 더 행복하게 살 것이라고 주장하였다.

(3) 드론이나 위치 추적 기술 등과 같은 정보 통신 기술을 악용하면 개인 정보를 유출하는 등 인권 및 (　　　　) 침해 문제가 발생할 수 있다.

(4) 유전자 조작·복제와 같이 생명체를 다루는 생명 공학 기술은 실험 과정에서 생명을 함부로 조작하여 생명의 (　　　　)을(를) 훼손할 가능성이 있다.

(5) 과학 기술은 환경 파괴를 가속할 우려가 있고, 살상 무기로 인류의 (　　　　)을(를) 위협할 수도 있다.

02 밑줄 친 부분을 바르게 고쳐 쓰시오.

(1) 과학 기술의 목적은 자연을 탐구하여 <u>주관적</u> 진리를 발견하는 것이다. (　　　)

(2) 과학 기술이 점점 더 복잡해지면 그 과학 기술이 어떤 결과를 낳을지 미리 짐작하기는 더욱 더 <u>쉬워진다</u>. (　　　)

03 과학 기술의 혜택을 서로 알맞게 연결하시오.

(1) 물질적 풍요와 편리함 ・

(2) 건강 증진과 생명 연장 ・

(3) 사람 사이의 교류 확대 ・

・ ㉠ 식량이나 전자 제품 등 필요한 것을 대량 생산

・ ㉡ 정보 통신 기술을 활용하여 생각을 자유롭게 주고받음.

・ ㉢ 첨단 의료 기술이나 신약 등을 이용하여 각종 질병을 치료

04 다음 중 옳은 내용에 ○ 표를 하시오.

(1) 인간이 과학 기술에 지나치게 의존하다 보면 주체성을 상실하고 과학 기술의 (주인, 노예)(이)가 될 수 있다.

(2) 과학 기술로 특정 이익이나 유용성만을 추구하면 인간을 과학 기술로부터 소외시키거나 (인간화, 비인간화)시킬 수 있다.

05 다음 설명이 적절하면 ○ 표, 그렇지 않으면 X 표를 하시오.

(1) 과학 기술의 발전에는 긍정적 측면만 있고, 부정적 측면은 없다. (　　　)

(2) 휴대 전화에 지나치게 의존하거나 컴퓨터 게임에 중독되는 등 인간이 과학 기술에 종속될 위험이 있다. (　　　)

(3) 과학 기술의 발전을 위해서는 개발과 활용 과정에서 나타나는 결과에 책임을 묻지 말아야 한다. (　　　)

(4) 지금 우리가 사용하는 과학 기술은 미래에 영향을 끼치므로 과학 기술은 현세대와 미래 세대의 요구를 함께 충족하는 방향으로 발전해야 한다. (　　　)

01 다음 글을 통해 알 수 있는 과학 기술의 긍정적 측면으로 가장 적절한 것은?

> 우리는 정보 통신 기술을 활용하여 시공간의 제약 없이 멀리 떨어져 있는 사람과도 쉽게 연락할 수 있고, 여러 통신 수단을 이용하여 생각을 자유롭게 주고받을 수 있다.

① 사람들 사이의 교류가 확대되었다.
② 과거보다 더욱 건강하고 오래 살 수 있다.
③ 첨단 의료 기술이나 신약 개발이 촉진되었다.
④ 우리 삶에 필요한 것을 대량으로 생산하는 기반을 마련하였다.
⑤ 감시 카메라와 위치 추적 기술 등으로 사람들을 감시하고 통제할 위험이 사라졌다.

02 다음 사례를 통해 알 수 있는 내용이 <u>아닌</u> 것은?

> 최근 여러 사건 사고와 재난 현장에서 '드론'이라고 부르는 무인 조종 카메라가 사람들의 눈과 발을 대신하고 있다. 이 장비는 특히 유독 가스가 유출되고 추가 폭발 위험이 있어서 사람이 접근하기 어려운 가스 폭발 현장 같은 곳에서 진가를 발휘한다. 반면 사생활 침해에 관한 우려도 커지고 있다. 드론을 공중에 띄워 올리면 개인 주택 앞마당도 손바닥 보듯 손쉽게 내려다볼 수 있고, 고층 아파트의 거실도 엿볼 수 있기 때문이다.   – 《KBS 뉴스》, 2015년 2월 15일 –

① 과학 기술에 대한 절대적 믿음을 가져야 한다.
② 과학 기술은 인류가 직면한 문제를 해결해 주기도 한다.
③ 과학 기술이 우리의 삶에 긍정적 영향만을 주는 것은 아니다.
④ 과학 기술의 발전이 우리 삶에 부정적 결과를 가져오기도 한다.
⑤ 과학 기술이 발전할수록 모든 사람이 행복해지는 것은 아니다.

꼭 나와

03 다음과 같은 현상이 가져올 수 있는 문제점을 〈보기〉에서 고른 것은?

> 최근 휴대 전화에 지나치게 의존하거나 컴퓨터 게임에 중독된 학생들이 급격히 늘어나고 있다.

보기
ㄱ. 환경 파괴를 가속할 우려가 있다.
ㄴ. 생명의 존엄성을 훼손할 가능성이 있다.
ㄷ. 인간이 과학 기술에 종속될 위험이 있다.
ㄹ. 과학 기술에 지나치게 의존하여 주체성을 상실할 수 있다.

① ㄱ, ㄴ   ② ㄱ, ㄹ   ③ ㄴ, ㄷ
④ ㄴ, ㄹ   ⑤ ㄷ, ㄹ

04 밑줄 친 부분의 구체적 사례로 가장 적절한 것은?

> 생명 과학은 인간의 건강과 복지를 위해 필요하지만 잘못 사용하면 <u>여러 가지 도덕 문제가 발생할 수 있다.</u>

① 개인의 사생활 침해 문제를 일으킬 수 있다.
② 대규모 개발로 환경 파괴를 가속할 우려가 있다.
③ 핵무기의 개발로 이어져 인류의 평화를 위협할 수 있다.
④ 시공간의 제약을 강화해 사람들 사이의 교류가 축소될 수 있다.
⑤ 실험 과정에서 생명을 함부로 조작하여 생명의 존엄성을 훼손할 가능성이 있다.

05 다음 글의 주인공이 가진 입장과 일치하는 주장은?

> 미국의 이론 물리학자 오펜하이머는 살상 무기를 만드는 계획이 과연 옳은 일인지 고뇌하는 다른 학자들에게 이렇게 말했다. "원자탄 연구란 얼마나 아름다운 물리학인가? 과학을 연구할 때에는 오직 재미만을 추구하라."
> – 이필렬 외, 《과학, 우리 시대의 교양》 수정 인용 –

① 과학 실험은 때로 엄청난 재앙이 될 수도 있다.
② 과학 기술 연구에서도 도덕적 책임이 필요하다.
③ 과학 기술의 개발과 활용에는 큰 책임이 따른다.
④ 과학 기술의 부작용을 예측하는 일은 갈수록 어려워지고 있다.
⑤ 과학 기술의 목적은 자연을 탐구하는 것으로 사회적 영향을 고려할 필요가 없다.

06 다음 글이 주는 교훈으로 가장 적절한 것은?

> 탈리도마이드는 1950년대 개발한 수면제이다. 특히 여성이 임신 초기에 겪을 수 있는 불안과 불면을 덜어 주고, 입덧을 예방하는 효과가 있어 여러 나라에서 인기를 끌었다. 동물 실험 결과 아무런 부작용도 없었기 때문에 많은 사람이 의심 없이 이 약을 먹었다. 그러나 이 약을 먹었던 여성들은 약의 부작용으로 팔다리가 없는 아기를 낳았다. 탈리도마이드 때문에 기형으로 태어난 아이는 전 세계에 약 12,000명에 이른다.
> – 야콥센 외, 《의약에서 독약으로》 –

① 과학 기술의 결과에 책임을 물을 필요가 없다.
② 과학 기술은 인류에게 복지와 번영을 가져다 주었다.
③ 과학 기술의 목적은 객관적 진리를 발견하는 것이다.
④ 과학 기술을 개발하고 적용할 때는 신중한 태도가 필요하다.
⑤ 과학 기술이 발전하는 과정에서 그 영향력이 점점 줄어들고 있다.

07 밑줄 친 ⊙의 이유로 가장 적절한 것은?

> 가디아 부부는 태양열을 이용한 조리기를 인도에 보급했다. 이 조리기는 설치가 쉽고 저렴하며, 누구나 손쉽게 사용할 수 있고, 연기가 전혀 발생하지 않는다. 이제 인도 사람들은 땔감을 구하러 다닐 필요도, 연기로 고통받을 필요도 없다. 이 조리기로 물을 끓여 먹은 후, 더러운 물을 마시고 병에 걸리는 일도 줄어들었다. 이 모든 일이 가능했던 것은 태양열 조리기를 발명한 쉐플러 덕분이다. ⊙ 그는 이 기술에 특허를 내지 않았다.
> – 지식 채널e, 《적절한 기술》 –

① 과학 기술을 올바로 활용하기가 어렵기 때문
② 과학 기술이 사회에 끼칠 영향력이 크지 않기 때문
③ 과학 기술을 잘못된 방향으로 개발하면 부작용이 발생할 수 있기 때문
④ 과학 기술은 인류를 위한 것으로 누구든 자유롭게 활용할 수 있어야 하기 때문
⑤ 과학 기술이 점점 복잡해지면서 어떤 결과를 낳을지 미리 짐작하기가 어렵기 때문

08 다음 글과 일맥상통하는 주장으로 가장 적절한 것은?

> 과학 기술로 특정 이익이나 유용성만을 추구하여 인간을 과학 기술로부터 소외시키거나 비인간화시키지 않도록 유의해야 한다.

① 과학 기술은 기술 혁신을 추구해야 한다.
② 과학 기술은 과학자의 이익 증진에 이바지해야 한다.
③ 과학 기술은 인간 존엄성과 인권 향상을 위해 쓰여야 한다.
④ 과학 기술은 건전하고 지속 가능한 발전을 이루어 나가야 한다.
⑤ 과학 기술은 현세대는 물론 미래 세대에 대한 책임까지 고려해야 한다.

도전! 만점 문제

01 다음 그림의 의사와 같은 입장에 있는 사상가와 그 주장을 바르게 연결한 것은?

	사상가	주장
①	폴링	과학은 엄청난 재앙이 될 수 있다.
②	베이컨	과학 기술을 개발하고 적용할 때는 신중한 태도가 필요하다.
③	베이컨	과학 기술이 발전할수록 모든 사람이 더 행복하게 살 것이다.
④	오펜하이머	과학 기술의 개발과 활용에는 큰 책임이 따른다.
⑤	오펜하이머	과학 기술의 부작용을 예측하는 일은 점점 어려워지고 있다.

02 아내의 주장을 뒷받침하는 근거로 가장 적절한 것은?

> 의사: 희소병이나 불치병을 앓지 않도록 유전자를 조작한 '맞춤 아기'를 낳아 보세요.
> 남편: 질병 없이 행복하게 살 수 있다니 해 봅시다.
> 아내: 유전자를 조작하는 것은 옳지 않은 일인 것 같아요.

① 개인의 사생활이 침해될 수 있다.
② 환경 파괴가 가속할 우려가 있다.
③ 개인 정보가 유출될 위험이 있다.
④ 자칫 생명의 존엄성을 훼손할 가능성이 있다.
⑤ 과학 기술에 의존하여 주체성을 상실할 수 있다.

03 다음 글과 일맥상통하는 주장을 〈보기〉에서 고른 것은?

> 원자 폭탄의 개발은 많은 사람의 생명을 앗아가는 결과를 낳았다. 이처럼 과학 기술을 잘못된 방향으로 개발하고 활용하면 수많은 사람에게 피해를 줄 수 있다.

〈보기〉
ㄱ. 과학 기술의 개발과 활용에는 큰 책임이 따른다.
ㄴ. 과학 기술은 인류의 복지 증진에 이바지해야 한다.
ㄷ. 과학 기술은 자연을 탐구하여 객관적 진리를 발견하는 것으로 충분하다.
ㄹ. 과학 기술의 사회적 영향을 고려하거나 그 결과에 책임을 물을 필요가 없다.

① ㄱ, ㄴ   ② ㄱ, ㄷ   ③ ㄴ, ㄷ
④ ㄴ, ㄹ   ⑤ ㄷ, ㄹ

04 다음과 같이 과학 기술인 헌장을 만들 때 담길 내용으로 바람직하지 <u>않은</u> 것은?

> 과학 기술인 헌장
> 1. 우리는 인류의 행복을 실현한다.
> 2. _____
> 3. _____
> 4. _____
> 5. _____

① 우리는 세계 평화에 기여한다.
② 우리는 깨끗한 자연환경을 만든다.
③ 우리는 사회적 책임과 윤리 의식을 지닌다.
④ 우리는 건전하고 지속 가능한 발전을 이룩한다.
⑤ 우리는 현세대보다 미래 세대의 행복을 우선한다.

정복! 서술형 문제

01 다음 사진을 보고 물음에 답해 보자.

(가)   (나)

▲ 기계로 제품을 대량 생산하   ▲ 로봇을 활용하여 수술하는
는 모습   모습

(1) (가), (나)를 통해 알 수 있는 과학 기술의 긍정적
혜택을 각각 써 보자.

----

(2) (1) 외에 과학 기술이 가져다주는 혜택을 정보
통신 기술의 발전과 관련하여 서술해 보자.

----

02 다음 글을 읽고 물음에 답해 보자.

> 과학 기술의 발전에는 긍정적 측면과 아울러
> 부정적 측면도 있다. 무엇보다 ㉠ 인간이 과학
> 기술에 종속될 위험이 있다.

(1) ㉠이 뜻하는 바가 무엇인지 서술해 보자.

----

(2) ㉠의 구체적 사례를 두 가지 서술해 보자.

----

03 다음 글을 읽고 물음에 답해 보자.

> 20세기 초 독일의 과학자 프리츠 하버는 암모
> 니아를 합성하는 방법을 연구하였으며, 제1차
> 세계 대전에서 살포한 독가스를 개발하였다.
> 하버는 암모니아 합성 방법을 발견한 공로로
> 1918년 노벨 화학상을 받았지만, 우리는 하버
> 를 아인슈타인처럼 위대하고 존경받는 과학자
> 로 기억하지 않는다.

(1) 밑줄 친 부분의 이유를 과학 기술의 책임과 관
련하여 서술해 보자.

----

(2) 과학 기술에 책임이 필요한 까닭을 세 가지 서
술해 보자.

----

04 다음 글을 통해 알 수 있는 과학 기술의 바람직한 활용
방향을 세 가지 서술해 보자.

> 콜롬비아에는 아주 특별한 마을이 있어요. 나
> 무 한 그루조차 살기 힘든 황무지에 세운 가비
> 오타스라는 마을이에요. 환경적으로 건전하고
> 지속 가능한 발전을 위해 여러 분야의 과학자
> 들이 힘을 모았어요. 그 나라, 그 지역, 그 시
> 대의 환경과 조건에 알맞은 과학 기술을 개발
> 해야 한다고 생각하는 사람들이었지요. 그들은
> 마을 주변에 자생력이 강한 소나무를 심고, 버
> 려진 잡동사니로 만든 풍차, 전기가 아닌 태양
> 열을 쓰는 냉장고, 물을 길어 올리는 놀이 기구
> 로 사막 위에 오아시스를 만들었어요.
>   – 가치를 꿈꾸는 과학 교사 모임, 《과학, 일시 정지》 –

3 삶의 소중함

✏️ 핵심 POINT

• 삶이 소중한 이유
• 나의 삶을 소중하게 만드는 것

⊙ 슈바이처
독일계 프랑스 의사로서 아프리카에서 병원을 개설하여 생명을 구하는 데 헌신하고 인류애를 실천하였음.

01 무엇이 나의 삶을 소중하게 만드는가?

1. 삶이 소중한 까닭은?

(1) 생명은 우리 삶에서 가장 소중함: 생명은 한번 잃으면 되찾을 수 없고, 다른 것으로 대체할 수도 없음.

(2) 우리의 삶이 소중한 까닭은 생명 그 자체에 있음: 생명은 그 자체로서 인간에게 신성한 것임(슈바이처).

2. 나의 삶을 소중하게 만드는 것은?

(1) 주변 사람들과의 관계: 다른 사람들과 인연을 맺고 그것을 지켜 나가는 가운데 삶의 소중함을 느낄 수 있음.

(2) 자신이 이루고 싶은 꿈이나 소망: 꿈을 이루기 위해 노력하고 성취하는 과정에서 행복을 누리며 삶의 소중함을 느낄 수 있음.

(3) 취미나 종교 활동, 좋아하는 옷이나 음식, 가지고 싶던 물건을 얻을 때의 기쁨 등

(4) 자신이 소중하다고 여기는 것이 모두 삶을 의미 있고 가치 있게 만들어 주는 것은 아님. ➡ 자신의 생각과 달리 진정한 의미와 가치를 지니지 못하는 것도 있기 때문

(5) 무엇이 진정으로 자신의 삶을 소중하게 만들어 주는지 깊이 성찰해야 함. ➡ 이를 통해 삶을 더욱 소중히 여기며 의미 있게 가꾸어 나갈 수 있음.

✏️ 핵심 POINT

• 죽음의 의미와 특성
• 죽음을 성찰하는 일의 중요성

⊙ 불가역성
변화를 일으킨 것이 원래 상태로 돌아오지 아니하는 성질

02 죽음을 어떻게 생각해야 할까?

1. 죽음의 의미와 특성

(1) 죽음의 의미: 생명체의 모든 기능이 완전히 정지되어 원형대로 회복할 수 없는 상태

(2) 죽음의 특성

① 보편성과 필연성: 어떤 지위에 있든 많은 재산을 가졌든 간에 모든 사람은 죽는다는 사실을 피할 수 없음.

② 예측 불가능성: 죽음의 순간이 언제 올지 알기 어려움. ➡ 누군가는 수명을 다해 자연스럽게 죽기도 하지만 다른 누군가는 갑작스러운 사고를 당하기도 함.

③ 불가역성: 사람은 죽은 이후에 다시 되돌릴 수 없음.

교과서 자료 놓치지 말자! **사람은 무엇으로 사는가**

 풀어봐 100쪽 05번 문제

가난한 농부 바흠의 사정을 가엾게 여긴 어떤 땅 주인이 바흠에게 약속했다. "해 뜰 때부터 해 질 때까지 밟은 땅을 모두 주겠다." 이튿날, 바흠은 밟은 땅에 표시하며 한 걸음 한 걸음 더 멀리 갔다. 그의 욕심은 끝이 없었다. "더 많이 가지겠어." 해 질 무렵 바흠은 너무 먼 곳에서 돌아오느라 완전히 지쳐 버렸다. 간신히 돌아온 바흠은, 결국 그 땅에 농사 한 번 지어 보지 못하고 그 자리에서 죽었다.

— 톨스토이, 《사람은 무엇으로 사는가》 —

쉬운 해설 바흠은 자신의 삶을 소중하게 만들어 준다고 여기는 것을 추구했지만 그것은 잘못된 욕심이었어. 의미 있고 가치 있는 삶을 살기 위해서는 무엇이 진정으로 자신의 삶을 소중하게 만들어 주는지 깊이 성찰해야 한다는 점을 놓치지 말자!

2. 죽음에 관한 도덕적 성찰

(1) 삶의 유한성과 소중함에 대한 자각: 인간은 나이가 들면 늙고 병들어 생을 마감할 수밖에 없는 유한한 존재임. ➡ 삶의 유한성을 깨달으면 남은 삶과 주위 사람들이 더욱 소중하게 다가오게 됨.

(2) 충실하고 올바른 삶에 대한 다짐: 단 한 번뿐인 삶을 사는 동안 후회가 없도록 현재의 삶에 최선을 다하게 됨.

(3) 마음의 평정을 찾는 계기: 죽음을 삶의 자연스러운 과정으로 받아들임. ➡ 인간의 생로병사를 초연하게 받아들이고 주어진 삶에 감사하며 살아갈 수 있음.

⊙ 성찰(省察)
자신의 마음을 반성하고 살핌.

⊙ 평정(平靜)
평안하고 고요함.

⊙ 생로병사(生老病死)
사람이 나고 늙고 병들고 죽는 네 가지 고통

03 삶을 의미 있게 살아가기 위해 무엇을 할 것인가?

1. 의미 있는 삶의 추구

(1) 삶을 헛되이 보내는 사람이 있는 반면, 의미 있는 삶을 추구하는 사람도 있음.

(2) 인간은 삶의 유한성 속에서도 의미 있는 삶을 살기 위해 노력하는 존재: 자신의 삶에 의미를 부여하고 그것을 추구할 때, 의미 있는 삶을 살아갈 수 있음.

2. 의미 있는 삶을 위한 구체적 노력

(1) 보람과 만족 추구하기

① 의미 있는 삶을 살아가려면 꿈을 실현하면서 보람과 만족을 추구해야 함.

② 삶의 목표와 꿈을 실현하고자 꾸준히 노력할 때 보람과 만족을 느끼고 의미 있게 살 수 있음.

(2) 현재의 삶에 충실하기

① 지금 이 순간은 다시 돌아오지 않는 소중한 순간

② 현재를 소중히 여기고 지금 해야 할 일에 최선을 다할 때 의미 있는 삶을 살 수 있음.

(3) 높은 이상 추구하기

① 학문을 탐구하여 진리를 추구함. 예 석주명의 나비 연구

② 도덕적인 옳고 그름을 가려 더욱 올바르게 살고자 노력함. 예 나이팅게일의 헌신

③ 예술을 창조하고 누리며 아름다움을 추구함. 예 미켈란젤로의 예술 작품 창작

④ 종교 활동 등을 통해 경건함과 성스러움을 추구함.

📝 **핵심 POINT**

• 의미 있는 삶의 추구
• 의미 있는 삶을 살기 위한 구체적 노력

⊙ 이상(理想)
생각할 수 있는 범위 안에서 가장 완전하다고 여겨지는 상태

⊙ 석주명
우리나라의 곤충학자로서 나비 연구에 평생을 바침.

교과서 자료 | 놓치지 말자! **죽음 앞으로 미리 달려가 보라**  101쪽 09번 문제

독일 철학자 하이데거(Heidegger, M., 1889~1976)는 인간의 삶에는 본래 어떤 의미가 있는 것이 아니라 자기 삶에 스스로 의미를 부여하는 것이라고 주장하면서, 진정한 자기의 모습으로 살아가고 싶으면 '죽음 앞으로 미리 달려가 볼 것'을 제안하였다. 누구든 1년이나 2년 후쯤 죽는다고 상상해 보면 비로소 정말 자신이 해야 할 일이 무엇인지, 하지 말아야 할 일은 무엇인지 알게 된다는 것이다. 그의 조언에 따라, 사는 것이 지겹거나 힘들거나 무의미하게 느껴질 때 죽음 앞으로 미리 달려가 보는 것은 어떨까. 아무리 지겹고 힘든 일이라도 그저 하는 것이 아니라 스스로 선택하고 결정하면서 해 나가면 그 일의 의미는 전혀 달라진다. 지금까지 중요하게 여기던 일이 하찮은 일로 변하기도 하고, 그 반대로 시시하게 여기던 일이 매우 소중하게 다가오기도 할 것이다. – 김용규, 《철학 통조림 달콤한 맛》 –

쉬운 해설 우리가 죽음에 이를 수밖에 없는 유한한 존재라는 점을 깨달으면 남은 삶과 주위 사람들이 더욱 소중하게 다가올 거야. 이처럼 죽음을 진지하게 성찰할 때 우리는 삶을 더욱 소중히 여기고 충실한 삶을 살 수 있다는 점을 놓치지 말자!

확인! 기본 문제

01 다음 빈칸에 들어갈 정답을 낱말 퍼즐 속에서 찾아 동그라미로 표시하시오.

생	명	이	상	죽	현	실
로	예	술	성	음	도	덕
병	올	바	른	삶	성	아
사	진	유	한	성	스	름
회	평	천	국	찰	러	다
성	정	도	덕	성	움	움
종	교	경	건	함	진	리

(1) 슈바이처 박사는 "(   )은(는) 그 자체로서 인간에게 신성한 것이다."라고 말했다.

(2) (   )은(는) 인간이 태어나서 늙고 병들고 죽는 네 가지 고통을 말한다.

(3) (   )은(는) 생명체의 모든 기능이 완전히 정지되어 원형대로 회복할 수 없는 상태를 말한다.

(4) 우리는 죽음에 관하여 도덕적으로 (   ) 해 봄으로써 좀 더 의미있게 살아갈 수 있다.

(5) 죽고 나면 내가 사랑하는 모든 사람, 내가 소중하게 여겼던 모든 것과 헤어진다. 삶의 (   )을(를) 깨달으면 남은 삶과 주위 사람들이 더욱 소중하게 다가올 것이다.

02 밑줄 친 부분을 바르게 고쳐 쓰시오.

(1) 인간은 학문을 탐구하여 진리를 추구하고, 예술적인 옳고 그름을 가려 더욱 올바르게 살고자 노력한다.   (   )

(2) 과거의 삶에 충실해야 한다. 지금 이 순간은 두 번 다시 돌아오지 않는 소중한 순간이다.   (   )

(3) 인간은 누구나 나이가 들면 늙고 병들어 마침내 생을 마감할 수밖에 없는 무한한 존재이다.   (   )

03 다음 내용을 서로 알맞게 연결하시오.

(1) 불가역성 •

(2) 보편성과 필연성 •

(3) 예측 불가능성 •

• ㉠ 죽음은 돌이킬 수 없다.

• ㉡ 모든 인간은 언젠가 죽는다.

• ㉢ 죽음의 순간이 언제 올지는 알기 어렵다.

04 밑줄 친 부분을 바르게 고쳐 쓰시오.

(1) 이상(理想)은 평안하고 고요한 상태이다.   (   )

(2) 평정(平靜)은 자기의 마음을 반성하고 살핀다는 것이다.   (   )

(3) 성찰(省察)은 생각할 수 있는 범위 안에서 가장 완전하다고 여겨지는 상태이다.   (   )

05 다음 설명이 적절하면 ○ 표, 그렇지 않으면 X 표를 하시오.

(1) 죽음에 관한 성찰은 마음의 평정을 잃게 하고 자신에게 충실하고 올바른 삶을 살 수 없도록 한다.   (   )

(2) 죽음을 삶의 자연스러운 과정으로 받아들이면 죽음을 두려워하는 대신 인간의 생로병사를 초연하게 받아들일 수 있다.   (   )

06 다음 중 옳은 내용에 ○ 표를 하시오.

(1) 인간은 자연의 시공간적 제약을 벗어나지 못하는 유한한 존재이지만, 이러한 한계를 극복하기 위해 높은 (이상, 현실)을 추구해 왔다.

(2) 인간은 예술을 창조하고 누리며 아름다움을 추구하고, (종교, 학문) 활동을 통하여 경건함과 성스러움을 추구하며 의미 있는 삶을 살고자 한다.

향상! 실력 문제

01 다음 글이 주는 교훈으로 가장 적절한 것은?

> 민희는 감기에 심하게 걸려 병원에 입원하였고, 의사 선생님이 여러 가지 검사가 필요하다고 해서 며칠 동안 병원에서 지내게 되었다. 꼼짝없이 병실에 누워 있으니 평소에 학교에서 수업받던 일이며, 친구들과 함께 급식 먹던 일과 운동장에서 뛰놀던 일이 너무나 그리웠다. 건너편 병실에 누워 있는 친구는 큰 병에 걸려서 살 수 있는 날이 얼마 남지 않았다고 한다. "내가 지금 가장 하고 싶은 일은 운동장에서 마음껏 뛰어노는 것이야."라는 그 친구의 말에 민희는 살아 있음이 얼마나 감사한 일인지 깨달았다. 드디어 퇴원하는 날, 민희는 '이제부터 건강하게 하루하루 지내는 일상을 소중하게 생각하자.'라고 다짐하였다.

① 친구의 아픔을 함께 나누어야 한다.
② 친구들과 바람직한 관계를 맺는 일이 중요하다.
③ 내가 하고 싶은 일보다는 해야 할 일을 먼저 해야 한다.
④ 하루하루의 일상보다는 커다란 성취를 할 수 있는 일에 더욱 신경 쓸 필요가 있다.
⑤ 평범한 일상에서 삶의 소중함을 쉽게 잊고 지내지만, 우리의 삶이 소중함을 깨달아야 한다.

02 다음 주장과 거리가 <u>먼</u> 것은?

> "생명은 그 자체로서 인간에게 신성한 것이다."
> – 슈바이처 –

① 생명은 우리의 삶에서 가장 소중한 것이다.
② 생명은 우리에게 그 자체로서 중요한 것이다.
③ 우리의 삶이 소중한 이유는 생명 그 자체에 있다.
④ 생명은 잃으면 되찾을 수 없고 다른 것으로 대체할 수도 없다.
⑤ 생명은 우리 삶의 과정에서 무엇인가를 얻기 위한 수단이 된다.

03 다음 대화에서 알 수 있는 내용으로 가장 적절한 것은?

> 갑: 누가 나를 믿어 주거나 아껴 줄 때 나는 삶의 소중함을 다시 한 번 느낄 수 있었어.
> 을: 그래, 다른 사람들과 인연을 맺고 그것을 지켜 나가는 가운데 삶의 소중함을 느낄 수 있는 거야.

① 우리는 가지고 싶던 물건을 얻었을 때 기쁨을 느끼기도 한다.
② 우리는 취미나 종교 활동을 통해 삶의 즐거움을 느끼기도 한다.
③ 우리는 주변 사람과의 관계 속에서 삶의 소중함을 느끼고는 한다.
④ 우리는 커다란 위기에 닥쳤을 때 비로소 삶의 소중함을 알게 된다.
⑤ 우리는 간절한 꿈이나 소망 등을 이루어 나가며 삶의 소중함을 알게 된다.

04 밑줄 친 부분에 들어갈 내용으로 가장 적절한 것은?

> 자신이 소중하다고 여기는 것이 모두 삶을 의미 있고 가치 있게 만들어 주는 것은 아니다. 자신의 삶을 소중하게 만들어 준다고 여기는 것이 진정한 의미와 가치를 지니지 않는 일도 있다. 따라서 우리는 _____
> _____

① 다른 사람이 시키는 일을 충실히 해야 한다.
② 삶의 진정한 의미와 가치를 추구하기가 어렵다.
③ 자신이 소중하다고 여기는 것을 선택하는 삶을 살아야 한다.
④ 자신의 삶을 소중하게 만들어 주는 것을 추구하려는 노력을 포기해야 한다.
⑤ 무엇이 진정으로 자신의 삶을 소중하게 만들어 주는지 깊이 성찰해 볼 필요가 있다.

05 다음 글의 주인공에게 해 줄 수 있는 조언으로 가장 적절한 것은?

> 가난한 농부 바흠의 사정을 가엾게 여긴 어떤 땅 주인이 해 뜰 때부터 해 질 때까지 밟은 땅을 모두 주겠다고 바흠에게 약속했다. 이튿날, 바흠은 밟은 땅에 표시하며 한 걸음 한 걸음 더 멀리 갔다. 조금이라도 더 많이 가지겠다는 그의 욕심은 끝이 없었다. 해 질 무렵 바흠은 먼 곳에서 돌아오느라 완전히 지쳐 버렸다. 간신히 돌아온 바흠은, 결국 그 땅에 농사 한 번 지어 보지 못하고 그 자리에서 죽었다.
>
> – 톨스토이, 《사람은 무엇으로 사는가》 –

① 삶을 소중하게 만드는 것은 물질적 가치이다.
② 가지고 싶은 것을 얻을 때 기쁨을 누릴 수 있다.
③ 목표를 이루기 위해 끝까지 최선을 다해야 한다.
④ 꿈을 이루기 위해 노력하고 성취하는 과정에서 행복을 누릴 수 있다.
⑤ 자신이 소중하다고 여겼던 것이 진정한 의미와 가치를 지니지 않을 수 있다.

06 다음 글에서 노벨이 삶에 대한 태도를 바꾼 이유로 가장 적절한 것은?

> 알프레드 노벨은 다이너마이트를 발명하여 큰 부자가 되었다. 어느 날 신문을 보던 노벨은 깜짝 놀랐다. 그의 형이 죽은 것을 신문사가 그의 죽음으로 잘못 알고 '죽음의 상인 노벨, 사망하다.'라는 제목의 기사를 낸 것이다. 이 사건으로 노벨은 자기 삶을 돌아보게 되었다. "세상 사람들이 나를 죽음의 상인이라고 부르다니, 그동안 내가 잘못 살았군. 남은 재산을 사회에 되돌려 줄 수 있게 유언장을 고쳐야겠어."

① 많은 부를 축적하였기 때문
② 더 큰 경제적 성공이 필요했기 때문
③ 형제 사이의 우애가 무엇보다 중요했기 때문
④ 유언장의 수정을 통해 자신에 대한 부정적 평가를 긍정적으로 바꿀 수 있었기 때문
⑤ 자신의 삶과 죽음에 관한 사람들의 평가를 경험하고 삶의 의미를 다시 생각하였기 때문

07 다음 글을 통해 알 수 있는 죽음의 특성만을 〈보기〉에서 있는 대로 고른 것은?

> 한 여인이 귀하게 키우던 외아들을 잃고 깊은 슬픔에 잠겼다. 여인은 아들이 다시 살아 돌아올 수만 있다면 무슨 짓이든 할 마음으로, 마을에서 가장 현명한 어른을 찾아가 도움을 청했다. 그 어른이 말했다. "아무도 죽은 적이 없는 집에서 겨자씨 한 줌을 얻어 오시오." 어른의 주문에 따라 여인은 집집마다 찾아다니며 혹시 집안에 아무도 죽은 적이 없는지 묻고 다녔으나 그런 집은 단 한 집도 없었다.
>
> – 일아, 《한 권으로 읽는 빠알리 경전》 –

〈보기〉
ㄱ. 보편성   ㄴ. 필연성
ㄷ. 불가역성   ㄹ. 예측 가능성

① ㄱ, ㄴ   ② ㄴ, ㄷ   ③ ㄷ, ㄹ
④ ㄱ, ㄴ, ㄷ   ⑤ ㄴ, ㄷ, ㄹ

08 다음 글이 말하고자 하는 바로 가장 적절한 것은?

> 인간은 누구나 나이가 들면 늙고 병들어 마침내 생을 마감할 수밖에 없는 존재이다. 죽고 나면 내가 사랑하는 모든 사람, 내가 소중하게 여겼던 모든 것과 헤어진다. 이러한 깨달음을 통해 남은 삶과 주위 사람들이 더욱 소중하게 다가올 것이다.

① 죽음에 관한 성찰은 마음의 평정을 잃게 한다.
② 죽음을 성찰하면 삶이 아무런 의미가 없음을 깨달을 수 있다.
③ 죽음에 관한 성찰을 통해 삶의 유한성과 소중함을 깨달을 수 있다.
④ 죽음을 자연스러운 과정으로 받아들이면 죽음으로부터 초연해질 수 있다.
⑤ 죽음을 성찰함으로써 더욱 소극적이고 수동적인 삶의 자세를 지닐 수 있다.

09 밑줄 친 ㉠에 들어갈 내용으로 가장 적절한 것은?

> 철학자 하이데거는 인간의 삶에는 본래 어떤 의미가 있는 것이 아니라 자기 삶에 스스로 의미를 부여하는 것이라고 주장하면서, 진정한 자기의 모습으로 살아가고 싶으면 '죽음 앞으로 미리 달려가 볼 것'을 제안하였다. 누구든 1년이나 2년 후쯤 죽는다고 상상해 보면 비로소 _____㉠_____는 것이다.

① 죽음을 막연히 두려워하게 된다
② 사는 것이 힘들거나 무의미하게 느껴진다
③ 죽음을 깊이 생각하지 않으려는 경향을 갖게 된다
④ 지나온 시간에 대한 후회가 찾아오고 마음의 평정심을 잃게 된다
⑤ 정말 자신이 해야 할 일이 무엇인지, 하지 말아야 할 일은 무엇인지 알게 된다

10 다음 주인공의 삶이 우리에게 주는 교훈으로 가장 적절한 것은?

> 부피에는 아들을 잃고 얼마 안 가 아내마저 세상을 떠났다. 홀로 남겨진 그는 마을을 떠나 황무지에서 살기 시작했다. 부피에는 나무 한 그루 없이 말라 죽어 가는 이 땅을 되살려 보기로 마음먹었다. 그는 아침마다 도토리 씨앗을 꺼내 매일 100개씩 심었다. 그렇게 꾸준히 나무를 심은 지 40여 년 후, 메말랐던 땅에 나무가 자라자 물이 다시 흐르고 수많은 꽃이 다투어 피었으며 새들이 돌아와 지저귀었다.
> – 장 지오노, 《나무를 심은 사람》 –

① 환경 보호는 개인의 몫이다.
② 꾸준히 노력할 때 경제적 부를 이룰 수 있다.
③ 환경을 개발할 때 진정한 행복을 찾을 수 있다.
④ 자신의 삶에 의미를 부여하고 그것을 추구할 때 의미 있는 삶을 살아갈 수 있다.
⑤ 자신이 추구하는 꿈은 자신보다는 다른 사람에게 커다란 도움이 되는 것이어야 한다.

11 다음 글과 가장 관련 있는 명언은?

> 우리 삶은 단 한 번뿐이며 언젠가는 끝이 난다. 어떤 사람들은 이러한 삶을 헛되이 보내기도 하지만, 또 어떤 사람들은 의미 있는 삶을 추구하기도 한다. 우리는 삶의 유한성 속에서도 의미 있는 삶을 살아가기 위해 노력해야 한다.

① 너 자신을 알라.
② 옛것을 찾아 새것을 안다.
③ 생명은 그 자체로서 인간에게 신성한 것이다.
④ 인생은 흘러가는 것이 아니라 채워지는 것이다.
⑤ 모두 죽는다는 것은 알지만 자기가 죽는다고 믿는 사람은 드물다.

12 민지와 은영이가 각각 주장하는 의미 있는 삶을 살기 위한 노력을 바르게 연결한 것은?

> 선생님: 의미 있는 삶을 위해 우리는 어떤 노력을 해야 할까요?
> 민 지: 삶의 목표와 꿈을 실현하고자 꾸준히 노력할 때 삶의 즐거움을 느끼고 의미 있게 살 수 있어요.
> 은 영: 이 순간은 두 번 다시 돌아오지 않는 순간입니다. 지금 해야 할 일에 최선을 다할 때 의미 있는 삶을 살 수 있어요.

	민지	은영
①	자연의 제약 벗어나기	현재의 삶에 충실하기
②	보람과 만족 추구하기	높은 이상 추구하기
③	보람과 만족 추구하기	현재의 삶에 충실하기
④	현재의 삶에 충실하기	높은 이상 추구하기
⑤	현재의 삶에 충실하기	보람과 만족 추구하기

도전! 만점 문제

01 다음 대화에서 을이 지니고 있는 삶의 태도로 적절한 것만을 〈보기〉에서 있는 대로 고른 것은?

> 갑: 이보게, 젊은이! 길거리에서 노래 부르는 것은 그만두고 제대로 된 일을 해 보게. 일 하면 더 많은 돈을 벌 수 있을 걸세.
> 을: 어르신, 제가 지금 하는 일은 제대로 된 일 이 아닙니까?
> 갑: 돈을 많이 버는 일을 하는 것이 더 좋지 않 은가?
> 을: 비록 돈을 많이 벌지는 못하지만 제게는 이 일이 소중합니다. 저뿐만 아니라 다른 사람 에게도 즐거움을 주기 때문이죠.

> **보기**
> ㄱ. 많은 돈을 벌 수 있는 일을 선택하라.
> ㄴ. 스스로 보람과 만족을 추구하면서 삶의 소 중함을 느껴라.
> ㄷ. 풍요로운 삶을 살기 위해 삶을 철저히 계획 하고 실천하라.
> ㄹ. 정신적 가치를 추구하는 삶을 살아가며 자 기 삶에 만족하라.

① ㄱ, ㄴ ② ㄴ, ㄹ ③ ㄷ, ㄹ
④ ㄱ, ㄴ, ㄷ ⑤ ㄴ, ㄷ, ㄹ

02 ㉠, ㉡에 해당하는 죽음의 특성을 바르게 연결한 것은?

> ㉠ 죽음의 순간이 언제 올지는 알기 어렵다. 누 군가는 수명이 다해 자연스럽게 죽기도 하지만 다른 누군가는 갑작스러운 사고를 당해 목숨을 잃기도 한다. 또한 ㉡ 죽음은 돌이킬 수 없다. 사람은 누구나 언젠가 생을 마감해야 하고 죽 은 이후에는 다시 되돌릴 수 없다.

	㉠	㉡
①	필연성	보편성
②	보편성	필연성
③	불가역성	예측 불가능성
④	예측 불가능성	보편성
⑤	예측 불가능성	불가역성

03 다음 글이 시사하는 바로 가장 적절한 것은?

> 많은 사람이 삶을 경주로만 봅니다. 초등학교 때부터 경주가 시작되죠. 그리고 좋은 중학교에 가야 하죠. 그때까지 행복을 미뤄요. 고등학교 에 들어가면 또 좋은 대학에 가기 위해, 좋은 대 학에 가면 대기업에 들어가기 위해, 부장이 되 기 위해, 임원이 되기 위해, 아파트 평수를 늘리 기 위해 행복을 미룹니다. 그러고 나면 어느덧 예순이 되죠.
> – 박웅현, 《여덟 단어》 –

① 종교에 대한 도덕적 성찰을 해야 한다.
② 미래의 행복을 위해 오늘의 고통을 감수해야 한다.
③ 삶의 목표와 꿈을 이루기 위해 외면적 가치를 추구해야 한다.
④ 다른 사람들과 올바른 관계를 형성할 수 있도 록 더욱 노력해야 한다.
⑤ 현재의 삶을 소중히 여기고 매 순간 행복하게 살기 위해 최선을 다해야 한다.

04 다음 사례에 대한 설명으로 가장 적절한 것은?

> • 석주명 박사는 평생을 곤충과 나비 연구에 몰두하면서 자연의 원리를 탐구하였다.
> • 나이팅게일은 전쟁의 참상을 듣고 간호사가 되어 다친 병사를 치료하는 데 헌신하였다.

① 석주명 박사는 학문을 탐구하여 진리를 추구 하였다.
② 석주명 박사는 종교 활동을 통해 의미 있는 삶 을 살고자 노력하였다.
③ 나이팅게일은 예술 작품을 창조함으로써 아름 다움과 성스러움을 추구하였다.
④ 나이팅게일은 종교적 성스러움을 추구하며 의 미 있는 삶을 살고자 노력하였다.
⑤ 석주명과 나이팅게일은 자신의 능력을 과시하 며 시공간적 제약을 벗어나려 노력하였다.

정복! 서술형 문제

01 다음 글을 읽고 물음에 답해 보자.

> 우리는 종종 어떤 것을 잃어버리고 나서야 평소에 누리던 즐거움과 삶의 소중함을 깨달을 때가 있다. 특히 (㉠)은(는) 우리 삶에서 가장 소중한 것이다. 왜냐하면 _____ ㉡ _____

(1) ㉠에 들어갈 알맞은 말을 써 보자.

---

(2) ㉡에 들어갈 적절한 내용을 서술해 보자.

---

02 다음 글을 읽고 물음에 답해 보자.

> 모리 교수는 루게릭병으로 죽음을 앞두고 있었다. 나는 그와 매주 화요일에 만나며 인생의 지혜를 배우기로 했다. 어느 날 그가 ㉠죽음에 관해 성찰해 보라고 강조하며 말했다. "모두 죽는다는 것은 알지만 자기가 죽는다고 믿는 사람은 드물다네. 만약 자기도 죽는다고 생각한다면 우리는 다른 사람이 될 텐데. 나도 곧 죽는다는 사실을 알고 나니 언제든 죽을 수 있도록 준비할 수 있다네. 또 사는 동안 자기 삶에 더 적극적으로 참여하게 되지. 어떻게 죽어야 할지 알고 나면 어떻게 살아야 할지도 배울 수 있다네."
>
> – 앨봄, 《모리와 함께한 화요일》 –

(1) 윗글에서 모리 교수가 말하고자 하는 바를 한 문장으로 서술해 보자.

---

(2) ㉠이 중요한 이유를 세 가지 서술해 보자.

---

03 다음 글을 읽고 물음에 답해 보자.

> • (㉠)은(는) 사전적 의미로 생명체의 모든 기능이 완전히 정지되어 원형대로 회복할 수 없는 상태를 말한다.
> • 우리는 신문이나 텔레비전 기사를 통해 사고, 자연재해, 전쟁 등의 소식을 통해 인명 피해를 듣고, 가까운 주위에서 친지가 돌아가신 경험을 할 때가 있다. 이처럼 (㉠)은(는) 늘 우리 가까이에 있다.

(1) ㉠에 공통으로 들어갈 알맞은 말을 써 보자.

---

(2) ㉠의 특성을 세 가지 이상 서술해 보자.

---

04 다음 글을 읽고 물음에 답해 보자.

> 오로지 한 가지 책만 책상 위에 두고 밤낮으로 마음을 가라앉혀 탐구했더니 눈으로 보는 것, 손으로 만지는 것, 입으로 읊는 것, 마음으로 생각하는 것, 붓으로 베껴 쓰는 것에서부터, 밥상을 대하고 배를 문지르는 것에 이르기까지 어느 하나 책이 아닌 적이 없었다.
>
> – 정약용, 《유배지에서 보낸 편지》 –

(1) 윗글의 주인공이 추구했던 이상은 무엇인지 써 보자.

---

(2) (1) 외에 인간이 의미 있는 삶을 살기 위해 추구하는 이상을 세 가지 서술해 보자.

4 마음의 평화

핵심 POINT

· 고통에 현명하게 대처하는 자세
· 우리가 희망할 수 있는 것

⊙ **고통(苦痛)**
일상생활 속에서 겪는 육체적 아픔이나 정신적 괴로움

⊙ **사람다운 삶**
사람으로서 마땅히 해야 하는 도덕적 행동을 적극적으로 실천하는 삶

핵심 POINT

· 부정적 감정 다스리기
· 욕심과 집착에서 벗어나기
· 용서하고 사랑하는 마음 기르기

⊙ **용서**
나에게 잘못한 사람을 향한 분노와 같은 부정적 감정을 버리고 그 사람을 긍정적으로 대하는 것

---

01 고통과 희망이 우리 삶에 지니는 의미는 무엇일까?

1. **고통이 우리에게 주는 의미**
(1) 자기반성의 계기: 고통의 원인을 반성해 보고, 이를 고치겠다고 다짐하게 됨.
(2) 성장의 기회: 고통을 다시 겪지 않도록 자신의 행동이나 마음가짐을 바로잡을 수 있고, 고통을 이겨 내며 튼튼한 몸과 굳건한 마음가짐을 지닐 수 있음.

2. **고통에 현명하게 대처하는 자세**
(1) 긍정적 마음 지니기: 고통을 삶의 일부로 받아들이고 고통의 긍정적 의미를 찾기 위해 노력해야 함.
(2) 도전 의식 지니기: 고통에 정면으로 마주하여 그 원인을 찾다 보면 고통을 극복하기 위해 할 수 있는 일을 발견할 수 있음.

3. **우리가 희망할 수 있는 것**
(1) 사람다운 삶: 사람다운 삶을 살고자 하는 사람은 어떠한 고통스러운 환경 속에서도 절망하지 않으며 인간의 존엄성과 품위를 지킬 수 있음.
(2) 마음의 평화: 마음의 평화를 희망하는 가운데 고통의 의미를 찾고 이를 이겨 내는 방법을 성찰하고 실천할 수 있음.

02 마음의 평화를 추구할 수 있는 방법은 무엇인가?

1. **부정적인 감정으로 고통스럽다면?**
(1) 마음의 평화를 얻기 위해서는 부정적 감정을 잘 다스려야 함.
(2) 부정적 감정을 조절하는 방법: 멈추기 ➡ 호흡하기 ➡ 주목하기 ➡ 반성하기 ➡ 반응하기

2. **지나친 욕심으로 고통스럽다면?**
(1) 적절한 욕구는 필요하지만 지나친 욕심이나 집착은 마음의 평화를 깨뜨림.
(2) 지나친 욕심은 고통이 따르기 마련: 헛된 욕심을 좇고 있지 않은지 되돌아보아야 함.

3. **다른 사람의 잘못으로 고통스럽다면?**
(1) 잘못한 사람을 용서하지 못하고 미워하는 마음을 키우면 마음의 평화를 해치게 됨.
(2) 용서는 분노와 증오에서 벗어나 마음의 평화를 지닐 수 있게 함.
(3) 용서는 사랑을 실천하는 일임. 예 "네 원수를 사랑하라."(예수)

교과서 자료 놓치지 말자! 마음속의 화 다스리기

 107쪽 05번 문제

만약 당신 집에 불이 났다고 가정해 보자. 그러면 당신은 무엇보다 먼저 그 불을 꺼야 한다. 방화범을 잡으러 가서는 안 된다. 만약 그를 먼저 잡으러 간다면 그사이에 집은 다 타 버릴 것이다. 당연히 불부터 먼저 꺼야 한다. 화가 치밀었을 때도 마찬가지이다. 당신을 화나게 한 상대방에게 앙갚음하려고 계속 그와 입씨름을 한다면, 그것은 마치 불이 붙은 집을 내버려 두고 방화범을 잡으러 가는 것과 같은 행동이다.
– 틱낫한, 《화》 –

쉬운 해설 마음의 평화를 추구할 때는 우선 화를 다스리는 것이 중요해. 화가 나게 한 사람을 탓하고 추궁하기보다는 내 마음속 화를 먼저 다스려야 한다는 점을 놓치지 말자!

확인! 기본 문제

01 다음 빈칸에 들어갈 정답을 낱말 퍼즐 속에서 찾아 동그라미로 표시하시오.

긍	정	적	도	자	완	고
희	망	분	노	기	전	통
일	상	생	활	반	한	괴
마	음	가	짐	성	장	로
도	전	의	식	존	재	움
부	정	적	감	정	아	픔
용	서	사	랑	욕	심	한

(1) 우리는 고통스러운 경험을 (　　　)의 계기로 삼을 수 있다. 평소에는 잘 모르다가도 몸이나 마음이 아프고 나면 자신을 되돌아보고 이를 고치겠다고 다짐하는 것이다.

(2) 고통은 (　　　)의 기회가 된다. 고통을 이겨내는 가운데 좀 더 튼튼한 몸과 굳건한 마음가짐으로 살아갈 수 있다.

(3) 우리는 고통을 삶의 일부로 받아들이고 고통의 (　　　) 의미를 찾기 위해서 노력해야 한다.

(4) 고통에 정면으로 마주하여 그 원인을 찾다 보면 고통을 극복하기 위해 할 수 있는 일을 발견할 수 있다. 이러한 (　　　)을(를) 바탕으로 고통스러운 상황을 변화시키려는 자세가 필요하다.

(5) 마음의 평화를 추구하려면 지나친 (　　　)을(를) 버려야 한다.

02 밑줄 친 부분을 바르게 고쳐 쓰시오.

(1) 마음의 평화를 추구하기 위해서는 <u>긍정적</u> 감정을 잘 다스려야 한다. (　　　)

(2) 부정적 감정을 느낄 때 자기 몸에 일어나는 변화에 주목하면 그 감정에 휩쓸리지 않고 자신을 <u>주관적</u>으로 관찰할 수 있다. (　　　)

03 다음 내용을 서로 알맞게 연결하시오.

(1) 희망 •

(2) 고통 •

(3) 용서 •

(4) 사람다운 삶 •

• ㉠ 일상생활 속에서 겪는 육체적인 아픔이나 정신적 괴로움

• ㉡ 사람으로서 마땅히 해야 할 도덕적 행동을 적극적으로 실천하는 삶

• ㉢ 고통스러운 상황이나 열악한 조건을 극복하는 힘이 되는 것

• ㉣ 나에게 잘못한 사람을 향한 부정적 감정을 버리고 그 사람을 긍정적으로 대하는 것

04 다음 설명이 적절하면 ○ 표, 그렇지 않으면 X 표를 하시오.

(1) 부정적 감정을 다스리려면 그러한 감정이 생길 때 바로 터뜨려야 한다. (　　　)

(2) 어떻게 반응하면 가장 좋은 결과를 끌어낼 수 있을지 성찰하고 실천함으로써 부정적 감정을 다스릴 수 있다. (　　　)

(3) 인간은 불완전한 존재이며 누구나 실수와 잘못을 저지를 수 있음을 인정하면 우리에게 잘못한 사람도 용서할 수 있다. (　　　)

05 다음 중 옳은 내용에 ○ 표를 하시오.

(1) 우리는 어떠한 고통 속에서도 마음의 (혼란, 평화)을(를) 희망할 수 있다.

(2) (용서, 희망)은(는) 사랑을 실천하는 일이기도 하다. 예수는 "네 원수를 사랑하라."라는 말로 잘못을 저지른 이웃에게도 사랑을 실천할 것을 강조하였다.

(3) '내가 상대방이라면 어떻게 했을까?' 등의 질문을 스스로 던지며 상황 자체를 (객관적, 주관적) 관점에서 차근차근 검토하고 반성해 보아야 한다.

01 다음 글을 통해 알 수 있는 고통이 우리 삶에서 지니는 의미로 가장 적절한 것은?

> 201〇년 12월 15일 흐렸다가 맑음
>
> 시험 시간만 되면 아랫배가 아프다. 결국, 오늘도 시험 도중에 화장실로 달려갔다. 이번 시험 성적도 엉망진창일 것이다. 왜 그렇게 배가 아픈지 곰곰이 생각해 보니 좋은 성적을 받고 싶다는 욕심만 있었을 뿐 평소에 열심히 공부하지 않고 긴장했기 때문이었다. 시험 기간에만 벼락치기로 공부하는 버릇을 이번 기회에 고쳐야겠다.

① 고통은 언제나 나쁜 것이다.
② 고통은 육체적 아픔만을 의미한다.
③ 고통은 인간이 결코 극복할 수 없는 것이다.
④ 고통스러운 경험을 자기반성의 계기로 삼을 수 있다.
⑤ 고통을 추구하는 과정에서 진정한 행복을 얻을 수 있다.

02 다음 글을 통해 알 수 있는 내용으로 가장 적절한 것은?

> 우리는 몸살로 아파기도 하고 간절히 바라던 것을 이루지 못해 괴로워하기도 한다. 누구나 이러한 고통이 달갑지 않고 할 수 있는 한 피하고 싶겠지만 고통이 꼭 나쁜 것만은 아니다. 내가 겪는 고통의 원인을 반성해 보고, 그 고통을 다시 겪지 않도록 자신의 행동이나 마음가짐을 바로잡을 수 있고, 고통을 이겨 내는 가운데 좀 더 튼튼한 몸과 굳건한 마음가짐으로 살아갈 수 있다.

① 고통은 성장의 기회가 된다.
② 고통은 신체적 발달을 가로막는다.
③ 고통은 지나친 본능에서 발생한다.
④ 고통은 스스로 만들어 가는 것이다.
⑤ 고통은 생로병사의 자연스러운 모습이다.

03 갑, 을의 주장에 대한 설명으로 적절하지 않은 것은?

> 갑: 고통에 정면으로 마주하여 그 원인을 끈기 있게 찾다 보면 고통을 극복하기 위해 할 수 있는 일을 발견할 수 있다.
> 을: 자신에게 주어진 조건이나 상황을 받아들이지 못하고 좌절하거나 포기해 버리면 고통에서 벗어나기 어렵다. 우리는 고통을 삶의 일부로 받아들이고 고통의 의미를 찾기 위해 노력해야 한다.

① 갑은 고통을 극복하고자 하는 도전 의식을 강조하고 있다.
② 갑은 고통스러운 상황을 변화시키려고 꾸준히 노력하는 자세를 요구하고 있다.
③ 을은 고통에 현명하게 대처하는 방법을 제시하고 있다.
④ 을은 고통을 다시 겪지 않도록 문제를 회피하는 방법을 제시하고 있다.
⑤ 을은 고통스러운 상황에서도 긍정적인 마음을 지닐 것을 강조하고 있다.

04 다음 글의 주인공이 고통을 대하는 모습으로 가장 적절한 것은?

> 그는 열심히 노력하면 고통을 극복할 수 있다는 희망을 품고 있었다. 이러한 희망은 고통스러운 상황이나 열악한 조건을 극복하는 힘이 되었다. 이처럼 그는 자신이 어찌할 수 없는 고통 속에서도 사람다운 사람을 희망할 수 있었다.

① 부정적 감정 속에서 괴로워할 것이다.
② 포기하고 싶은 마음에 힘겨워할 것이다.
③ 마음의 평화를 희망할 수는 없지만 절망적 상황을 극복할 것이다.
④ 고통 속에서도 절망하지 않으며 인간의 존엄성과 품위를 지킬 것이다.
⑤ 아무리 노력해도 그러한 상황이나 조건을 바꿀 수 없다는 사실에 결국 좌절할 것이다.

05 다음 글을 통해 알 수 있는 화가 났을 때 해야 할 행동으로 가장 적절한 것은?

> 만약 당신 집에 불이 났다고 가정해 보자. 그러면 당신은 무엇보다 먼저 그 불을 꺼야 한다. 방화범을 잡으러 가서는 안 된다. 만약 그를 먼저 잡으러 간다면 그 사이에 집은 다 타 버릴 것이다. 당연히 불부터 먼저 꺼야 한다. 화가 치밀었을 때도 마찬가지이다. 당신을 화나게 한 상대방에게 앙갚음하려고 계속 그와 입씨름을 한다면, 그것은 마치 불이 붙은 집을 내버려 두고 방화범을 잡으러 가는 것과 같은 행동이다.
> – 틱낫한, 〈화〉 –

① 화를 발생시킨 원인을 회피한다.
② 나의 감정과 정반대로 행동한다.
③ 나를 화나게 한 상대방을 잡기 위해 노력한다.
④ 나를 화나게 한 사람이 어떤 잘못을 했는지 꼼꼼히 따져 본다.
⑤ 나를 화나게 한 사람을 탓하기 전에 내 마음속 화부터 다스리도록 노력한다.

06 (가)~(다)에 들어갈 내용을 바르게 연결한 것은?

〈분노를 조절하는 방법〉

	(가)	(나)	(다)
①	호흡한다.	반성한다.	주목한다.
②	호흡한다.	주목한다.	반성한다.
③	주목한다.	호흡한다.	반성한다.
④	주목한다.	반성한다.	호흡한다.
⑤	반성한다.	주목한다.	호흡한다.

07 다음 글이 강조하는 부정적 감정을 다스리는 방법으로 가장 적절한 것은?

> 부정적 감정이 생겼을 때, '이 감정은 어떻게 생겼을까?', '나에게 부족한 점은 없었을까?', '내가 상대방이라면 어떻게 했을까?' 등의 질문을 스스로 던지며 상황 자체를 객관적 관점에서 차근차근 검토할 수 있다.

① 바로 감정을 터뜨리지 않는다.
② 균형 있는 관점에서 자신을 반성해 본다.
③ 반응을 멈추고 의식적으로 깊이 호흡한다.
④ 자신의 몸에 일어나는 변화를 의식적으로 관찰한다.
⑤ 현재 상황에서 가장 좋은 결과를 끌어낼 수 있도록 반응한다.

08 다음 글이 주는 교훈으로 가장 적절한 것은?

> 어떤 사람이 자신의 그림자를 잡으려고 안간힘을 쓰고 있었다. 그러나 그가 한 발짝 앞으로 나가면 그림자 역시 앞으로 나아갔다. 그 모습을 본 마을 사람들은 그의 어리석은 행동을 보고 모두 비웃었다. 마침 그곳을 지나가던 현인이 사람들에게 말했다. "이 사람을 보고 웃었다면, 여러분 자신을 향해서도 웃어야 할 것입니다. 왜냐하면, 여러분도 이 사람과 같기 때문입니다. 여러분도 도망가는 그림자를 끊임없이 뒤쫓고 있지 않습니까? 명예, 부유함, 외모의 아름다움, 권력 등과 같은 그림자를 말입니다!"
> – 크릴로프, 〈크릴로프 우화집〉 –

① 지나친 욕심을 버려야 한다.
② 상대방의 관점에서 나를 바라보아야 한다.
③ 현재 상황을 긍정적으로 받아들여야 한다.
④ 좋은 결과를 끌어낼 수 있도록 실천해야 한다.
⑤ 무엇을 얻고자 바라는 마음을 지속적으로 유지해야 한다.

도전! 만점 문제

01 다음 글의 주인공이 고통에 대처하는 자세를 〈보기〉에서 고른 것은?

> 멕시코 화가 프리다 칼로는 어린 시절 소아마비를 앓아 평생 나무다리에 의지해서 살아야 했다. 엎친 데 덮친 격으로 열여덟 살 때 교통사고를 당해 심하게 다쳤다. 그는 평생 서른 번 넘게 수술을 받았고, 보호 장구와 진통제 없이는 서 있기도 힘들었다. 그는 자신의 고통을 표현한 많은 그림을 남기며 다음과 같이 말했다. "나는 죽지 않았다. 살고 싶었고, 무엇이든 해 보기로 했다. 나는 그림을 그렇게 시작하였다."
>
> – 지식 채널e, 〈프리다〉 –

> 〈보기〉
> ㄱ. 긍정적인 마음 지니기
> ㄴ. 할 수 없는 것을 빨리 포기하기
> ㄷ. 고통을 극복하려는 도전 의식 지니기
> ㄹ. 다른 사람에게 의지하여 고통을 견디기

① ㄱ, ㄴ 　　② ㄱ, ㄷ 　　③ ㄴ, ㄷ
④ ㄴ, ㄹ 　　⑤ ㄷ, ㄹ

02 다음 글을 통해 알 수 있는 내용이 <u>아닌</u> 것은?

> 유대인 포로수용소에서 우리는 겨우 목숨을 이을 정도로만 음식을 배급받았다. 그런데 이상한 일이 일어났다. 일하지 못해 곧 굶어 죽을 사람 앞에 어느 날부터 빵 한 덩이가 놓였다. 누군가 자기 몫의 빵을 그에게 준 것이다. 최악의 상황에서도 다른 사람을 배려해 빵 한 조각을 나누면서 마지막까지 인간성을 유지하는 사람들이 있었다.
>
> – 프랭클, 〈죽음의 수용소에서〉 –

① 고통 속에서도 사람다운 삶을 희망할 수 있다.
② 절망적 상황에서도 도덕적 행동을 할 수 있다.
③ 고통을 극복하려는 노력 속에서 인간의 존엄성과 품위를 지킬 수 있다.
④ 고통 속에서는 아무리 노력해도 주어진 조건에 순응할 수밖에 없다.
⑤ 고통 속에서도 어려운 사람을 도움으로써 사람다운 사람이 될 수 있다.

03 다음 환자에게 해 줄 수 있는 적절한 조언을 〈보기〉에서 고른 것은?

> 환자: 저는 요즘 마음에 분노나 증오와 같은 부정적 감정으로 가득 차 있어요. 좀처럼 마음의 평화를 얻을 수가 없습니다. 부정적 감정을 잘 다스려 마음의 평화를 추구할 수 있는 방법은 없나요?

> 〈보기〉
> ㄱ. 부정적 감정을 느낄 때 자기 몸에 일어나는 변화에 주목하여 그 감정에 자신의 몸을 내맡기세요.
> ㄴ. 부정적 감정을 상대에게 빨리 전달하고 문제 상황이 종료될 때까지 나의 입장을 계속 주장하세요.
> ㄷ. 부정적 감정이 생길 때 그것을 바로 터뜨리기보다 잠깐 반응을 멈추고 의식적으로 깊이 호흡하며 몸과 마음을 안정시키세요.
> ㄹ. 자신이 어떠한 상황에서 부정적 감정을 느끼고 그것에 어떻게 반응하는지 미리 알아 두어 비슷한 상황에서 적절히 대처하세요.

① ㄱ, ㄴ 　　② ㄱ, ㄷ 　　③ ㄴ, ㄷ
④ ㄴ, ㄹ 　　⑤ ㄷ, ㄹ

04 다음 글과 가장 관련이 깊은 명언은?

> 용서란 나에게 잘못한 사람을 향한 분노와 같은 부정적 감정을 버리고 그 사람을 긍정적으로 대하는 것을 말한다. 이러한 용서는 사랑을 실천하는 일이기도 하다. 용서와 사랑을 실천하면 고통에서 벗어나 마음의 평화를 얻을 수 있다.

① 네 원수를 사랑하라.
② 고생 끝에 낙이 온다.
③ 인간은 열려 있는 존재이다.
④ 욕심은 고통을 부르는 나팔이다.
⑤ 왼손이 하는 일을 오른손이 모르게 하라.

정복! 서술형 문제

01 다음 글의 주인공을 통해 알 수 있는 고통에 대처하는 현명한 자세를 두 가지 서술해 보자.

숀은 중증 장애를 안고 태어났다. 그는 자라는 동안 200번 넘는 골절과 그에 따른 고통을 견뎌 냈다. 부모님은 그에게 '할 수 없는 것보다 할 수 있는 것에 집중하라.'라고 가르쳤다. 숀은 하루에 팔 굽혀 펴기 100번, 윗몸 일으키기 100번은 물론 역기와 권투까지 하며 체력을 길렀다. 멋진 근육질 몸매를 만들기 위함이 아니라 생존을 위한 노력이었다. 그는 고통 앞에 좌절하는 대신 매 순간 도전을 이어 가고 있다. "부모님은 제가 이렇게 태어난 것이 '신의 선물'이라고 하셨어요. 이런 몸으로도 해내는 저를 보면서 여러분도 자신이 할 수 있는 일은 무엇인지 생각해 보세요." – MBC 스페셜, 〈90cm의 축복〉 –

02 다음 글을 읽고 물음에 답해 보자.

유대인 포로수용소에서 포로들은 중노동을 강요당했고, 음식은 겨우 목숨을 이을 정도로만 배급받았다. 일하지 못하면 먹을 것을 전혀 주지 않았다. 그런데 어떤 사람들은 포로수용소에 갇힌 절망적인 상황에서도 다른 사람에게 자신의 빵을 나누어 주었다. 그들은 자기보다 더 약하고 어려운 사람을 도움으로써 끝까지 'ㄱ 사람다운 삶'을 추구한 것이다. 사람다운 사람을 살고자 하는 사람은 어떠한 고통스러운 환경 속에서도 _____ ㄴ

(1) ㄱ의 의미를 서술해 보자.

(2) ㄴ에 들어갈 적절한 내용을 서술해 보자.

03 다음 글을 읽고 물음에 답해 보자.

마음의 평화를 추구하기 위해서는 먼저 부정적 감정이 생길 때 그것을 바로 터뜨리기보다 _____ ㄱ . 다음으로는 자기 몸에 일어나는 변화에 주목하여 자신을 객관적으로 관찰해야 하며, 균형 있는 관점에서 자신을 반성해 보아야 한다. 즉 ' ㄴ ?' 등의 질문을 스스로 던지며 상황 자체를 객관적 관점에서 검토하고 반성해 볼 수 있어야 한다.

(1) ㄱ에 들어갈 적절한 내용을 서술해 보자.

(2) ㄴ에 들어갈 수 있는 질문을 두 가지 이상 서술해 보자.

04 다음 글을 읽고 물음에 답해 보자.

뉴욕에 사는 로드리게스 씨의 집안에는 온통 9.11 테러로 숨진 아들의 사진이 걸려 있다. 아들을 잃은 고통에서 벗어나게 도와준 사람은 뜻밖에도 아들을 죽음으로 내몬 테러 가담자의 어머니이다. 두 사람은 오래 대화를 나누었고, 테러 가담자의 사정을 이해할 수 있었다. 로드리게스 씨는 말했다. "(ㄱ)은(는) 다른 사람을 위한 것처럼 보이지만 실은 나를 위한 행동이에요. 내 가슴을 짓누르던 분노와 증오를 걷어 가기 때문이지요." –〈동아일보〉, 2011년 9월 6일 –

(1) ㄱ에 들어갈 알맞은 말을 써 보자.

(2) 윗글에서 유추할 수 있는 마음의 평화를 얻는 방법을 서술해 보자.

III 단원 한눈에 보기

III-1 자연관

01 인간은 자연의 주인일까?

자연을 바라보는 관점	인간 중심주의	• 인간이 자연의 주인이라고 보는 관점 • 자연의 도구적 가치 중시
	생태 중심주의	• 자연은 그 자체로 소중하다고 보는 관점 • 자연의 본래적 가치 중시
인간과 자연의 바람직한 관계		인간과 자연은 서로 영향을 주고받는 관계이므로 조화롭게 공존하는 것이 바람직함.

02 환경에 관한 가치관과 소비 생활은 어떤 관계가 있을까?

물질 주의적 소비 생활	의미	물질적 만족을 최고의 가치로 여기는 소비 생활
	문제점	• 지구의 한정된 자원을 고갈시킴. • 지구 생태계의 자정 능력을 위협함.
환경 친화적 소비 생활	의미	생태계의 지속 가능성을 고려하는 소비 생활
	중요성	• 일상생활에서 실천할 수 있는 환경 보전의 방법임. • 인간과 자연이 조화를 이룸으로써, 현세대뿐만 아니라 미래 세대의 행복한 삶을 보장할 수 있음.

03 환경친화적 삶을 위한 구체적인 실천 방안은 무엇일까?

환경 친화적 삶	개인적 노력	• 자원의 소비 줄이기 • 쓸모 있는 물건 재사용하기 • 자원 재활용하기
	사회적 노력	환경친화적 삶을 지원하기 위한 제도와 시설 마련 예 그린카드 제도, 환경세 제도 등
	국제적 협력	• 여러 나라가 다양한 국제 협약을 맺고 이를 실천하고 있음. • 국제 연합을 비롯한 여러 국제기구, 환경 단체 등이 환경 문제 해결을 위해 노력하고 있음.

III-2 과학과 윤리

01 과학 기술은 모든 문제를 해결해 줄 수 있을까?

과학 기술	긍정적 영향	• 물질적 풍요와 편리 증진 • 건강 증진과 생명 연장 • 사람들 사이의 교류 확대
	문제점과 한계	• 새로운 기술을 악용한 인권 및 사생활 침해 • 인간이 과학 기술에 종속될 위험 • 생명의 존엄성 훼손 • 환경 파괴 가속화 및 인류의 평화 위협

02 과학 기술에 책임이 필요한 이유는 무엇인가?

과학 기술에 책임이 필요한 이유	• 과학 기술을 잘못된 방향으로 개발·활용하면 수많은 사람에게 피해를 줄 수 있음. • 과학 기술의 영향력이 넓어지고, 부작용을 예측하기 어렵기 때문에 과학 기술 개발에 신중해야 함.
과학 기술의 바람직한 활용	• 인간 존엄성과 인권 향상을 위해 쓰여야 함. • 인류의 복지 증진에 이바지해야 함. • 미래 세대에 관한 책임까지 고려해야 함.

III-3 삶의 소중함

01 무엇이 나의 삶을 소중하게 만드는가?

삶이 소중한 이유	• 생명은 한번 잃으면 되돌릴 수 없고 다른 것으로 대체할 수 없음. • 우리의 삶이 소중한 까닭은 생명 그 자체에 있음.
나의 삶을 소중하게 만드는 것	• 주변 사람들과의 관계 • 간절한 꿈이나 소망 등 • 취미, 종교 활동, 좋아하는 옷이나 음식 등

02 죽음을 어떻게 생각해야 할까?

죽음	의미	생명체의 모든 기능이 완전히 정지되어 원형대로 회복할 수 없는 상태
	특성	보편성, 필연성, 예측 불가능성, 불가역성
죽음에 관한 도덕적 성찰		• 삶의 유한성과 소중함을 깨달을 수 있음. • 충실하고 올바르게 살아야겠다고 다짐하게 됨. • 마음의 평정을 찾는 계기가 될 수 있음.

03 삶을 의미 있게 살아가기 위해 무엇을 할 것인가?

의미 있는 삶의 추구	인간은 삶의 유한성 속에서도 의미 있는 삶을 살기 위해 노력하는 존재임.
의미 있는 삶을 위한 노력	• 꿈을 실현하면서 보람과 만족을 추구해야 함. • 현재의 삶에 충실해야 함. • 높은 이상을 추구해야 함.

III-4 마음의 평화

01 고통과 희망이 우리 삶에 지니는 의미는 무엇일까?

고통이 주는 의미		• 자기반성의 계기가 됨. • 성장의 기회가 됨.
고통에 현명하게 대처하는 자세	긍정적 마음	고통을 삶의 일부로 받아들이고 고통의 긍정적 의미를 찾기 위해 노력해야 함.
	도전 의식	도전 의식을 바탕으로 고통스러운 상황을 변화시키려고 꾸준히 노력해야 함.
우리가 희망할 수 있는 것	사람다운 사람	사람다운 삶을 살고자 하는 사람은 어떤 고통 속에서도 절망하지 않고 인간의 존엄성과 품위를 지킬 수 있음.
	마음의 평화	마음의 평화를 희망하는 가운데 고통의 의미를 찾고, 이를 극복할 수 있는 방안을 성찰하고 실천할 수 있음.

02 마음의 평화를 추구할 수 있는 방법은 무엇인가?

고통의 원인	부정적 감정	• 마음에 분노나 증오와 같은 부정적인 감정이 가득 차 있으면 마음의 평화를 얻을 수 없음. • 멈추기 → 호흡하기 → 주목하기 → 반성하기 → 반응하기의 단계에 따라 다스릴 수 있음.
	지나친 욕심	• 지나친 욕심을 부리면 마음의 평화가 깨짐. • 헛된 욕심을 좇고 있지 않은지 되돌아보고 지나친 욕심이 마음의 평화를 깨뜨리지 않도록 경계함.
	다른 사람의 잘못	• 잘못한 사람을 원망하고 증오하면 마음의 평화가 깨지고 고통스러움. • 자신에게 잘못한 사람을 용서함으로써 분노와 증오에서 벗어나 마음의 평화를 지닐 수 있음.

마무리! 대단원 실전 문제

※ [01~02] 다음 글을 읽고 물음에 답해 보자.

꿀벌은 꽃의 수술과 암술을 교배시켜 열매를 맺도록 돕는다. 이러한 꿀벌은 식물의 교배를 돕는 곤충 중 70%가량을 차지하며, 생태계의 큰 축을 담당하고 있다. 하지만 요즈음 이러한 꿀벌이 사라지는 '꿀벌 군집 붕괴 현상'이 나타나고 있다. 그린피스에 따르면 최근 10년간 미국에서는 꿀벌의 개체 수가 40%가량 감소하였으며, 해마다 피해는 더 늘어나고 있다. 공기 오염, 살충제 살포, 전자파 발생, 지구 온난화 등 '인간의 욕심'에서 비롯된 무분별한 개발이 그 원인으로 꼽힌다. — 《매일경제》, 2016년 10월 6일 —

01 위와 같은 문제의 발생과 가장 관계 깊은 자연관은?

① 인간 중심주의　　② 생태 중심주의
③ 동물 중심주의　　④ 생명 중심주의
⑤ 상호 배타주의

02 위와 같은 문제의 근본적인 원인을 〈보기〉에서 고른 것은?

> **보기**
> ㄱ. 자연의 도구적 가치를 중시함.
> ㄴ. 자연의 본래적 가치를 중시함.
> ㄷ. 자연 그 자체의 가치를 인정함.
> ㄹ. 자연을 인간의 필요를 충족시키는 수단으로 봄.

① ㄱ, ㄴ　　② ㄱ, ㄷ　　③ ㄱ, ㄹ
④ ㄴ, ㄷ　　⑤ ㄴ, ㄹ

03 자연을 바라보는 관점이 나머지와 다른 학생은?

① 찬영: 인간이 자연보다 우월해.
② 수미: 자연은 인간을 위해 존재하는 거야.
③ 세찬: 인간은 생명 공동체의 구성원일 뿐이야.
④ 희영: 인간은 자연을 정복하고 지배할 수 있는 존재야.
⑤ 승준: 자연을 마음껏 이용할 때 인간의 삶이 풍요로워질 수 있어.

04 다음 사례와 관련된 설명으로 적절하지 않은 것은?

'탄소 없는 섬 제주 만들기' 정책의 목표는 순수한 풍력 에너지로만 달리는 탄소 발생 제로의 전기차가 유일한 교통수단이 되는 것이다. 제주시는 여기서 한 단계 더 나아가 인공 지능(AI)과 센서, 사물 인터넷(IoT), 빅데이터, 5G 등 신기술을 끌어모아 자율 주행차와 스마트 관광을 위한 최적의 환경을 조성하고 교통 체계와 에너지 산업, 산업 구조와 생활 문화까지 대대적으로 융합해 나가려는 구상을 하고 있다. 이와 같은 노력을 통해 에너지 자립 도시를 만들어 아시아를 넘어 전 세계 도시를 대상으로 '제주발 성공 모델'이 널리 퍼지길 기대한다. — 《국제신문》, 2018년 1월 29일 —

① 인간과 자연이 조화롭게 공존하려는 노력이다.
② 환경적으로 건전하고 지속 가능한 발전을 추구한다.
③ 자연의 가치를 인간의 편리와 유익함에 따라 평가한다.
④ 인간과 자연이 서로 영향을 주고받는 관계임을 인정한다.
⑤ 환경 보전과 경제 성장 간의 균형을 이루는 발전을 추구한다.

서술형

05 ㉠에 들어갈 알맞은 말을 써 보자.

우리는 과거보다 더 풍요로운 삶 속에서 많은 것을 소비하고도 우울·불안·중독 등을 겪는 사람들을 종종 볼 수 있다. 이러한 사람들을 일컬어 '어플루엔자'에 감염되었다고 한다. 어플루엔자에 걸린 사람들은 최신 가전제품이나 이름난 물건을 사기 위해 더 오래 일하고, 조급해지며, 스트레스를 받는다. 이러한 (㉠) 소비 생활은 자원 고갈과 환경 파괴로 이어져 더 큰 문제라고 할 수 있다. — 네일러 외, 《어플루엔자》 —

06 다음 글에서 얻을 수 있는 교훈으로 가장 적절한 것은?

> 아마존의 밀림이 하루가 다르게 파괴되고 있다. 그런데 그 원인 중 하나는 우리가 먹는 햄버거에 들어가는 고기를 만들기 위해서이다. 가축을 기르기 위해서는 목초지가 있어야 하는데, 이 목초지를 만들기 위해 아마존의 산림을 불태우고 있다. 여기서 끝이 아니다. 가축에게 먹일 곡물을 기르기 위해서는 또 다른 숲을 불태워야 한다. 숲을 태우고 가축을 기르는 과정에서 이산화탄소, 메탄가스 등의 온실가스가 배출되는데, 온실가스 배출량이 늘어나는 것은 지구 온난화의 원인 중 하나이다.

① 환경의 도구적 가치를 중시해야 한다.
② 경제적 편익을 우선하는 소비 생활이 필요하다.
③ 우리의 일상적인 소비 생활은 환경에 영향을 끼치지 않는다.
④ 생태계가 지속할 수 있도록 하는 소비 생활에 관심을 가져야 한다.
⑤ 물질주의적 소비 생활로 인한 문제는 지구 생태계의 자정 능력을 통해 해결해야 한다.

07 다음과 같은 소비 생활이 가져올 결과만을 〈보기〉에서 있는 대로 고른 것은?

나의 소비 생활 평가하기

물음	예	보통	아니요
일회용품 구매를 자제합니까?			✓
음식을 남기지 않고 다 먹습니까?		✓	
실제로 필요한 만큼만 물건을 구매합니까?			✓
광고에 현혹되어 충동구매를 합니까?	✓		
오래 쓸 수 있는 물건을 구매합니까?		✓	

보기
ㄱ. 경제 위축
ㄴ. 자원 고갈
ㄷ. 지속 가능한 발전
ㄹ. 생태계의 자정 능력 위협

① ㄱ, ㄴ   ② ㄴ, ㄷ   ③ ㄴ, ㄹ
④ ㄱ, ㄴ, ㄹ   ⑤ ㄱ, ㄴ, ㄷ

08 다음과 같은 소비 생활이 중요한 이유로 보기 <u>어려운</u> 것은?

> • 로하스(LOHAS) 운동: 로하스는 자신의 건강뿐만 아니라 환경과 지속 가능성까지 배려하는 생활 방식을 말한다.
> • 로컬푸드(local food) 운동: 자신이 사는 지역 인근의 무공해 농산물을 이용하자는 운동이다. 농산물 재배 과정에서 사용되는 농약 등의 환경 파괴 물질과 운송 과정에서 화석 연료 사용으로 발생하는 온실가스를 최소화하는 것을 목적으로 삼는다.

① 인간과 자연이 조화롭게 살아갈 수 있다.
② 환경친화적 제품을 생산하는 기업이 늘어날 수 있다.
③ 현세대뿐만 아니라 미래 세대의 행복한 삶을 보장할 수 있다.
④ 물질적 만족을 최고의 가치로 여기는 소비 생활을 지속할 수 있다.
⑤ 환경친화적 소비 생활을 지원하는 법과 제도가 더욱 확대될 수 있다.

09 다음 빈칸에 들어갈 말로 가장 적절한 것은?

> ### 환경을 생각하는 3R
> 1. 재사용(reuse)
>   -교과서·교복 물려주기, 책 바꾸어 읽기 등
> 2. 재활용(recycle)
>   -캔, 플라스틱, 종이 나누어 배출하기
> 3. _____
>   -가전제품의 코드 뽑아 두기, 샴푸·세제 덜 쓰기

① 줄이기   ② 나누기   ③ 새활용
④ 안 사기   ⑤ 안 쓰기

서술형
10 환경친화적 삶을 위한 사회적 노력의 구체적인 사례를 <u>세 가지</u> 서술해 보자.

----

11 다음과 같은 국제 협약이 필요한 이유로 가장 적절한 것은?

> • 기후 변화 협약: 지구 온난화 방지를 위한 온실가스 배출을 규제하는 국제 협약
> • 바젤 협약: 해로운 쓰레기가 무분별하게 국제적으로 이동하는 것을 규제하는 협약
> • 생물 다양성 협약: 지구상의 생물 종과 생태계를 보호하기 위해 마련된 협약

① 환경 문제는 개별 국가에 국한된 문제이므로
② 국제적인 환경 단체들의 영향력이 절대적이므로
③ 환경 문제에 대한 개인의 관심과 책임이 중요하므로
④ 환경 문제는 전 세계가 함께 해결해야 하는 문제이므로
⑤ 환경 문제를 일으키는 일부 국가에 대한 제재가 필요하므로

서술형

12 다음 신문 기사를 통해 알 수 있는 과학 기술의 혜택은 무엇인지 서술해 보자.

> 자율 주행차, 비행 택시, 블록 체인 등 신기술이 쏟아지는 실리콘 밸리에서 최근 혁신 열기가 가장 뜨거운 또 다른 분야가 바로 생명 연장을 위한 장수 연구이다. 평균 수명 100세를 의미하는 호모 헌드레드 시대를 열기 위해 실리콘 밸리가 주도하는 장수 혁명의 초점은 질병을 최대한 조기에 발견해 치료에 나서는 것이다. 실리콘 밸리의 기업·대학·병원은 과학 기술 혁신을 통한 병의 조기 진단과 치료에 연구의 초점을 맞추고 있다.
> － 《매일경제》, 2018년 2월 12일 －

※ [13~15] 다음 대화를 읽고 물음에 답해 보자.

> 갑: 과학 기술은 인류가 직면한 많은 문제를 해결해 줄 수 있어. 과학 기술이 발전할수록 모든 사람이 더 행복해질 거야.
> 을: 과연 그럴까? 나는 오히려 과학 기술이 인간을 더 불행하게 만든다고 생각해. 예를 들면, _____.

13 위 대화에서 갑의 주장을 뒷받침할 수 있는 근거만을 〈보기〉에서 있는 대로 고른 것은?

> **보기**
> ㄱ. 과학 기술로부터의 독립
> ㄴ. 대량 생산을 통한 물질적 풍요
> ㄷ. 정보 통신 기술을 활용한 교류 확대
> ㄹ. 첨단 의료 기술을 통한 각종 질병 치료

① ㄱ, ㄴ 　　② ㄱ, ㄷ 　　③ ㄷ, ㄹ
④ ㄱ, ㄴ, ㄹ 　　⑤ ㄴ, ㄷ, ㄹ

14 윗글의 밑줄 친 부분에 들어갈 말로 적절하지 <u>않은</u> 것은?

① 살상 무기 개발로 인류의 평화를 위협할 수 있어.
② 새로운 정보 통신 기술을 악용해서 사생활을 침해할 수 있어.
③ 과학 기술에 지나치게 의존하다 보면 주체성을 상실할 수 있어.
④ 생명 공학 기술의 발달로 인간이 누리는 물질적 풍요가 축소될 수 있어.
⑤ 감시 카메라와 위치 추적 기술 등으로 사람들을 감시하고 통제할 수 있어.

15 갑, 을의 주장을 종합하여 내릴 수 있는 결론으로 가장 적절한 것은?

① 인간은 과학 기술의 노예가 될 것이다.
② 과학 기술의 사회적 영향력은 크지 않다.
③ 과학 기술은 인류의 복지와 큰 관련이 없다.
④ 과학 기술은 인류의 모든 문제를 해결할 수 있다.
⑤ 과학 기술의 발전에는 긍정적 측면과 부정적 측면이 함께 존재한다.

16 다음 이야기가 주는 교훈으로 가장 적절한 것은?

> 독일인 화학자 프리츠 하버는 제1차 세계 대전 동안 살인용 독성 가스를 개발하고 무기화하는 데 선구적인 역할을 하였다. 그의 아내 클라라는 독가스 개발이 "생명에 대한 통찰력을 가져야 하는 과학의 이상을 왜곡시키는 야만적인 것"이라고 비판하면서 연구 중단을 요구하였다. 하지만 그는 오히려 그런 아내의 주장이 조국에 대한 반역이라고 말하면서 공개적으로 비난하였다. 하버는 독가스 개발에 성공하였을 뿐만 아니라, 1915년 4월에는 자신이 직접 전장에서 독가스를 살포하여 15,000여 명의 연합군을 죽거나 다치게 하였다. 그는 애국심을 내세워 사람을 죽이는 과학 기술 연구를 기꺼이 수행했던 것이다.

① 과학 기술은 국가 발전을 위해 사용되어야 한다.
② 과학 기술의 개발과 활용에는 큰 책임이 따른다.
③ 과학 기술은 그 자체로 선하지도 악하지도 않은 수단이다.
④ 과학 기술은 객관적인 학문이므로 가치가 개입되어서는 안 된다.
⑤ 과학자에게 과학 기술이 사회에 미칠 영향이나 결과에 대한 책임을 물어서는 안 된다.

17 다음과 같은 주장의 근거로 적절하지 <u>않은</u> 것은?

> 과학자는 도덕적 관점에서 자신의 연구 성과가 인류에게 미칠 영향에 관해 누구보다 깊이 고민함으로써 올바른 가치 판단을 내리고 책임 있게 행동해야 한다.

① 과학 기술의 부작용을 예측하기 어렵다.
② 과학 기술이 사회에 끼치는 파급력이 크다.
③ 과학 기술의 발전 정도는 국력을 평가하는 척도가 된다.
④ 과학 기술이 어떻게 활용될지 고민하지 않으면 나쁜 결과를 가져올 수 있다.
⑤ 과학 기술을 잘못된 방향으로 개발하면 수많은 사람에게 피해를 줄 수 있다.

18 다음 이야기를 통해 알 수 있는 과학 기술의 올바른 목적을 〈보기〉에서 고른 것은?

> 소아마비 예방 백신을 개발한 조나스 소크 박사는 자신이 개발한 백신에 특허를 내지 않았다. 그는 소아마비에 걸리는 사람이 없게 하려고 치료법을 무료로 공개하였다. 어느 인터뷰에서 조나스 소크 박사는 엄청난 돈을 벌 수 있었는데 왜 특허를 내지 않았냐는 질문에 "백신의 특허권은 사람에게 있습니다. 수많은 사람의 행복한 삶을 위한 기술에 높은 금액의 특허 이용권을 매겨서는 안 됩니다."라고 말했다.

보기
ㄱ. 진리의 발견
ㄴ. 인류의 복지 증진
ㄷ. 과학 지상주의 실현
ㄹ. 인간 존엄성 및 인권 향상

① ㄱ, ㄴ   ② ㄱ, ㄷ   ③ ㄴ, ㄷ
④ ㄴ, ㄹ   ⑤ ㄷ, ㄹ

19 우리의 삶이 소중한 이유로 적절하지 <u>않은</u> 것은?

① 한번 잃으면 되찾을 수 없기 때문
② 원하는 것은 무엇이든 얻거나 이룰 수 있기 때문
③ 내가 사랑하는 사람들과 나를 사랑해 주는 사람들이 있기 때문
④ 삶의 근원이 되는 생명이 그 자체로 소중하고 신성한 것이기 때문
⑤ 꿈을 이루기 위해 노력하고 성취하는 과정에서 큰 행복을 느낄 수 있기 때문

서술형
20 다음 두 격언이 공통으로 강조하고 있는 바가 무엇인지 서술해 보자.

> • 생명은 그 자체로서 인간에게 신성한 것이다.
> • 내가 지금 허비하고 있는 오늘은 어제 죽어 간 사람이 그토록 바라던 내일이다.

21 다음 글을 통해 알 수 있는 죽음의 특성으로 가장 적절한 것은?

진시황은 불로장생의 꿈을 안고 있었다. 그래서 영원히 사는 데 필요하다고 생각한 불로초를 구해 오라는 지시를 내리기도 했다. 그러면서도 동시에 자기 죽음에 대비해 무려 36년 동안 거대한 무덤을 짓고 그 안에 전차, 각종 무기, 흙으로 만든 병사 모형을 잔뜩 마련했다. 그러나 그도 결국 죽음을 피하지는 못했다.

– 네이버캐스트 인물 세계사, 《진시황》 –

① 다양성　　② 특수성
③ 합리성　　④ 예측 가능성
⑤ 보편성과 필연성

22 다음 글을 토대로 죽음에 관한 성찰이 중요한 이유를 바르게 설명한 것은?

열일곱 살에 읽었던 "하루하루를 마지막인 것처럼 산다면 반드시 당신의 일이 올바르게 될 것입니다."라는 문구가 제 삶에 영향을 주었습니다. 이 글에 감명받은 저는 그 후 쉰 살이 되도록 매일 거울을 보면서 자신에게 묻고는 하였습니다. "오늘이 내 인생의 마지막 날이라면 지금 하려고 하는 일을 할 것인가?"라고 묻고, "아니요."라는 답이 나온다면 그 일을 하지 않기로 하였습니다. 이처럼 인생에서 중요한 선택을 해야 할 상황을 마주할 때마다 내가 곧 죽을지도 모른다는 사실을 되새긴다면 외부의 기대와 자만심, 실패의 두려움은 사라지고 참으로 중요한 것만 남게 됩니다.

– 스티브 잡스의 연설 중 –

① 삶에 대한 반성을 멈추게 된다.
② 죽음을 가볍게 생각할 수 있게 된다.
③ 삶과 죽음이 연결되어 있음을 알 수 있게 한다.
④ 현재의 삶을 충실하고 올바르게 살 수 있게 한다.
⑤ 죽음을 겸허히 받아들이고 삶을 정리할 수 있게 한다.

23 다음 글에서 강조하는 죽음을 대하는 바람직한 태도로 가장 적절한 것은?

"지금 짜고 있는 양탄자가 완성될 즈음이면 땅의 어머니에게로 돌아갈 것"이라는 할머니의 말씀에 애니는 할머니의 죽음을 막기 위해 양탄자를 짜지 못하게 한다. 애니의 이런 노력을 안타깝게 여긴 할머니는 애니에게 "해는 뜨고 진다. 선인장은 영원히 활짝 필 수 없다. 꽃잎은 말라서 땅에 떨어진다."라고 이야기한다.

– 미스카 마일즈, 《애니의 노래》 –

① 알 수 없는 것으로 무시해야 한다.
② 모든 것과의 단절로 인식해야 한다.
③ 삶의 자연스러운 과정으로 받아들여야 한다.
④ 최대한 피해야 할 대상으로 바라보아야 한다.
⑤ 어떤 모습으로 죽기를 원하는지 고민해야 한다.

24 다음 글의 밑줄 친 부분에 들어갈 말로 가장 적절한 것은?

하이데거는 인간의 삶에는 본래 어떤 의미가 있는 것이 아니라 자기 삶에 ＿＿＿＿＿이라고 주장하면서, 진정한 자기의 모습으로 살아가고 싶으면 '죽음 앞으로 미리 달려가 볼 것'을 제안하였다. 누구든 1년이나 2년 후쯤 죽는다고 상상해 보면 비로소 정말 자신이 해야 할 일이 무엇인지, 하지 말아야 할 일은 무엇인지 알게 된다는 것이다.

① 만족하는 것
② 스스로 감사하는 것
③ 끊임없이 도전하는 것
④ 초연하고 담담해지는 것
⑤ 스스로 의미를 부여하는 것

서술형
25 의미 있는 삶을 살아가기 위한 구체적 노력을 세 가지 서술해 보자.

26 다음 글이 시사하는 바로 가장 적절한 것은?

> 카네기 멜론 대학의 컴퓨터공학과 교수 랜디 포시는 47세에 췌장암으로 시한부 선고를 받았다. 이후 그는 대학에서 마지막 강의를 요청받고, 반대하는 부인을 설득하여 자신의 인생에서 '마지막 강의'를 하게 된다. 그는 죽음이 아닌 삶에 대해 강의하기로 결심하고 '어릴 적 꿈을 실현하는 법'이라는 주제로 강의를 펼쳤다. 그는 삶을 올바르게 살기 위해 노력한다면 꿈을 이룰 수 있다고 강조하였고, 삶과 꿈에 관한 그의 강의는 동영상과 책으로 전 세계 사람들에게 전파되어 많은 감동을 주었다.
>
> – 랜디 포시, 《마지막 강의》 –

① 인간의 삶은 역사의 일부분이 된다.
② 인간의 삶은 혼자만의 것이 아니다.
③ 인간은 죽음을 앞둘 때 가장 행복하다.
④ 인간의 삶은 유한하기 때문에 의미 없는 것이다.
⑤ 인간은 삶의 유한성 속에서도 의미 있는 삶을 살기 위해 노력하는 존재이다.

27 다음 글을 통해 유추할 수 있는 의미 있는 삶을 살기 위한 방법으로 가장 적절한 것은?

> 나바호 인디언들은 자녀들에게 해는 매일 아침 새로 탄생하여 하루 동안 살고, 저녁에 져서 다시는 돌아오지 않는다고 가르친다. 자녀들이 알아들을 나이가 되면, 부모는 새벽에 그들을 데리고 나가, "해는 하루만 살 뿐이다. 너희들은 이 하루를 유용하게 살아서 해가 귀중한 시간을 낭비하지 않도록 해야 한다."라고 말한다.

① 새로운 것에 도전하기
② 현재의 삶에 충실하기
③ 시련과 한계 극복하기
④ 공동체의 삶에 관심 갖기
⑤ 자신의 삶을 주체적으로 살기

28 다음 사례와 관련된 설명으로 가장 적절한 것은?

> • 온 힘을 다해 〈천지창조〉를 그리며 아름다움과 성스러움을 추구한 미켈란젤로
> • 백성들의 편안한 삶을 위해 유배 기간에도 독서와 저술에 힘을 기울여 실학의 학문 체계를 완성한 정약용
> • 교수직을 내려놓고 가난한 사람들을 치료하기 위한 병원을 개원하여 평생 45만 명이 넘는 환자를 진료한 의사 선우경식

① 삶의 유한성을 자각할 때 의미 있는 삶을 살 수 있다.
② 삶의 의미는 다른 사람의 평가에 의해 부여되는 것이다.
③ 높은 이상을 추구할 때 보다 의미 있는 삶을 살 수 있다.
④ 배려와 나눔을 통해 삶의 의미와 가치를 깨달을 수 있다.
⑤ 삶의 목표를 높이 설정하고 추구하는 것은 허황된 꿈에 불과하다.

※ [29~30] 다음 글을 읽고 물음에 답해 보자.

> 우리는 살아가면서 질병에 따른 아픔, 가난으로 인한 고달픔, 갈등으로 인한 괴로움, 미래에 대한 불안함 등과 같은 (㉠)을(를) 겪게 된다.

29 ㉠에 들어갈 말로 가장 적절한 것은?

① 고통   ② 절망   ③ 피해
④ 좌절   ⑤ 불화

30 위와 같은 경험이 우리 삶에서 갖는 의미를 〈보기〉에서 고른 것은?

> **보기**
> ㄱ. 성장의 기회   ㄴ. 반성의 계기
> ㄷ. 욕심과 집착   ㄹ. 마음의 평화

① ㄱ, ㄴ   ② ㄱ, ㄷ   ③ ㄴ, ㄷ
④ ㄴ, ㄹ   ⑤ ㄷ, ㄹ

31 다음 이야기를 통해 알 수 있는 고통에 대처하는 현명한 자세를 〈보기〉에서 고른 것은?

> 헬렌 켈러는 어렸을 때 청각과 시각을 모두 잃었다. 그녀는 보통 사람보다 몇 배의 정신적·신체적 고통을 안고 살아갈 수밖에 없었지만, 결코 좌절하지 않았다. 모든 노력을 동원하여 공부를 시작했고, 어떤 어려움 앞에서도 포기하지 않았다. 헬렌 켈러는 대학을 졸업한 후 장애인이 더 나은 삶을 살 수 있는 사회를 만드는 데 평생을 바쳤다. 그녀는 "세상은 고통으로 가득하지만, 한편으로는 그것을 이겨 내는 일로도 가득 차 있다."라고 말했다.

> **보기**
> ㄱ. 도전 의식 지니기
> ㄴ. 욕심과 집착 버리기
> ㄷ. 긍정적 마음 지니기
> ㄹ. 현재 상황에 만족하기

① ㄱ, ㄴ ② ㄱ, ㄷ ③ ㄴ, ㄷ
④ ㄴ, ㄹ ⑤ ㄷ, ㄹ

32 다음 이야기가 시사하는 바로 가장 적절한 것은?

> 탈레반 세력이 말랄라가 살고 있는 파키스탄의 스와트밸리 지역을 점령했을 때, 말랄라의 나이는 겨우 10세였다. 탈레반은 여자들이 음악을 듣는 것, 학교에 가는 것도 금지했다. 자신의 신념에 따라 행동해야 한다고 배운 말랄라는 사람들이 침묵하고 있을 때 그 침묵을 깨고 용기 있게 목소리를 높였다. 탈레반의 위협 때문에 학교에 가지 못하는 일, 배우지 못하는 안타까움을 글로 써서 영국의 BBC 방송국 블로그에 올려 전 세계에 알렸다.

① 고통을 최대한 피해야 한다.
② 마음의 평화를 유지하는 것이 중요하다.
③ 더 약한 사람을 우선적으로 배려해야 한다.
④ 환경을 바꾸기보다 자신을 바꾸고자 노력해야 한다.
⑤ 절망적인 상황에서도 사람다운 삶을 적극적으로 실천해야 한다.

33 분노를 조절하는 단계 중 ㉠에 해당하는 내용으로 가장 적절한 것은?

> 멈춘다. → 호흡한다. → 주목한다. → ㉠ → 반응한다.

① 부정적인 감정을 바로 터뜨리지 않는다.
② 균형 있는 관점에서 자신을 반성해 본다.
③ 깊은 호흡을 하며 몸과 마음을 안정시킨다.
④ 자신의 몸에 일어나는 변화를 객관적으로 관찰한다.
⑤ 가장 좋은 결과를 이끌어 낼 수 있는 방법을 찾아 실천한다.

34 ㉠에 공통으로 들어갈 말로 가장 적절한 것은?

> • 마음을 기르는 방법으로 (㉠)을(를) 적게 하는 것보다 더 좋은 것이 없다. (㉠)이(가) 적으면서 본래의 선한 마음을 보존하지 못하는 경우는 드물고, (㉠)이(가) 많으면서도 본래의 선한 마음을 보존하는 경우도 드물다. — 맹자 —
> • 땔감이 없다면 불이 붙지 않을 것이다. 이와 마찬가지로 우리 마음에 (㉠)이(가) 없다면 고통의 불이 생기지 않아 선함을 유지할 수 있다. — 불교 경전 —

① 욕심 ② 관심 ③ 평화
④ 실수 ⑤ 희망

서술형

35 ㉠에 공통으로 들어갈 용어를 써 보자.

> 만일 나를 고통스럽게 만들고 상처를 준 사람에게 미움이나 나쁜 감정을 키워 나간다면, 단지 나 자신의 마음의 평화만 깨질 뿐입니다. 하지만 만일 내가 그를 (㉠)한다면, 내 마음은 평화를 되찾을 것입니다. 그러므로 (㉠)은(는) 자신에게 베푸는 가장 큰 자비이자 사랑입니다. — 달라이 라마 —

내 마음을 알아주세요(1)

아직 멀어 있는 당신의 마음이 녹길 기다리며
내 사랑의 낚싯대를 미리 던져 둡니다.

그래도 내 사랑의 낚싯대는 여전히 그곳에 있다.

내 마음을 알아주세요(ㄹ)

아직은 말로 할 수 없어서
글 속에 감춰 보는 마음
당신이 알아줄까요?

행운의 편지는 너무하잖아.

memo

수학 개념을 쉽게 이해하는 방법?
개념수다로 시작하자!

수학의 진짜 실력자가 되는 비결 -
나에게 딱 맞는 개념서를 술술 읽으며 시작하자!

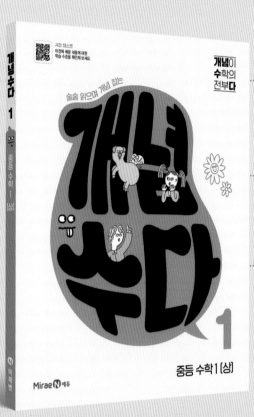

**개념
이해**
친구와 수다 떨듯 쉽고 재미있게,
베테랑 선생님의 동영상 강의로 완벽하게

**개념
확인·정리**
깔끔하게 구조화된 문제로 개념을 확인하고,
개념 전체의 흐름을 한 번에 정리

**개념
끝장**
온라인을 통해 개개인별 성취도 분석과
틀린 문항에 대한 맞춤 클리닉 제공

|추천 대상|
• 중등 수학 과정을 예습하고 싶은 초등 5~6학년
• 중등 수학을 어려워하는 중학생

수학은 순서를 따라 학습해야 효과적이므로,
초등 수학부터 꼼꼼하게 공부해 보자.

개념이 수학의 전부다
수학 개념을 제대로 공부하는 EASY 개념서
개념수다 시리즈 (전7책)

0_초등 핵심 개념
1_중등 수학 1(상), 2_중등 수학 1(하)
3_중등 수학 2(상), 4_중등 수학 2(하)
5_중등 수학 3(상), 6_중등 수학 3(하)

*초등 핵심 개념
한 권으로 빠르게 정리!*

중등 도서안내

비주얼 개념서

룩 LOOK

이미지 연상으로 필수 개념을 쉽게 익히는
비주얼 개념서

국어 문학, 문법
역사 ①, ②

필수 개념서

올리드

자세하고 쉬운 개념,
시험을 대비하는 특별한 비법이 한가득!

국어 1-1, 1-2, 2-1, 2-2, 3-1, 3-2
영어 1-1, 1-2, 2-1, 2-2, 3-1, 3-2
수학 1(상), 1(하), 2(상), 2(하), 3(상), 3(하)
사회 ①-1, ①-2, ②-1, ②-2
역사 ①-1, ①-2, ②-1, ②-2
과학 1-1, 1-2, 2-1, 2-2, 3-1, 3-2

* 국어, 영어는 미래엔 교과서 관련 도서입니다.

국어 독해·어휘 훈련서

 깨독

수능 국어 독해의 자신감을 깨우는
단계별 훈련서

독해 0_준비편, 1_기본편, 2_실력편, 3_수능편
어휘 1_종합편, 2_수능편

영문법 기본서

GRAMMAR BITE

중학교 핵심 필수 문법 공략,
내신·서술형·수능까지 한 번에!

문법 PREP
　　　 Grade 1, Grade 2, Grade 3
　　　 SUM

영어 독해 기본서

READING BITE

끊어 읽으며 직독직해하는
중학 독해의 자신감!

독해 PREP
　　　 Grade 1, Grade 2, Grade 3
　　　 PLUS (수능)

평가
문제집

중학교 **도덕** ②

바른답
알찬풀이

❶-1 정보 통신 윤리

확인! 기본 문제
10쪽

01 (1) 사이버 폭력 (2) 사생활 (3) 무제약성 (4) 해악 금지
(5) 예절
02 (1) 수평적 (2) 다양성 (3) 정보 격차 (4) 자율적
03 (1) ㉠ (2) ㉢ (3) ㉡
04 (1) 사이버 중독 (2) 도덕적 책임
05 (1) × (2) ×
06 (1) 쉽다 (2) 익명성

향상! 실력 문제
11~13쪽

01 ① **02** ① **03** ② **04** ⑤ **05** ② **06** ④
07 ③ **08** ④ **09** ⑤ **10** ⑤ **11** ③ **12** ①

01 제시된 사례들은 정보화를 통해 더욱 편리해진 삶의 모습을 보여 준다.
❌ 바로잡기
②, ③, ④, ⑤ 정보화 사회의 한 측면이지만 제시된 내용과는 다소 거리가 멀다.

02 사이버 폭력은 사이버 공간에서 상대가 원하지 않는 언어, 사진 등을 이용해 정신적·심리적 피해를 주는 행위이다. 여기에는 언어폭력, 스토킹, 성폭력 등이 포함된다.
❌ 바로잡기
① 사이버 중독은 정보화 시대에 발생하고 있는 도덕 문제 중 개인의 내적인 문제로서, 사이버 폭력의 유형에 포함되지 않는다.

03 제시문의 주인공은 사이버 중독 증상을 보이고 있다. 구체적으로는 휴대 전화에 심하게 의존하고 집착하여 자기 통제력을 잃은 모습이다. 이에 대한 가족들의 반응에서 알 수 있듯 사이버 중독 문제는 당사자뿐 아니라 주변 사람에게도 고통을 줄 수 있다.
❌ 바로잡기
② 주인공 유타는 사이버 중독 증상을 보이고 있으며, 이는 사이버 폭력 문제와는 거리가 멀다.

04 사이버 공간에서 유출된 사생활 정보는 범죄에 이용될 수 있어 문제가 심각하다. 특히 무심코 타인의 사생활을 침해하는 일이 벌어질 수 있으므로 주의가 필요하다. 예를 들어 자신의 얼굴이 포함된 사진이라고 하더라도 친구가 함께 찍힌 사진을 친구의 동의 없이 인터넷에 올리는 것은 친구의 사생활을 침해하는 일이 될 수 있다.
❌ 바로잡기
⑤ 사이버 공간에서 사생활 침해가 자주 일어나기 때문에 더욱 경각심을 지니고 사생활을 보호해야 한다.

05 제시문은 우연히 친구의 가상 화폐에 접근할 수 있게 된 주인공이 양심의 가책 없이 가상 화폐를 훔치는 일을 계속하게 되었다는 내용을 담고 있다. 이 이야기에서 주인공은 사이버 공간의 문제를 현실에서의 문제와는 달리 매우 가벼운 것으로 여기고 있다. 이처럼 사이버 공간에서는 현실에서와 다르게 많은 사람이 무책임하고 그릇된 행동을 하게 되기도 한다.
❌ 바로잡기
① 사이버 공간은 현실과 비교하여 그 해악의 파급력이 더욱 큰 공간이다. ③ 사이버 공간에서의 행위도 현실 공간에서의 행위와 마찬가지로 도덕적·법적 책임이 따른다. ④, ⑤ 사이버 공간은 가상의 공간으로서 시공간적 제약이 현실보다 덜하지만 이 때문에 더욱 책임 있는 행동이 요구된다.

06 사이버 공간에서는 여러 사람이 함께 만나 정보를 이용하고 교류한다. 따라서 타인에게 지켜야 하는 예절과 공적인 자리에서 필요한 질서가 요구된다. 또한, 사이버 공간은 익명성과 개방성을 가지고 있어서 쉽게 타인에게 해악을 끼칠 수 있으며, 시공간의 제약을 받지 않아 해악의 파급력이 크다. 이와 같은 이유로 사이버 공간에서는 더욱 도덕적 책임을 실천하려는 자세가 요구된다.
❌ 바로잡기
④ 사이버 공간에서는 검증되지 않은 정보가 유포되어 큰 해악이 발생할 수 있지만, 정보의 검증 자체가 불가능하지는 않다.

07 시공간의 제약을 덜 받는 특성은 무제약성, 누구나 정보에 접근할 수 있는 특성은 개방성에 해당한다. 또 자기 이름이나 정체를 숨길 수 있는 특성은 익명성이다.

08 자신에게 주어진 임무를 다하려는 마음가짐은 책임 의식이다. 우리는 자신의 행동이 어떤 결과를 낳을지 미리 생각하고, 그 행동이 다른 사람에게 해를 끼쳤을 때 어떠한 책임이 따르는지 생각해 보아야 한다.

09 제시문의 주인공은 사이버 공간에서 악성 댓글 때문에 고통받는 친구들의 모습을 보고 좋은 댓글 쓰기 운동에 동참하고 있다. 이것은 사이버 공간에서 고통받는 사람에게 공감하고 도덕적 책임을 지고자 하는 행동이며, 인간 존중의 자세를 실천하고자 하는 행동이기도 하다.

10 정보 통신 매체를 올바르게 사용하기 위해서는 먼저 정보 통신 매체에 대한 중독을 예방해야 한다. 특히 스마트폰의 경우 스스로 정한 사용 규칙에 따라 절제하며 사용하려는 노력이 필요하다.

11 정보 통신 매체를 올바르게 사용하기 위해서는 현실 공간에서와 같이 의사소통의 예절을 갖추는 것이 중요하다. 제시된 규칙들은 사이버 공간에서 타인에 대한 예절을 갖추기 위해 지켜야 할 사항들이다.

12 정보 통신 매체를 올바르게 사용하기 위한 방법 중 하나는 정보를 바르게 이해하고 표현하는 것이다. 사이버 공간에서 접하게 되는 다양한 정보 중에는 사실과 다르거나 불건전한 내용이 있을 수 있다. 따라서 이를 비판 없이 받아들이고 유포하면 타인에게 큰 피해를 줄 수 있다. 정보를 바르게 이해하고 표현하기 위해서는 정보의 출처를 확인하고 사실과 일치하는지 검증해야 하며, 정확하지 않은 정보는 함부로 받아들이지 않도록 해야 한다.

도전! 만점 문제 14쪽

01 ④ **02** ② **03** ③ **04** ②

---

01 제시문의 주인공은 사이버 따돌림을 당하고 있다. 사이버 따돌림은 사이버 폭력의 한 유형이다. 사이버 폭력은 피해자에게 지울 수 없는 상처를 남기며, 다른 사람의 권익을 침해하고 우리의 일상생활을 위협하는 도덕 문제이다.

02 제시된 라디오 공익 광고는 사이버 공간에서 가면을 쓰듯 자신의 정체성이나 모습을 자주 바꾸는 행태를 고발하고 있다. 이와 같이 사이버 공간은 사용자가 자신의 정체를 드러

내지 않고 다른 사람과 대면할 수 있는 익명성과 비대면성을 갖고 있으며, 밑줄 친 ㉠은 이러한 사이버 공간의 특성과 그에 따른 문제점을 잘 보여 주는 문구이다.

03 제시문의 주인공이 피해를 입게 된 가장 큰 책임은 익명성과 비대면성을 이용해 주인공의 돈만 취하고 물건을 보내지 않은 상대방에게 있다. 하지만 인터넷에서는 이와 같은 범죄가 쉽게 일어날 수 있기 때문에, 사용자들 역시 신중하게 행동해야 한다.

04 제시된 항목들은 스마트폰에 얼마나 의존하고 있는지, 또는 중독되었는지 스스로 점검하고자 하는 것들이다.

정복! 서술형 문제 15쪽

01 (1) 저작권 침해

(2) **모범답안** | 다른 사람의 권익을 침해하기 때문이다.

구분	채점 기준
상	다른 사람의 권익(권리와 이익)을 침해한다고 쓴 경우
중	올바르지 않은 일이라고만 쓴 경우

02 (1) 정의

(2) **모범답안** | (나)의 사례는 정보화 교육을 통해 주민 간 정보 격차를 해소함으로써 정의로운 정보화 시대를 만들어 가려 한 사례이다. 이는 (가)에서 제시한 올바르고 공정한 도리인 정의를 추구하는 자세를 잘 보여 준 사례라고 할 수 있다.

구분	채점 기준
상	(나)의 사례가 정보화 교육을 통해 주민 간 정보 격차를 해소한다거나 정보화의 혜택을 고르게 한다는 내용과 관련된다는 점을 서술하고, 이것이 (가)의 정의 추구의 자세와 관련된다는 점을 서술한 경우
중	(나)의 사례가 정보화 교육을 통해 정보화의 혜택을 고르게 한다는 내용만 서술한 경우
하	(나)의 사례가 정의를 추구한 사례라고만 서술한 경우

03 모범답안 | ⊙ 사이버 공간에서는 시공간의 제약을 덜 받는다. ⓒ 사이버 공간에는 각양각색의 풍부한 정보가 있으며, 누구든지 이 정보에 접근할 수 있다.

구분	채점 기준
상	무제약성, 다양성, 개방성의 의미를 모두 올바르게 서술한 경우
중	무제약성, 다양성, 개방성의 의미 중 두 가지를 올바르게 서술한 경우
하	무제약성, 다양성, 개방성의 의미 중 한 가지를 올바르게 서술한 경우

04 모범답안 | ⊙ 출처를 밝힌다. ⓒ 사생활 침해가 일어나지 않도록 한다.

구분	채점 기준
상	각각에 맞게 출처를 밝힌다는 것과 사생활 침해가 일어나지 않도록 한다는 내용을 모두 서술한 경우
중	각각에 맞게 출처를 밝힌다는 것과 사생활 침해가 일어나지 않도록 한다는 내용 중 하나만 서술한 경우
하	예절을 갖춘다고만 서술한 경우

05 모범답안 | 정보를 바르게 이해하고 표현하는 능력을 기르기 위하여 정보의 출처를 확인하고, 정확하지 않은 정보는 퍼뜨리지 않아야 한다.

구분	채점 기준
상	정보의 출처를 확인하고, 정확하지 않은 정보는 퍼뜨리지 않는다는 내용으로 서술한 경우
중	위 두 가지 중 한 가지만 서술한 경우
하	정보를 바르게 이해하고 표현해야 한다고만 서술한 경우

❶-2 평화적 갈등 해결

17쪽

확인! 기본 문제

01 (1) 이해관계 (2) 의사소통 (3) 협상 (4) 또래 조정자
(5) 역지사지
02 (1) 강요 (2) 개인적 (3) 합리(이성) (4) 관용
03 (1) ⓒ (2) ⓒ (3) ⊙
04 (1) 폭력 (2) 대화
05 (1) ✕ (2) ○
06 (1) 중재 (2) 바람직한

18~19쪽

향상! 실력 문제

01 ④　**02** ④　**03** ⑤　**04** ③　**05** ②　**06** ①
07 ③　**08** ③　**09** ①

01 제시된 대화는 개인과 개인의 갈등을 보여 준다. 유진이는 합창 대회에서 좋은 결과를 거두는 것이 옳다고 생각하고, 기성이는 반 친구 모두가 합창 대회 준비 과정에 참여하는 것이 옳다고 생각한다. 서로 중요하게 여기는 것이 다르다는 점에서 가치관의 차이를 원인으로 하는 갈등이라고 할 수 있다.

❸ 바로잡기
① 개인과 개인 간의 갈등이다. ②, ③ 잘못된 의사소통이나 이해관계에 따른 갈등도 존재하지만 제시된 사례와는 거리가 멀다. ⑤ 두 사람은 서로 대립되는 의견을 제시하고 있으므로 갈등을 은폐하거나 회피하고 있다고 볼 수 없다. 갈등을 은폐하거나 회피하려는 태도는 갈등의 근본적 해결을 어렵게 만드는 태도에 해당한다.

02 제시문에서 만델라는 모두가 화합을 이루는 것이 중요하다는 입장에서 흑인과 백인의 오랜 갈등을 평화롭게 해결하고자 노력하는 모습을 보이고 있다. 그가 만약 흑인의 편에서만 새 정부를 운영하였더라면 인종 갈등이 해결되지 않았을 것이다. 만델라의 이러한 노력은 갈등을 근본적으로 해결하는 데 도움을 주었다고 할 수 있다.

❸ 바로잡기
④ 갈등에는 순기능도 존재한다. 또한 만델라가 갈등을 그 자체로 잘못된 것으로 보았다는 내용은 제시문을 통해 찾을 수 없으며 만델라는 갈등을 바람직하게 해결하려는 자세를 보여 주고 있다.

03 제시문의 형제는 재산을 분배하는 방식에서 타협을 이루지 못하고 있다. 이러한 상황에서 제삼자인 현인이 개입하였고, 그의 충고를 받아들여 모두가 만족하는 결과를 이끌

어 내어 마침내 갈등을 평화롭게 해결할 수 있었다.

◀ 바로잡기

⑤ 제시된 사례는 문제의 본질적 원인을 파악하여 그에 걸맞은 해결책을 제시하는 것이 평화로운 갈등 해결을 위해 중요하다는 것을 보여 준다. 이해와 양보도 바람직한 갈등 해결을 위해 중요하지만 제시문에 드러난 내용은 아니다.

04 갈등을 평화적으로 해결하면 개인적·사회적으로 성숙해질 수 있다. 우리는 갈등을 평화롭게 해결하는 과정에서 상대방을 존중하며 협력하는 자세, 문제 해결 능력 등을 기를 수 있다. 더 나아가 다양한 의견을 주고받으며 대안을 모색하면서 더불어 사는 사회를 만들어 나갈 수 있다.

◀ 바로잡기

ㄴ. 갈등을 평화적으로 해결하는 것이 언제나 양보하는 것을 의미하지는 않는다.

05 제시문에 잘 드러나 있듯, 서희는 상대의 의도를 알고 협상에 나섬으로써 전쟁이나 폭력과 같은 사태를 피하고 오히려 땅을 되돌려 받는 이익을 얻을 수 있었다.

◀ 바로잡기

① 전쟁을 피하고 땅도 돌려받았다는 내용에서 거란의 요구를 일방적으로 들어주는 협상은 아니었음을 알 수 있다. ③ 거란은 80만 대군을 이끌고 쳐들어왔으므로 처음부터 갈등을 평화롭게 해결하려는 의지를 가지고 있었다고 보기 어렵다. ④ 제시문에서는 제삼자의 개입과 관련된 내용을 찾을 수 없다. ⑤ 무력으로 위협한 것은 거란 측이며, 서희는 이러한 갈등을 슬기롭게 해결한 것이라고 볼 수 있다.

06 협상은 갈등 당사자들이 직접 대화하여 합의에 이르는 것이다. 협상을 통해 당사자 스스로 갈등의 원인을 파악하고 서로의 요구를 절충하면서 합의안을 도출할 수 있다. 이렇게 도출한 합의안은 양쪽 모두 따라야 한다. 그러나 갈등 당사자 간에 협상이 잘 이루어지지 않을 때는 갈등 해결을 도와줄 제삼자가 개입하는 조정이나 중재를 사용할 수 있다. 조정은 제삼자가 개입하여 갈등 당사자들끼리 합의하도록 도와주는 것이고, 중재는 제삼자가 갈등 당사자 각자의 이야기를 들어 보고 중립적인 해결책을 내놓는 것이다.

07 갈등 해결의 일반적인 절차는 갈등 상황을 객관적으로 인식하고, 다양한 갈등 해결 방법을 모색한 후 그중 최선의 대안을 도출하는 것이다.

08 또래 조정자는 갈등 당사자들의 의견과 요구를 명확히 파악할 수 있도록 질문하면서 갈등의 원인을 밝히고, 갈등 당사자들이 서로의 감정을 알 수 있도록 도와주어야 한다. 또한 갈등 당사자 모두가 만족할 만한 합의안을 도출하도록

돕고, 갈등 당사자는 이 합의안에 따라야 한다.

◀ 바로잡기

① 또래 조정자는 심판자가 아닌 도우미의 자세로 접근해야 한다. ② 또래 조정자는 합의안을 도출하는 것을 도울 뿐, 정하지는 않는다. ④ 갈등 당사자들은 일단 합의하면 그 결과를 받아들여야 한다. ⑤ 갈등 당사자들은 각자의 요구를 말하되 상대의 이야기도 경청하고 또래 조정자도 이를 도와야 한다.

09 갈등을 평화롭게 해결하려면 먼저 합리적으로 의사소통하려는 자세를 지녀야 한다. 즉 감정을 앞세우기보다 이성적으로 판단하고 대화를 통해 바람직한 해결책을 찾도록 노력해야 한다. 그리고 역지사지와 관용의 자세, 양보와 타협의 자세를 지녀야 한다.

20쪽

도전 만점 문제

01 ⑤   **02** ⑤   **03** ④   **04** ④

01 제시문은 이해관계가 달라 발생한 갈등을 지속적인 대화를 통해 평화적으로 해결한 사례이다. 공장 건설이라는 사안에 대해 찬반 양측 주민들과 기업은 서로 대화하면서 상대가 원하는 바를 이해하였고, 이를 바탕으로 서로가 양보하면서 최종적인 합의에 이를 수 있었다.

◀ 바로잡기

⑤ 제시된 사례는 갈등 당사자들 서로가 대화하여 최종적인 합의에 이른 '협상'의 한 사례이다. 중재는 제삼자가 개입하여 중립적인 해결책을 내놓는 것이므로 이 사례에는 해당하지 않는다.

02 ㉮는 잘못된 의사소통으로 발생한 갈등이며, 이를 예방하려면 상대를 존중하는 태도를 갖추고 원활하게 소통하고자 노력해야 한다. ㉯는 서로 중요하게 여기는 것이 다르기 때문에 벌어진 갈등이다. 사람들은 저마다 자라온 환경이 다르기 때문에 가치관의 차이가 발생할 수 있다. 이러한 갈등은 자신의 가치관을 상대에게 강요하지 않고 상대의 가치관을 인정해 줄 때 예방과 해결이 가능하다.

03 갈등 해결의 일반적 절차에 따라 인아와 지영이의 갈등을 조정하기 위해서는 먼저 갈등 상황을 객관적으로 인식해야 한다. 2단계는 갈등 해결의 방법을 다양하게 모색하는 단계로, 여러 해결 방법을 구상하고, 그것들이 가져올 결과를 예측해 보는 단계이다. 조정의 경우 제삼자는 여러 해결 방법을 갈등 당사자들이 어떻게 평가하는지 물어봄으로써 예측을 구체화할 수 있다. 3단계는 합의할 수 있는 최선의 대안을 도출하고 이를 실행하여 결과를 검토하고 반성하는 단계이다.

바로잡기

④ 중립적인 해결책을 제삼자가 내놓는 갈등 해결 방법은 중재이다. 조정은 제삼자가 갈등 해결에 개입한다는 점에서는 중재와 같으나 제삼자의 역할이 당사자들이 합의안을 도출하도록 돕는 데 그친다는 점에서 중재와 구분된다.

04 또래 조정은 학생들 사이의 갈등을 평화롭게 해결하기 위해 또래 조정자의 도움을 받는 것이다. 또래 조정자는 갈등 당사자들의 의견과 요구를 파악할 수 있도록 질문하면서 갈등의 원인을 밝혀야 한다. 또 갈등 당사자들이 서로의 감정을 알 수 있도록 돕고 합의안 도출을 도와야 한다.

바로잡기

④ 또래 조정자는 갈등 당사자들이 감정을 솔직히 교류할 수 있도록 도움으로써 상대에 대한 이해의 폭을 넓혀 주어야 한다.

21쪽

정복! 서술형 문제

01 모범답안 | 제시된 만화에서 두 염소는 자기 주장만 내세우며 갈등을 빚다가 몸싸움을 벌였고, 그 결과 모두가 손해를 보고 말았다. 이처럼 서로 자기 주장만을 내세우고, 폭력을 사용하면 서로에게 바람직하지 못한 결과가 생기거나 불이익이 발생할 수 있다. 평화로운 방법으로 갈등을 해결해야 하는 이유는 이러한 바람직하지 못한 결과를 미연에 방지하기 위해서이다.

구분	채점 기준
상	제시된 만화에 대한 해석을 근거로, 평화롭지 못한 방법으로 갈등을 해결하려 하면 바람직하지 못한 결과가 발생하기 때문이라고 서술한 경우
중	갈등을 폭력으로 해결하려고 하면 안 된다고만 서술한 경우

02 (1) 가치관의 차이

(2) **모범답안 |** 자신의 가치관을 상대에게 강요하지 말고, 서로 다른 가치관을 인정하는 자세가 필요하다. 즉 합리적으로 의사소통하면서 역지사지와 관용의 자세, 양보와 타협의 자세를 갖추어야 한다.

구분	채점 기준
상	제시문의 갈등 사례에 적합한 형태로 서로 다른 가치관을 인정할 것을 서술하였거나 합리적 의사소통, 역지사지, 관용, 양보, 타협 등의 필요성을 구체적으로 서술한 경우
중	합리적 의사소통, 역지사지, 관용, 양보, 타협 등의 용어를 적었으나 제시문의 갈등 사례와 잘 연결시키지 못하여 서술한 경우

03 (1) **모범답안 |** ㉠과 ㉡은 제삼자의 개입 여부에 차이가 있다. 즉, ㉠ 협상은 갈등 당사자들이 직접 대화하여 합의에 이르는 것인 반면, ㉡ 조정 및 중재는 제삼자가 개입하여 합의에 이르는 방식이다.

구분	채점 기준
상	제삼자의 개입 여부에 차이가 있음을 명확히 서술한 경우

구분	채점 기준
중	협상, 조정, 중재의 대략적인 의미는 제시하였으나 제삼자의 개입 여부라는 핵심을 명확히 서술하지 못한 경우

(2) **모범답안 |** 1단계로 갈등 상황을 객관적으로 인식하고, 2단계로 다양한 갈등 해결 방법을 모색한다. 3단계로 최선의 대안을 도출하여 실행하고 평가 및 반성한다.

구분	채점 기준
상	1단계 갈등 상황의 객관적 인식, 2단계 다양한 갈등 해결 방법 모색, 3단계 최선의 대안 도출, 세 가지를 명확히 서술한 경우
중	3단계 중 2가지 단계를 정확히 서술한 경우
하	단계 구분에는 오류가 있으나 3단계의 내용 중 2가지 이상의 내용을 포함하여 서술한 경우

04 모범답안 | 조정 훈련을 받은 또래 조정자의 도움을 받아 갈등을 해결하는 방법

구분	채점 기준
상	조정 훈련을 받은 또래 조정자의 도움이 핵심 요소임을 명확히 서술한 경우
중	또래 조정자의 역할을 혼돈하여 중재자의 의미를 덧붙여 서술한 경우

05 모범답안 | 합의한 결과가 자신의 의견과 다르더라도 수용하고 이행하는 양보와 타협의 자세가 필요하다.

구분	채점 기준
상	합의된 결과를 수용할 줄 아는 자세가 필요함을 서술한 경우
중	양보와 타협의 자세가 필요하다고만 서술한 경우

Ⅰ-3 폭력의 문제

확인! 기본 문제

23쪽

01 (1) 신체 폭력 (2) 따돌림 (3) 의사 (4) 객관적
　　(5) 사회 분위기
02 (1) 금품 갈취 (2) 폭력 (3) 복합적 (4) 사회적
03 (1) ㉡ (2) ㉢ (3) ㉠
04 (1) 인격 (2) 민감성
05 (1) ○ (2) ×
06 (1) 부정적 (2) 공격적

향상! 실력 문제

24~25쪽

01 ① **02** ③ **03** ⑤ **04** ② **05** ④ **06** ⑤
07 ③ **08** ④

01 폭력은 그 자체로 또 다른 갈등을 불러올 뿐만 아니라 오직 자기 이익이나 주장만을 고집하는 사람이 사용하는 가장 잘못된 해결 방법이다. 폭력은 여러 종류로 나누어 볼 수 있지만 실제 상황에서는 복합적으로 나타나기도 한다.

◈ 바로잡기
ㄷ. 폭력은 정당하지 못한 방법으로 상대를 제압하는 행위이다.
ㄹ. 폭력은 일상생활의 다양한 갈등 상황은 물론 전쟁과 같은 심각한 갈등 상황에서도 발생한다.

02 제시문의 주인공은 학교 폭력의 피해자이다. ㉠은 따돌림에 따라 나타날 수 있는 사이버 폭력이다. 따돌림은 다른 친구와 어울리지 못하도록 막고 괴롭히는 행위이다. 사이버 폭력은 인터넷 게시판이나 대화창에서 일어나는 폭력이다. ㉡도 따돌림에 따라 나타날 수 있는 언어폭력이다. 언어폭력은 인격을 무시하거나 모욕하는 말로 상대방에게 정신적·심리적 피해를 주는 행위이다. ㉢은 금품 갈취에 해당한다. 금품 갈취는 돈을 강제로 빼앗거나 걷어오라고 하는 행위를 말한다. ㉣은 신체 폭력에 해당한다. 신체 폭력은 신체에 직접 힘을 가해 상처를 내는 행위를 말한다. ㉤은 따돌림에 해당한다.

03 제시문에서 최 군은 김 군을 때리고 외모를 놀리는 말을 하는 등 신체 폭력과 언어폭력을 행하고 있다. 이러한 폭력은 김 군의 인격을 훼손하는 동시에 김 군에게 신체적 고통과 부정적인 자아상 형성이라는 정신적 고통을 안겨 주게 되었다. 한편 최 군에 대한 보복 폭력도 나타나면서 폭력의 악순환이 발생하고 있다.

◈ 바로잡기
⑤ 신체 폭력만이 아니라 어떠한 폭력이든 그 자체로 잘못일 뿐 아니라 옳지 않은 행위이며, 정당화될 수 없다.

04 제시된 글은 간디가 폭력의 문제점을 설명하고 이를 바탕으로 비폭력의 필요성을 호소하는 글이다. 특히 ㉠에 따르면 폭력은 좋은 결과를 가지고 온 것처럼 보이더라도 그것은 일시적인 것에 불과하다. 또한 폭력이 낳은 악은 영원하다는 간디의 말은 폭력을 통해서 당장은 쉽게 갈등을 해결할 수 있을 것처럼 보이지만 실제로는 결코 진정한 갈등 해소에 이를 수 없다는 것을 의미한다.

◈ 바로잡기
①, ⑤ 폭력은 인간 존엄성을 해치고 피해자에게 큰 고통을 주는 행위이다. ③ 제시문에는 폭력과 종교적 가르침을 연관 짓는 내용이 등장하지 않는다. ④ 폭력의 문제점이라기보다는 폭력에 따른 결과에 해당하며 제시문의 내용과는 관련성이 없다.

05 자신이 폭력의 피해자가 아니더라도 폭력의 근절을 위해

노력할 필요가 있다. 이런 경우 주변 사람에게 알리거나 법, 제도, 또는 외부 기관을 적극 활용하여야 한다. 또한 자신을 포함한 주변 사람이 폭력 상황에 처하게 된다면 거부 의사를 명확히 밝혀야 한다.

◈ 바로잡기
④ 폭력 상황을 경험하거나 목격하면 주변에 알리고 도움을 요청해야 한다. 보복이 두렵다는 이유로 폭력 피해 사실을 숨긴다면 상황이 반복되고 더 나쁜 상황이 발생하기 때문이다.

06 폭력을 예방하는 방법은 개인적 차원과 사회적 차원으로 나누어 볼 수 있다. 먼저 개인적 차원에서는 분노를 조절하고 자기가 한 행동의 결과를 예측해 보아야 한다. 또 사소한 행동도 폭력이 될 수 있다는 사실을 인지하는 민감성을 가지고, 피해를 당했을 때 겪게 될 고통을 상상해 보는 공감 능력을 길러야 한다. 그리고 갈등 상황에서 상대에게 공격적으로 대하지 않는 등 갈등을 평화롭게 해결하려는 자세를 가져야 한다. 사회적 차원에서는 폭력 예방을 위한 법과 제도를 만들고 평화를 지향하는 사회 분위기를 조성하기 위해 노력해야 한다.

◈ 바로잡기
ㄴ. 사회적 차원에서 폭력을 예방하기 위한 노력에 해당한다.

07 제시문은 폭력 예방을 위해 개인적 차원에서 할 수 있는 방법을 제시하고 있다. 분노 조절은 마음을 객관적으로 가만히 바라보면서 흙이 물속에 가라앉듯, 분노를 가라앉히는 것이다. 폭력의 결과 예측은 폭력이 자신과 타인에게 미칠 결과를 생각해 보는 것이다.

08 제시문은 사회적 차원의 폭력 예방 방법 두 가지, 즉 법적·제도적 노력과 평화를 지향하는 사회 분위기 만들기를 제시하고 있다.

◈ 바로잡기
④ 분노를 다스리기 위한 마음 수양은 개인적 차원의 폭력 예방 방법에 해당한다.

26쪽
도전! 만점 문제
01 ⑤   **02** ①   **03** ④   **04** ②

01 ㉠은 신체에 직접 힘을 가해 상처를 내는 행위인 신체 폭력을, ㉡은 인격을 무시하거나 모욕적인 말로 정신적 상처를 입히는 언어폭력을, ㉢은 한 사람을 여러 사람이 피하고 놀리는 따돌림을, ㉣은 사이버상에서 이루어지는 험담, 즉 사이버 폭력과 언어폭력, 돈을 빼앗는 금품 갈취를 묘사한 그림이다. 이 밖에 성적인 모멸감을 주는 성폭력이나 강

제 심부름도 폭력의 유형에 속하지만 그림에는 드러나 있지 않다.

◀ 바로잡기

① 그림에 드러난 것은 신체 폭력뿐이다. ② 신체적 피해는 신체 폭력에 해당하는 것이며 무시하거나 모욕하는 말을 통한 폭력은 언어폭력에 해당한다. ③ 문구류를 빌리고 돌려주지 않는 행위는 금품 갈취에 해당하지만 그림은 따돌림을 묘사하고 있다. ④ 신체 폭력은 묘사되지 않은 그림이다. 사이버 폭력과 금품 갈취, 언어폭력을 묘사한 그림이다.

02 제시문은 폭력의 가해자들이 과거 폭력의 피해자였으며 그러한 피해로 생긴 마음의 상처들이 현재 다른 사람에 대한 가해 행위로 분출되고 있음을 강조하고 있다.

◀ 바로잡기

②, ③, ④ 폭력의 비도덕성과 관련된 내용으로 모두 옳은 내용이지만 제시문에서 강조하는 폭력의 악순환과는 거리가 멀다. ⑤ 폭력 문제 예방과 해결을 위해서는 피해자에 대한 지원과 함께 가해자에 대한 선도도 요구된다.

03 제시문은 지역 경찰 치안 센터가 학교 폭력 예방 교육에 나서고 중학생들이 이에 참여했다는 내용이다. 학생들은 이 프로그램을 통해 가해자와 피해자의 입장에 서서 역할극을 해보고 조사 과정을 체험하며 폭력의 문제점을 느낄 수 있다.

◀ 바로잡기

④ 제시문의 프로그램은 학교 폭력의 문제점을 느껴 보도록 하기 위한 프로그램이다. 또한 폭력 상황이 발생하면 혼자서만 해결하려 하지 말고 주변의 도움을 요청하는 것이 바람직하다.

04 제시문 속 연구는 아이들에게 공격 행동, 사랑 행동, 무관심 행동을 화면으로 보여 주면, 아이가 실제 행동에서도 자신이 보았던 화면에서와 같이 행동한다는 것을 알려 준다. 이것은 대중 매체 속의 폭력이 우리 사회에 얼마나 큰 영향을 끼치는지 보여 주며, 나아가 단지 대중 매체만이 아니라 아이들이 경험하는 모든 것에서 폭력을 지양하고 평화를 지향하는 사회 분위기 조성이 중요하다는 점을 보여 준다.

◀ 바로잡기

① 폭력 예방을 위해서는 개인적 차원뿐 아니라 사회적 차원의 노력도 요구된다. ③, ④, ⑤ 개인적 차원에서 폭력을 예방하기 위한 노력에 해당하므로, 폭력을 지양하는 평화적 환경 조성의 필요성을 보여 주는 제시문의 연구 내용과는 큰 관련성이 없다.

정복! 서술형 문제 ▶

27쪽

01 (1) **모범답안 |** 정당하지 못한 방법으로 상대를 강제로 제압하는 모든 행위

구분	채점 기준
상	정당하지 못함과 강제성을 모두 서술한 경우
중	정당하지 못함과 강제성 중 한 가지만 서술한 경우

(2) **모범답안 |** 또 다른 폭력을 낳는 폭력의 악순환이 벌이지게 된다. 이러한 폭력의 악순환은 사회 질서를 무너뜨리는 등 사회 혼란의 원인이 된다.

구분	채점 기준
상	폭력의 악순환이 사회 혼란의 원인이 됨을 명확하게 드러내어 서술한 경우
중	폭력의 악순환과 사회 혼란을 모두 적었으나 연관 관계를 불분명하게 서술한 경우

02 **모범답안 |** 누구나 동등한 인격을 지니는 인간으로서 마땅히 소중하게 대우받아야 함에도 불구하고 폭력은 피해자가 자기 자신을 무능하고 나약한 존재로 여기게 하거나 부정적인 자아상을 형성하게 하는 등 다른 사람의 인격을 훼손하기 때문이다.

구분	채점 기준
상	인격 훼손, 부정적인 자아상 등을 포함하여 쓴 경우
중	다른 사람을 인간으로서 소중히 대우하지 못한다고만 쓴 경우

03 (1) ㉠ 평화적 ㉡ 민감성

(2) **모범답안 |** 자신이 겪게 될 고통을 상상하여 자기 일처럼 느껴 보면서 폭력 피해자의 고통을 공감해 보아야 한다.

구분	채점 기준
상	고통에 대한 상상과 피해자에 대한 공감 등의 내용을 서술한 경우
중	폭력 피해 상황과 관련된 내용을 서술하였으나 피해자의 고통에 대한 상상이나 공감 등의 내용을 정확히 서술하지 못한 경우

04 **모범답안 |** 폭력 집단의 제의를 단호히 거절하고, 이 사실을 부모님과 선생님께 알리거나 폭력 피해 구제 및 예방 관련 기관, 상담 기관 등에 도움을 요청한다.

구분	채점 기준
상	거부 의사 표현, 주변의 도움 요청에 해당하는 내용 두 가지를 모두 서술한 경우
중	거부 의사 표현, 주변의 도움 요청에 해당하는 내용 중 한 가지를 서술한 경우

Ⅰ 타인과의 관계

29~33쪽

마무리! 대단원 실전 문제

01 ④　**02** ②　**03** ④　**04** ④　**05** (1) 사이버 공간
(2) **모범답안** | 사이버 공간의 특성으로는 무제약성, 다양성, 개방성, 비대면성, 익명성 등이 있다. **06** ⑤　**07** ②　**08 모범답안** | 사이버 공간도 여러 사람들이 함께 생활하는 공간이기 때문이다. 또한 사이버 공간에서는 현실 공간에서보다 자칫 타인에게 해를 끼치기가 더 쉽고, 해악의 파급력도 클 수 있기 때문이다. **09** ④　**10** ⑤　**11** ⑤
12 ①　**13** ③　**14** ⑤　**15** ③　**16** ①　**17** ①
18 모범답안 | 합리적으로 의사소통하는 자세를 지녀야 한다. **19** ②
20 ①　**21** ③　**22** ②　**23** ⑤　**24** ⑤　**25** ③
26 모범답안 | 먼저 자신의 의사를 명확하게 표현하고, 주변 사람에게 알려 도움을 받으며, 법·제도·외부 기관을 적극적으로 활용한다.

01 제시된 내용은 정보 통신 기술로 다양한 정보를 생산하고 이용하는 정보화 사회의 생활 모습을 보여 주는 내용이다.

⊗ 바로잡기

①, ② 산업 사회나 공업 사회는 농업 중심의 전통 사회와 대비되는 개념으로서 공업 중심으로 재편된 사회이며 정보화 사회 이전의 단계이다. ③ 사회 계층에 상관없이 누구나 정치적·사회적·경제적 측면의 모든 정보를 열람할 수 있는 사회, 또한 개방적이고 순조로운 관계관이 인간의 정서를 지배하는 사회로서, 개방성이라는 가치를 중심으로 삼는 사회이다. ⑤ 과학 기술이 인간 삶의 모든 영역을 통제하고 다스리는 사회를 의미한다.

02 정보화 사회에서는 정보 통신 기술 및 기기를 활용하여 과거보다 편리하게 살아갈 수 있으며, 특히 인터넷과 같은 정보 통신망을 통해 자신의 생각이나 의견을 보다 자유롭게 표현할 수 있고 공간적으로 멀리 떨어진 이들과도 쉽게 의견을 교류할 수 있다. 또 이러한 여러 기술을 활용하여 시간적 여유를 확보하면서 삶의 질을 향상하는 것도 가능하다.

⊗ 바로잡기

② 사이버 공간은 비대면성과 익명성이라는 특성을 가진 공간이기 때문에 현실 공간에서보다 더 다양한 사람들과 수평적인 인간 관계를 맺으면서 평등하게 의견을 주고받는 일이 가능하다.

03 제시된 사례에는 정보화 시대에 발생하는 도덕 문제 중 사생활 침해, 사이버 폭력이 나타나 있다. 타인의 과거 사진을 본인 허락 없이 사이트에 올리는 것은 사생활 침해에 해당된다. 또한 릴리를 비방하는 글을 인터넷에 게시함으로써 정신적 고통을 안기는 일은 사이버 폭력에 해당된다.

⊗ 바로잡기

ㄱ. 저작권 침해는 다른 사람이 창작한 창작물을 창작자의 허락 없이 무단으로 이용하는 행위를 말한다. ㄷ. 사이버 중독은 사이

버 공간에 지나치게 의존하고 집착하여 일상생활에 지장을 주는 상태를 의미한다.

04 제시된 그래프는 정보 통신 매체 과의존 현황을 보여 주고 있다. 정보 통신 매체 과의존은 정보 통신 매체 중독이나 중독 위험군을 모두 포함한다. 이 그래프에 따르면 모든 연령대에서 정보 통신 매체 과의존이 일정 이상의 비율로 발생하고 있으나 특히 유아동과 청소년이 성인의 비율보다 높다. 이러한 통계로 볼 때 정보 통신 매체 과의존이 불러올 수 있는 문제에 사회가 관심을 가지고 더 많은 사람에게 그 심각성을 알리면서 관련 교육과 예방 및 치료 기관을 확대하는 등의 조치가 필요함을 알 수 있다. 특히 유아동과 청소년들에 대한 교육은 더욱 절실한 문제라는 것도 알 수 있다.

⊗ 바로잡기

④ 그래프에 따르면 정보 통신 매체 과의존 현상은 유아부터 성인까지 일정 이상의 비율로 나타나고 있다. 그러나 연령별로는 다소 차이가 있어서 성인보다는 유아동과 청소년 계층에서 더욱 많이 나타나고 있다. 따라서 이 그래프에 따른다면 정보 통신 매체 과의존 예방 교육이 더욱 절실하게 필요한 계층은 성인보다는 유아동과 그 부모 및 청소년 계층이라고 할 수 있다.

05 (1) 사이버 공간

모범답안 | (2) 사이버 공간의 특성에는 무제약성, 다양성, 개방성, 비대면성, 익명성 등이 있다.

구분	채점 기준
상	무제약성, 다양성, 개방성, 비대면성, 익명성 중 세 가지 이상의 요소를 정확하게 제시한 경우
중	무제약성, 다양성, 개방성, 비대면성, 익명성 중 두 가지를 정확하게 제시한 경우
하	무제약성, 다양성, 개방성, 비대면성, 익명성 중 한 가지를 정확하게 제시한 경우

06 제시된 신문 기사는 사이버 공간에서 유언비어를 퍼뜨림으로써 여러 사람에게 막대한 피해를 입힌 사례이다. 이 사례에서 밑줄 친 ㉠과 같은 행위가 손쉽게 가능했던 것은 현실 공간과는 다른 사이버 공간의 특징과 관련이 있다. 즉, 사이버 공간은 시공간의 제약을 덜 받는 공간인 동시에, 다른 사람과 직접 대면하지 않고 자신의 이름이나 정체를 숨길 수 있는 공간이기 때문에, 사례와 같이 자신이 알지 못하는 많은 사람에게 잘못된 정보를 전달하는 문제가 발생하였다고 볼 수 있다.

⊗ 바로잡기

ㄱ. 다양성은 사이버 공간에 각양각색의 풍부한 정보가 있다는 것을 뜻하므로 제시된 문제 상황과 직접적으로 관련된 사이버 공간의 특성이라고 볼 수 없다.

07 제시된 신문 기사에서 알 수 있는 것처럼 사이버 공간에서의 모든 행동도 현실 공간에서와 같이 그에 대한 책임을 져야 한다. 그러나 사이버 공간은 비대면성이나 익명성이 보장되는 공간이기에 자칫 현실 공간에서보다 무책임하고 그릇되게 행동할 수 있다. 또 사이버 공간의 무제약성 때문에 현실보다 해악의 확산이 더 빠르고 커질 수 있다는 점도 고려해야 한다. 그러므로 사이버 공간도 여러 사람이 함께 생활하는 공간이라는 사실을 깊이 인식하면서, 사이버 공간에서도 도덕적 책임을 실천하기 위한 자세를 지녀야 한다.

◀ 바로잡기

② 사이버 공간에서는 정보의 생산과 공유가 매우 쉽다. 하지만 이처럼 일단 생산되고 공유된 정보는 그 파급력이 매우 강하기 때문에, 정보가 일단 퍼져 나가면 이를 회수하는 일은 매우 어려워진다.

08 모범답안 | 사이버 공간도 여러 사람들이 함께 생활하는 공간이기 때문이다. 또한 사이버 공간에서는 현실 공간에서보다 자칫 타인에게 해악을 끼치기가 더 쉽고, 해악의 파급력도 클 수 있기 때문이다.

구분	채점 기준
상	'함께 생활하는 공간', '해악을 끼치기 쉬움', '해악의 파급력이 큼'의 세 가지 요소를 모두 정확하게 서술한 경우
중	'함께 생활하는 공간', '해악을 끼치기 쉬움', '해악의 파급력이 큼'의 세 가지 요소 중 두 가지를 정확하게 서술한 경우
하	'함께 생활하는 공간', '해악을 끼치기 쉬움', '해악의 파급력이 큼'의 세 가지 요소 중 한 가지를 정확하게 서술한 경우

09 제시된 사례는 어려움에 처한 사람을 돕는 활동을 사이버 공간에서 전개한 사례이다. 따라서 이 사례에 대해서는 사이버 공간에서도 현실에서와 같이 다른 사람을 그 자체로 존중한 사례라고 평가할 수 있으며, 특히 사이버 공간이 가지는 특성을 잘 활용하여 인간 존중의 정신을 실현한 사례라고 말할 수 있다.

◀ 바로잡기

① 제시된 사례는 정보 격차 문제와는 관련이 없는 사례이다. 정보 격차란 계층에 따라 접하는 정보의 양적·질적 차이가 시간이 지날수록 심각해지는 현상을 말한다. ②, ③, ⑤ 제시된 사례는 정보 통신망의 특성을 효과적으로 사용하여 도덕적 실천을 한 사례이므로, 잘못된 행동으로 타인에게 해악을 끼친 사례 또는 규제해야 할 잘못된 사례와는 관련이 없다. 오히려 정보 통신망에서 인간 존중을 실천하기 위해 모범이 되는 올바른 사례라고 평가할 수 있다.

10 제시된 사례의 주인공은 자신이 올린 동영상이 어떤 결과를 가져올지 생각해 보지 않고 무심코 영상을 올렸다가 여

러 사람에게 해악을 끼치게 되었다. 문제가 되는 상황일지라도 영상에 담긴 인물들의 모습이 사이버 공간에 노출되면 그로부터 매우 심각한 해악이 발생할 수 있다. 이 때문에 개인의 모습이나 신상 정보와 같은 내용들은 본인의 동의 없이 함부로 공개되어서는 안 된다. 또 법에 따라 이러한 정보 공개에 문제가 없는지도 반드시 검토해야 한다. 제시된 사례는 특히 영상의 당사자도 아닌 엉뚱한 사람의 신상 정보가 공개되어 고통을 받게 된 사례이기 때문에 사이버 공간에서는 자신의 행동이 어떤 결과를 낳을지 미리 생각하고, 그 행동이 다른 사람에게 해를 끼쳤을 때 어떠한 책임이 따르는지 생각하며 행동해야 한다는 점을 더욱 분명하게 인식할 수 있다.

◀ 바로잡기

① 지적 재산권은 지식 재산권이라고도 부르는 것으로, 물질적으로 형태가 없더라도 정신적 활동과 노력에 따라 창조되거나 생산된 것들, 이를테면 특정한 지식이나 정보, 기술, 노래나 소설과 같은 창작물 등을 재산으로 삼아 보호받을 권리를 의미한다. 해당 사례는 이러한 지적 재산권과는 별다른 관련이 없는 사례이다. ② 사례의 주인공은 자신이 아니라 타인의 개인 정보 보호에 대해 더욱 경각심을 가져야 한다. ③ 제시된 사례의 주인공은 정보 자체를 허위로 꾸며 내지는 않았다. 하지만 주인공은 영상을 찍고 이를 올리는 행위만으로도 해악이 발생할 수 있다는 사실은 생각하지 못하였기 때문에 문제가 발생하였다. ④ 자유로운 의사 표현의 권리를 인정하거나 침해하는 것과는 관련이 없는 사례이다.

11 제시된 사례는 다른 사람의 가상 화폐를 훔치기 위해 바이러스를 제작하고 이를 유포하다가 체포된 학생의 사례이다. 제시문에 따르면 사례의 학생은 타인의 파일 암호를 알 수 있는 바이러스를 통해 다른 사람의 파일에 접근하여 여러 해악을 끼치려고 하였다. 따라서 이 학생에게는 사이버 공간에서도 다른 사람에게 피해를 주지 않으려는 자세, 즉 해악 금지의 자세가 필요하다.

◀ 바로잡기

① 예절은 사이버 공간에서 만나는 상대에 대해 요구되는 것으로 제시된 사례의 주인공에게 요구되는 자세와는 거리가 멀다. ② 정보화의 혜택을 독점하고 이를 이용하려는 사람에게 요구되는 자세로 제시된 사례의 학생에게 요구되는 자세와는 거리가 멀다. ③ 사이버 공간에서 여러 유익한 정보를 생산하고 공유해 나갈 때 사이버 공간의 다양성이 증진될 수 있으나, 이는 제시된 사례와 관련이 없는 사항이다. ④ 정보 통신 매체를 통해 얻은 정보에 대해서는 이를 확실히 검증할 필요가 있으나 제시된 사례의 주인공에게 요구되는 자세와는 관련이 없다.

12 제시된 글은 스마트폰 중독과 관련된 내용이다. 스마트폰

에 중독되면 일상생활이 어려울 수 있다. 스마트폰 중독을 예방하려면 스스로 사용 규칙을 정하여 지키도록 노력해야 한다. 예를 들어 뚜렷한 목적 없이 장시간 사용하지 않기로 한다든지, 걸어 다니거나 다른 사람과 대화할 때는 스마트폰을 사용하지 않기로 하는 등의 규칙을 정할 수 있다.

◈ 바로잡기

① 네티켓은 정보 통신 매체로 타인과 의사소통을 할 때 필요한 예절이다. 따라서 스마트폰 중독 예방 방법과는 거리가 멀다.

13 정보를 바르게 이해하고 표현하려면 먼저 정보의 출처를 확인하고, 정보가 사실과 일치하는지 검증해야 하며, 정확하지 않은 정보를 함부로 퍼뜨리는 행위도 삼가야 한다.

◈ 바로잡기

수정이는 새로운 정보를 받자마자 즉시 다른 친구들에게 퍼뜨렸다. 그러나 그 정보가 잘못된 정보일 수도 있다는 점을 고려한다면, 정보의 출처나 진위를 먼저 확인하는 것이 바람직하다.

14 제시된 사례는 임금을 둘러싼 근로자와 사업주의 갈등 사례이다. 근로자는 생계 보장을 위해 임금을 높여야 한다고 주장하고, 사업주는 회사 운영을 위해 임금을 낮추어야 한다고 주장한다. 이와 같은 갈등은 근로자와 사업주의 이해관계의 차이 때문에 발생한 것이라고 볼 수 있다.

◈ 바로잡기

①, ②, ⑤ 살아온 환경의 차이, 자신이 살아왔던 문화권에서 통용되었던 관습의 차이 등에 의해 가치관의 차이가 생겨날 수 있다. 이러한 가치관의 차이는 갈등이 생겨나는 주요 원인 중 하나이지만 제시된 사례와는 거리가 멀다. ④ 상대방의 기분을 상하게 하는 말과 행동, 상대방을 존중하지 않는 태도 등 잘못된 의사소통은 그 자체로 갈등의 주요 원인이면서, 갈등 당사자 간의 불신과 오해를 더욱 심화시키는 요인이기도 하다. 하지만 제시된 사례에서는 이러한 잘못된 의사소통의 모습이 드러나지 않는다.

15 간디는 비폭력 평화주의자로 갈등을 평화적인 방법으로 해결해야 한다고 주장한다. 갈등을 평화적으로 해결해야 하는 이유는 평화적인 방법으로 해결해야만 갈등을 근본적으로 해결할 수 있고 모든 사람에게 바람직한 결과를 도출할 수 있으며, 그 과정에서 개인적·사회적 성숙을 경험하면서 이를 바탕으로 더불어 사는 사회를 만들 수 있기 때문이다.

◈ 바로잡기

③ 갈등 상황을 피하거나 덮어 두려고 하면 갈등을 해결하기가 더 어렵게 된다.

16 중립적인 제삼자가 개입하여 갈등 당사자들끼리 합의하도록 도와주는 방법이 조정이다.

17 갈등 해결의 일반적인 절차 중 1단계는 먼저 갈등 상황을

객관적으로 인식하는 것이다. 이때 자신이 직면한 갈등 상황이 무엇인지 파악하고, 자신과 타인의 입장 및 감정을 균형 있게 바라보아야 한다.

◈ 바로잡기

② 갈등 해결에 있어 협상과 같은 방법은 중재자 없이 갈등 당사자들이 직접 갈등을 해결하는 방법이다. 따라서 협상, 조정, 중재 등에 모두 적용되는 갈등 해결의 일반적 절차에서는 조정자나 중재자와 같은 제삼자가 필수적이지 않다. ③ 갈등 해결의 일반적인 절차 중 2단계, 즉 다양한 갈등 해결 방법을 모색하는 단계에서 필요한 일이다. ④, ⑤ 갈등 해결의 일반적인 절차 중 3단계에서는 최선의 방안을 찾아 이를 실행하여 적용해 보고 이를 평가하고 반성해야 한다. 1단계보다는 3단계와 관련되는 내용들이다.

18 **모범답안 |** 합리적으로 의사소통하는 자세를 지녀야 한다.

구분	채점 기준
상	합리적으로 의사소통하는 자세를 지녀야 한다는 것을 정확하게 서술한 경우
중	의사소통을 잘 해야 한다고만 서술한 경우

19 또래 조정자는 공평하고 중립적이어야 하며 융통성을 발휘하면서 도우미의 자세로 접근해야 한다. 또 갈등 당사자들의 감정을 잘 이해하며 문제 해결에 도움을 줄 수 있어야 한다. 단 이 과정에서 주고받은 이야기는 비밀로 하는 등 신중한 자세가 필요하다.

◈ 바로잡기

ㄴ. 심판자가 아니라 도우미의 자세로 접근해야 한다. ㄷ. 조정은 갈등 당사자들끼리 잘 합의할 수 있도록 중간에서 도와주는 방법이다. 중립적인 해결책을 내놓는 방법은 중재이다.

20 다른 친구와 어울리지 못하도록 막고 괴롭히는 행위는 따돌림, 돈을 강제로 빼앗거나 걷어오라고 하는 행위는 금품 갈취, 인격을 무시하거나 모욕하는 말로 상대방에게 정신적·심리적 피해를 주는 행위는 언어폭력이다.

21 제시문의 ⓒ은 금품 갈취이다. 돌려줄 생각이 없으면서 돈을 요구하는 행위, 옷이나 문구류 등을 빌린 후 돌려주지 않는 행위 등이 금품 갈취에 해당한다.

◈ 바로잡기

ㄱ, ㄴ. 강제 심부름에 해당한다.

22 제시문은 학교 폭력으로 인해 심각한 고통을 겪고 있는 학생의 모습을 묘사한 사례이다.

◈ 바로잡기

① 폭력은 폭력의 악순환 즉 또 다른 폭력을 불러온다는 문제를 지니고 있지만 제시된 사례에는 드러나 있지 않다. ③ 가해자가 아니라 피해자가 부정적 자아상을 형성할 수 있음을 보여 주는

사례이다. ④ 폭력이 확산되면 사회 질서의 붕괴나 사회 혼란으로 이어질 수 있으나 제시된 사례에는 드러나 있지 않다. ⑤ 일상적으로 지속되는 폭력이나 폭력에 둔감한 사회 환경은 자신은 물론 타인의 고통에까지 둔감하게 만드는 부작용을 만들 수 있으나 제시된 사례에는 드러나 있지 않다.

23 제시된 이야기 속에서 준호는 체벌을 통해 실력이 향상되고 메달까지 따게 된다. 그럼에도 체벌은 엄연한 폭력이기에 결코 정당화될 수 없다. 폭력은 인간의 존엄성과 인격을 훼손하기 때문이다. 또한 폭력을 통해 일시적으로는 좋은 결과를 얻을 수 있을지 몰라도 결코 모두에게 바람직한 결과는 얻을 수 없다는 점도 폭력이 비도덕적인 이유의 하나이다.

◈ 바로잡기

①, ②, ③, ④ 제시된 학생들의 감상은 모두 경우에 따라 폭력도 정당화될 수 있다는 것을 암시하고 있다. 즉 주인공 준호가 메달을 따게 된 결과를 바탕으로 폭력을 옹호하는 관점을 보여 주고 있으며, 이는 폭력은 그 자체로 비도덕적인 행위라는 것을 인식하지 못한 결과라고 할 수 있다.

24 제시문은 '공감 능력'에 대한 설명이다. 공감 능력을 발휘하여 자신이 폭력을 당하면 겪게 될 고통을 상상하여 자기 일처럼 느껴 보는 일은 개인적 차원에서 폭력을 예방하기 위한 방법이다.

◈ 바로잡기

① 관용은 나와 다른 생각을 너그럽게 받아들이는 것이다. ② 배려는 여러 가지로 마음을 써서 보살피고 도와주는 것을 의미한다. ③ 민감성은 폭력에 예민하게 반응하는 것을 의미한다. ④ 상상력은 경험하지 않은 현상이나 사물에 대해 머릿속으로 그려 보는 능력을 말한다.

25 제시된 내용은 폭력을 예방하기 위해 마음속에서 일어나는 분노를 잘 조절하고, 자신의 행동에 따른 결과를 예측해 보는 과정을 설명하고 있다.

26 **모범답안 |** 먼저 자신의 의사를 명확하게 표현하고, 주변 사람들에게 알려 도움을 받으며, 법·제도·외부 기관을 적극적으로 활용한다.

구분	채점 기준
상	'자신의 의사를 명확하게 표현하기', '주변 사람에게 알리기', '법·제도·외부 기관을 적극적으로 활용하기'의 세 가지 요소를 정확하게 서술한 경우
중	'자신의 의사를 명확하게 표현하기', '주변 사람에게 알리기', '법·제도·외부 기관을 적극적으로 활용하기'의 세 가지 요소 중 두 가지를 정확하게 서술한 경우
하	'자신의 의사를 명확하게 표현하기', '주변 사람에게 알리기', '법·제도·외부 기관을 적극적으로 활용하기'의 세 가지 요소 중 한 가지를 정확하게 서술한 경우

Ⅱ-1 도덕적 시민

확인!! 기본 문제 　　　　　　　　　　40쪽

01 (1) 애국심　(2) 인간 존엄성　(3) 공익　(4) 시민 불복종
　　(5) 준법
02 (1) 증진　(2) 법　(3) 보편적　(4) 저항
03 (1) ⓒ　(2) ㉠　(3) ⓒ
04 (1) ○　(2) ×
05 (1) 스스로　(2) 기꺼이 감수

향상! 실력 문제 　　　　　　　　　41~43쪽

| **01** ③ | **02** ④ | **03** ③ | **04** ③ | **05** ② | **06** ④ |
| **07** ① | **08** ⑤ | **09** ⑤ | **10** ② | **11** ⑤ | **12** ② |

01 제시문에 묘사된 국가는 권력을 독점하고, 시민의 자유를 통제하며, 시민이 국가 권력의 부당함에 저항하는 것을 금지하고 있다. 이러한 국가의 구성원은 자신이 원하는 삶을 자유롭게 살아가지 못하고, 인간다운 삶을 보장받지 못하고 있다. 또한 국가가 시키는 것만 하게 되어 국가의 일에 적극적이고 자발적으로 참여하지 못하는 소극적인 생활을 하고 있다. 이와 같은 국가의 문제점은 국민의 인권을 위협하며, 국민을 속이고 통제하고 감시하면서 국민이 누려야 할 자유와 권리를 침해한다는 점이다.

◈ 바로잡기

③ 제시문의 국가는 국민을 통제하고 조정하기 때문에 개인의 삶을 간섭할 뿐만 아니라 개인의 자유를 허용하지 않고 억압하고 있다.

02 A 나라는 전쟁으로부터 구성원의 생명과 안전을 보장하지 못할 뿐만 아니라, 제때 구호품을 공급하거나 적절한 치료를 제공하지 못하기 때문에 정의로운 국가라고 보기 어렵다. 정의로운 국가라면 구성원의 생명을 지키고 모든 구성원이 기본적인 생활을 유지할 수 있도록 복지를 제공해야 한다.

◈ 바로잡기

① A 나라가 세금을 많이 걷고 있는지는 제시문을 통해 알 수 없다. ②, ③ 제시문의 국가는 개인이 할 수 없는 국방, 치안 등과 같은 최소한의 역할조차도 제대로 하지 못하고 있다. ⑤ 제시문의 국가는 개인의 기본적인 삶을 유지할 최소한의 개입이나 간섭도 하지 못하고 있다.

03 A는 국가가 국방, 치안 등 최소한의 역할만을 해 주고 그 밖의 다른 일은 국가 구성원이 자기 능력을 최대한 발휘할

수 있도록 자유롭게 선택하며 살아가는 국가를 원하고 있다. B는 국가가 국가 구성원의 안정된 삶을 위해 적극적으로 개입하기를 바라고 있다. 이렇듯 A와 B가 생각하는 국가의 역할에는 차이가 있다. 하지만 두 사람은 개인의 삶에 가능한 한 개입하지 않든, 적극적으로 개입하든 간에 국가는 필요하며 국민을 위해 해야 할 기본적인 역할이 있다고 보는 점에서 공통적이다.

◀ 바로잡기
① 국가가 개인의 삶에 적극적으로 개입해야 한다고 보는 입장은 B이다. ② 국가가 개인의 삶에 개입하는 것을 자제해야 한다고 보는 입장은 A이다. ④ A는 개인의 자유를 강조하면서 국가의 역할을 최소화해야 한다는 입장이다. ⑤ B는 국가가 개인의 삶과 관련된 모든 것을 다 해 주어야 한다고 생각하는 것이 아니라 개인이 하기 어려운 일을 해 주기를 바라고 있다.

04 나치스는 다른 민족을 무시하고 인종이 다르다는 이유로 차별하고 배척하였다. 또한 세계 평화에 역행하는 전쟁을 일으킴으로써 국가 구성원이 자신이 원하는 삶을 자유롭게 살아가고 평등하게 대우받을 수 있게 노력해야 하는 정의로운 국가의 책임도 무시하였다. 정의로운 국가는 구성원의 평화롭고 안정된 삶을 위해 평화를 지향하고 구성원을 차별 없이 대우해야 한다.

◀ 바로잡기
③ 나치스는 열등한 인종과 우수한 인종으로 인종을 구분하고 차이를 두어 구성원을 차별했다.

05 선거일에 투표하는 것은 시민의 의무를 충실히 이행하는 것이며, 투표를 하지 않는 행위는 시민의 의무를 다하지 않는 행동이라고 할 수 있다.

◀ 바로잡기
①, ③, ④, ⑤ 투표하는 일은 시민이 정치에 참여해야 할 의무를 충실히 이행하는 방법이며, 투표하지 않고 여가를 즐긴다면 이는 시민의 의무를 다하지 않는 무책임한 행동이다. 정의로운 국가 실현을 위해 시민은 책임 의식을 갖고 국가 공동체의 일에 적극적으로 참여하고 제 역할을 다해야 한다.

06 소방관이 크고 작은 어려움에도 굴하지 않고 타인을 구하려고 애쓰는 까닭은 사람을 살리는 것이 소방관으로서 자신의 사명이며 맡은 바 책임을 다하는 것이기 때문이다.

◀ 바로잡기
①, ②, ③, ⑤ 제시문의 소방관이 타인을 구하기 위해 애쓰는 까닭과 거리가 멀다.

07 우리는 태어나면서 한 국가의 구성원으로서 살아간다. 국가는 우리 삶의 기반이 되며, 모든 구성원이 행복하게 살아

갈 수 있도록 노력해야 한다. 아리스토텔레스에 따르면 인간은 공동체 속에서 살아가고자 하는 본성이 있어 국가를 만들었으며, 국가 안에서 자신의 행복을 추구한다. 아리스토텔레스는 개인이 행복을 추구하듯 마찬가지로 국가도 모든 구성원의 행복을 추구하는 방향으로 운영되어야 정의롭다고 주장한다.

◀ 바로잡기
ㄷ, ㄹ. 아리스토텔레스에 따르면 개인은 행복해지려는 본성을 실현하기 위해 국가를 만들었으며, 국가 안에서 비로소 행복해질 수 있다고 보고 있다.

08 공청회에 참석하고, 태안반도에서 자원봉사를 하며, 자발적인 기부 활동에 나서는 일은 국가 공동체를 사랑하는 마음을 발휘하여 정의로운 국가를 실현하기 위해서이다. 이렇듯 바람직한 시민이라면 국가 공동체의 일에 관심을 가지고 적극적으로 참여하는 자세를 가져야 한다.

◀ 바로잡기
① 다른 사람들을 위한 희생이 아니라 더 나은 정의로운 국가를 만들기 위해 노력하는 것이다. ② 시민으로서의 의무를 수행하고 있다. ③ 자신의 이익이 아닌 정의로운 국가 공동체를 위해 공동체의 일에 관심을 갖고 적극적으로 참여하는 것이다. ④ 제시된 내용을 통해서는 다른 나라 사람들을 차별 없이 대하는지 알 수 없다.

09 핀란드 사람들은 법을 잘 지키려고 노력한다. 그 이유는 법을 지키지 않는 행위는 사회를 혼란하게 만들고, 공동체 구성원의 건강과 안전을 위협하며, 다른 사람의 자유와 권리를 침해하는 반면에, 법을 지키는 행위는 개인의 자유와 권리를 지키고 공동체의 이익을 증진함으로써 개인의 행복과 국가의 유지, 발전에 기여한다고 생각하기 때문이다.

10 이○○ 씨는 자신의 불편한 점을 개선하는 데 그치지 않고 다른 사람들을 위해, 그리고 더 나은 공동체를 만들기 위해 정류장의 노선도에 직접 화살표를 붙였다.

◀ 바로잡기
① 돈을 많이 버는 것과 버스 정류장의 버스 노선도에 화살표를 붙인 것과는 관련이 없다. ③ 다른 사람들에게 인정받기 위한 것은 아니다. ④ 자신만이 아니라 모든 사람이 편리하게 사용하기 위해 화살표를 붙인 것이다. ⑤ 시민으로서의 권리를 행사한 것이 아니라 더 나은 공동체를 만들기 위해 시민으로서의 연대 의식을 발휘한 것이다.

11 환경을 오염시키고 교통 신호를 위반하며 불법으로 자료를 내려받는 일은 법을 어기는 일이다. 법을 어기는 사람이 많아지면 사회가 혼란스러워지고 공동체 구성원의 건강과

안전을 위협받는다. 또 이러한 일들은 구성원들의 자유와 권리를 침해하여 사회 전체의 공익을 해치게 되므로 결국 정의로운 사회를 만들기 어렵게 된다.

❸ 바로잡기

① 개인의 자유와 권리가 침해된다. ② 공동체 전체의 이익, 즉 공익을 침해한다. ③ 구성원 간에 갈등이 발생하고 사회 질서를 위협한다. ④ 누군가가 법을 지키지 않고 부당하게 이익을 추구한다면 다른 사회 구성원에게 불이익이 돌아가거나 누군가는 차별을 받게 되어 정의롭지 못한 상황이 발생할 수 있다.

12 공익을 해치는 법은 정당한 절차와 방법에 따라 개정해야 한다. 하지만 정당한 절차로도 바꾸기 힘든 법이 있으면 시민 불복종이 이루어진다. 시민 불복종은 행위 목적이 정당해야 하며 비폭력적이어야 하고 가장 마지막에 사용하는 수단으로서 위법 행위에 대한 처벌을 감수할 때 정당화될 수 있다.

❸ 바로잡기

② 정당하지 않은 법에 대해 법의 테두리를 벗어나 저항하는 수단이 시민 불복종이다.

44쪽

도전! 만점 문제

01 ⑤　　**02** ④　　**03** ⑤　　**04** ②

---

01 청소년 근로에 관한 법률을 제정한 목적은 국가 구성원인 청소년의 일할 자유와 권리를 법으로 보장함으로써 청소년의 노동력을 착취하려는 사람들로부터 청소년의 권리와 건강을 보호하기 위해서이다.

❸ 바로잡기

① 청소년의 노동력을 착취하는 것으로부터 청소년을 보호하기 위한 것이다. ② 청소년을 고용한 사람들의 준법정신을 고취하는 것과 관련 있다. ③ 청소년을 감시하고 통제하기 위한 것은 아니다. ④ 청소년의 정신력 강화와는 관련 없다.

02 지나친 사익 추구는 다른 사회 구성원의 권리를 침해하고 공동체의 유지와 발전에도 부정적인 영향을 끼치게 된다. 이러한 문제를 해결하기 위해 국가 공동체의 구성원으로서 시민은 국가 공동체의 유지와 발전에 책임 의식을 갖고 다른 구성원과 연대하여 적극적으로 문제를 해결하기 위해 노력해야 한다.

❸ 바로잡기

④ 지나친 사익 추구로 인한 문제를 해결하기 위해서는 국가 공동체의 이익, 즉 공익이 침해받고 있는지 점검하여 공익을 증진할 수 있도록 노력함으로써 더 나은 국가 공동체를 만들어 갈 수

있도록 해야 한다.

03 정의로운 국가는 국가 구성원인 시민의 적극적인 참여로 실현할 수 있다. 공공의 일에 훈수꾼처럼 관심을 가지고 적극적으로 참여하는 시민이 정의로운 국가를 만들 수 있다. 적극적으로 참여하는 시민은 국가의 정당하지 않은 권력 행사를 감시하고 국가의 잘못된 정책을 비판함으로써 국가 권력을 견제하는 역할을 해 줄 수 있다.

❸ 바로잡기

⑤ 바람직한 시민은 자신이 살고 있는 지역뿐만 아니라 다른 지역과도 연대할 수 있다. 연대 의식이란 구성원들이 서로 연결되어 있다고 믿으며, 더 나은 공동체를 만들어 가기 위해 다른 지역의 구성원과도 기꺼이 함께하려는 마음이다.

04 롤스는 정의를 침해한 법률이나 정책에 항의하는 방법으로 시민 불복종을 제시한다. 시민 불복종은 주관적인 판단만으로 불복종하는 것이 아니라 이성적이고 객관적인 판단 아래 정의롭지 않은 법과 정책에 항의하는 것이다.

❸ 바로잡기

① 롤스는 주관적인 판단이 아닌 객관적인 판단으로 불복종해야 한다고 주장한다. ③ 자신에게 유리한 정책이나 불리한 정책에 저항하는 일이 아니라 정의롭지 못한 정책에 저항하는 일이다. ④ 롤스는 이성적인 판단에 따라 부정의의 기준을 세우고 불복종해야 한다고 본다. ⑤ 자신의 이익 침해에 대한 항의가 아니라 정의롭지 않은 법률이나 정책에 항의하는 것이 불복종이다.

45쪽

정복! 서술형 문제

01 모범답안 | 국가는 모든 국민이 인간다운 생활을 할 수 있도록 여러 가지 사회 보장 제도를 통해 적극적으로 국민의 복지를 향상시켜야 한다. 하지만 개인의 삶에 가능한 한 간섭하지 않는 A 나라의 경우 능력이 부족한 사람이나 불리한 조건에 있는 사람은 많은 어려움을 겪을 수 있다.

구분	채점 기준
상	능력이 부족한 사람이나 불리한 조건에 있는 사람의 경우 어려움을 겪을 수 있다고 정확하게 서술한 경우
중	능력이 부족한 사람 내지 불리한 조건에 있는 사람 중 한 가지만 포함하여 서술한 경우

02 모범답안 | 대한민국 국토를 사랑하는 마음, 즉 애국심을 갖추어야 한다.

구분	채점 기준
상	대한민국 국토를 사랑하는 마음인 애국심을 갖추어야 한다고 정확하게 서술한 경우
중	애국심을 갖추어야 한다고만 서술한 경우

03 (1) 시민 불복종

(2) 모범답안 | 목적이 정당해야 하고, 비폭력적이며, 최후의 수단으로 행해져야 하고, 처벌을 감수해야 한다.

구분	채점 기준
상	목적의 정당성, 비폭력성, 최후의 수단, 처벌 감수 네 가지를 모두 서술한 경우
중	목적의 정당성, 비폭력성, 최후의 수단, 처벌 감수 중 두세 가지를 서술한 경우
하	목적의 정당성, 비폭력성, 최후의 수단, 처벌 감수 중 한두 가지만 서술한 경우

04 모범답안 | 더 나은 공동체를 만들어 나가는 데 책임 의식을 갖고 공동체의 일에 관심을 기울이며 적극적으로 참여하려고 노력한다. 또한 다른 구성원과 협력하여 어려운 일을 헤쳐 나가려는 연대 의식을 가져야 한다.

구분	채점 기준
상	책임 의식, 관심과 적극적 참여, 연대 의식이라는 말을 모두 포함하여 서술한 경우
중	책임 의식, 관심과 적극적 참여, 연대 의식이라는 말 중 두 가지를 포함하여 서술한 경우
하	책임 의식, 관심과 적극적 참여, 연대 의식이라는 말 중 한 가지만 포함하여 서술한 경우

❷-2 사회 정의

확인! 기본 문제

48쪽

01 (1) 정의로운 사회 (2) 공정성 (3) 경쟁 (4) 부패
　　(5) 청렴 의식
02 (1) 경쟁 (2) 불공정 (3) 공정한 (4) 보호
03 (1) ㉡ (2) ㉠ (3) ㉢
04 (1) 분배 (2) 사회
05 (1) ○ (2) ○
06 (1) 무시하고 (2) 없고

향상! 실력 문제

49~51쪽

01 ④	**02** ③	**03** ⑤	**04** ⑤	**05** ⑤	**06** ⑤
07 ⑤	**08** ④	**09** ②	**10** ②	**11** ⑤	**12** ④

01 모든 인간이 평등하게 대우받는 사회가 정의로운 사회이다. 여성이라는 이유로 투표하지 못하는 사회는 정의로운 사회라고 할 수 없다. 이러한 사회를 개선하려면 차별을 금지하는 법을 만드는 등 사회적 차원의 노력이 필요하다.

　🔙 바로잡기

④ 성별, 인종 등에 따라 선거를 제한하는 것은 정의롭지 못한 일이라고 할 수 있다.

02 모두가 열심히 일하고 노력해도 기본적인 생활조차도 불가능한 국가에 있다면 행복한 국가라고 볼 수 없다. 기본적인 생활조차도 불가능한 임금밖에 받을 수밖에 없는 인도와 파키스탄 일부 지역 아동의 문제는 개인적 차원에서 극복하기 어렵고 불합리한 사회 제도나 구조의 개선과 같은 사회적 차원에서 해결해야 한다.

　🔙 바로잡기

③ 각자 맡은 일에 책임과 의무를 다하는 일은 개인적 차원에서 가능한 노력이며, 개인의 기본적인 생활을 보장하지 못하는 문제는 사회적 차원에서 법과 제도적 노력을 통해 해결해야 한다.

03 킹 목사는 구성원들이 인종에 따라 차별당하지 않는 정의로운 사회를 실현하고자 하였다. 킹 목사가 이러한 정의로운 사회를 추구한 까닭은 흑인, 백인 상관 없이 인간이라면 누구나 누려야 할 자유, 평등과 같은 기본적인 권리를 동등하게 보장함으로써 모두 인간다운 삶을 살아갈 수 있도록 하기 위해서이다.

　🔙 바로잡기

① 인종에 따라 차별당하지 않는 정의로운 사회를 만드는 것은 효율적인 경쟁이 지속되는 것과 관련이 없다. ② 킹 목사는 흑인과 백인이 모두 동등한 권리를 가져야 한다고 주장하였다. ③ 정의로운 사회를 만들기 위해서는 인종에 의한 차별이 정당화되지 않도록 노력하는 것이 중요하다. ④ 능력에 따른 분배는 제시문과 관련이 없다.

04 정의의 여신은 오른손에는 칼, 왼손에는 저울을 들고 있다. 칼은 정확한 판정에 따라 엄격하게 상벌을 주어 정의를 실현하겠다는 의지를 담고 있으며, 저울은 엄정한 정의의 기준을 상징한다. 디케가 눈을 감거나 가리고 있는 것은 정의와 불의를 판정할 때 개인의 사사로운 감정을 떠나 특정한 입장을 가진 사람에게만 유리한 판결을 내리지 않기 위해서이다.

05 모든 동물을 나무 위로 올라가게 하는 시험은 공정하다고 평가할 수 없다. 원숭이처럼 나무에 잘 올라가는 동물이 있는가 하면, 코끼리나 물개처럼 나무에 올라갈 수 없는 동물도 있기 때문이다. 즉 각자 타고난 능력이 다르므로 평가하는 기준도 달라야 한다. 선천적인 능력을 갖춘 특정한 동물에게만 유리한 시험은 다른 동물들을 공정하게 대우하지 않

는 것이다.

↩ 바로잡기
① 이기는 것에만 집착하는지는 제시문을 통해 알 수 없다. ② 너무 과도한 경쟁이라기보다는 나무 위에 가장 먼저 오를 수 있는 어느 한쪽에게만 유리한 경쟁이기에 공정하다고 할 수 없다. ③ 자원을 비효율적으로 분배하고 있는지는 제시문을 통해 알 수 없다. ④ 모두가 불행해지는 경쟁을 하고 있는지는 제시문을 통해 알 수 없다.

06 정의로운 사회를 만들기 위해서는 경쟁의 참여 기회를 실질적으로 보장하는 것이 무엇보다 필요하다. 예를 들면 같은 시험을 보는 데 있어서 시각 장애인은 비장애인보다 불리한 조건에 있다. 따라서 시각 장애인에게 시험 시간을 연장하여 시각 장애인이 비장애인보다 불리하지 않도록 적절한 환경을 마련해 줌으로써 경쟁의 실질적 참여 기회를 보장해 주어야 한다.

↩ 바로잡기
①, ④ 경쟁 규칙을 동등하게 적용하는 것이 아니라 경쟁의 참여 기회를 실질적으로 보장해 달라는 것이다. ② 경쟁 결과를 동일하게 보장하는 것은 공정한 경쟁이라고 할 수 없다. ③ 불공정한 수단의 사용을 방지하는 것이 아니라 경쟁에 참여할 수 있도록 기회를 보장해 달라는 것이다.

07 앤서니는 국가 구성원들이 성별에 따라 차별당하지 않는 정의로운 사회를 실현하고자 노력하였다. 그녀가 이렇게 노력한 까닭은 인간이라면 마땅히 인간의 존엄성을 존중받아야 한다고 생각하였기 때문일 것이다. 인간의 존엄성은 인간이라면 누구나 누려야 할 자유권, 평등권, 행복 추구권, 참정권과 같은 기본적 권리를 동등하게 보장받음으로써 실현될 수 있다. 그래서 그녀는 여성의 참정권을 획득하기 위해 그녀와 뜻을 같이 하는 사람들과 함께 여성 참정권 운동을 펼쳤다. 이 운동으로 말미암아 드디어 여성 참정권을 인정하는 수정 헌법 19조가 통과되기에 이르렀다. 여성 참정권 운동에서 알 수 있듯이 인간은 모두 존엄하므로 자유권, 평등권 등과 같은 기본적 권리를 보장받아야 한다. 그리고 이러한 권리를 국적, 인종, 성별, 나이, 학력, 외모, 장애 등을 근거로 제한하지 않아야 한다. 더 나아가 사회 정의는 사회 제도나 법의 개선을 통해 이루어질 수 있다는 것을 인식해야 한다.

↩ 바로잡기
⑤ 공정하지 못한 사회 제도는 개인의 노력만으로 해결하는 데 한계가 있으며, 사회 구성원 모두가 힘을 모아 사회 제도나 구조를 개선함으로써 해결할 수 있다.

08 공정하게 경쟁하며 정의로운 사회를 만들어 가고자 할 때 부패는 걸림돌이 된다. 부패는 공정한 절차를 무시하고 부당한 방법으로 자신의 이익을 챙기는 행위를 의미하며, 뇌물이나 친분, 권력 등을 악용하여 경제적 이익이나 유리한 기회를 얻는 행위가 부패에 해당한다. 이러한 부패 행위를 막고 공정한 경쟁을 통해 사람들을 채용하기 위해 블라인드 채용이라는 제도가 도입된 것이다.

↩ 바로잡기
① 제시문을 통해 파악할 수 없다. ② 블라인드 채용은 그 사람의 가정 환경이나 학력, 신체 조건 등을 채용의 조건으로 삼는 불공정한 행위를 방지하기 위해 도입된 제도이다. ③ 블라인드 채용은 현재의 직무 능력만을 기준으로 채용 시험을 치르기 위한 제도이다. ⑤ 블라인드 채용은 경쟁이 있는 환경에서 공정한 경쟁을 하기 위해서 만들어진 것이다.

09 제시문의 전 씨가 뇌물을 건네고 아들의 취업을 청탁한 까닭은 공정한 경쟁을 거치지 않고 아들에게 남들보다 더 쉽게 취업의 기회를 얻어 주려는 개인적인 욕심과 이기심 때문이다. 이처럼 부패는 공정하지 못한 방법을 통해 남들보다 쉽게 경제적 이득을 얻거나 부당하게 자기 이익을 챙기려는 잘못된 욕심, 비합리적 관행을 허용하는 사회 분위기 때문에 발생한다.

↩ 바로잡기
② 공정성을 중요한 가치로 여겼다면 부패가 발생하지 않았을 것이다.

10 자한은 옥이라는 물질적 보배보다는 남의 물건에 욕심을 내지 않는 정신적 보배를 더 귀중하게 여기고 있다. 즉 자한은 옥을 탐하지 않는 청렴한 태도로 뇌물을 받지 않았다. 이러한 자한의 행동에서 알 수 있듯이 사회 구성원이 청렴 의식을 지니고 각자의 자리에서 자신이 맡은 일을 공정하게 처리할 때 부패를 예방할 수 있다.

11 부패를 예방하기 위해서는 개인적 차원의 청렴 의식 함양도 중요하지만 싱가포르의 사례에서 알 수 있듯이 부패를 용납하지 않는 사회 분위기 조성 및 부정부패 척결 정책, 부패 방지법 제정, 공익 신고자 및 내부 고발자를 보호하는 장치 등 부패 근절을 위한 사회 정책과 제도를 마련하는 것도 중요하다.

↩ 바로잡기
⑤ 부패 행위를 신고한 공익 신고자 및 내부 고발자는 법으로 보호해야 한다.

12 조선 시대의 청백리 제도는 청렴한 공직자를 표창함으로써 부패를 예방하고 바른 관리상을 제시하며 공익을 우선시

하는 의식을 함양할 수 있게 한다.

◀ 바로잡기

④ 청백리 제도는 부패를 예방하기 위한 제도로 은밀하게 부패를 저지를 수 있도록 주의를 주는 것은 아니다.

01 ②   **02** ③   **03** ④   **04** ⑤

01 영철이네 반 아이들은 경기에서 이기기 위해 경쟁 규칙을 어겼기 때문에 공정하다고 볼 수 없다. 이처럼 공정한 경쟁이 이루어지려면 모든 참가자가 경쟁 규칙을 동등하게 적용받아야 한다.

◀ 바로잡기

①, ③, ④, ⑤ 공정한 경쟁의 조건이지만 제시문과는 거리가 멀다.

02 제시문은 자신의 능력을 발휘할 수 없는 불리한 환경에 있는 사회 구성원에게도 경쟁에 참여할 기회를 균등하게 보장하고, 그들의 몫을 분배받도록 하는 것이 공정하다고 주장하고 있다. 우리가 사회 정의를 실현하고 정의로운 사회를 만들기 위해 노력하는 것은 사회적·경제적 불평등 속에 있는 사회적 약자에게 그들의 몫을 공정하게 배분하고 인간으로서 누려야 할 기본적인 권리를 보장함으로써 사회 구성원 모두가 인간답고 행복한 삶을 누리도록 하기 위해서이다.

◀ 바로잡기

③ 능력이 뛰어난 사람만을 우대하는 사회는 정의롭지 못한 사회이다. 능력이 뛰어나지 않은 사람이나 불리한 여건에 있는 사람에게도 그들의 몫을 공정하게 분배하여 인간의 존엄성을 보장받으며 인간다운 삶을 살 수 있도록 하는 것이 정의로운 사회이다.

03 공정한 사회를 위해서는 모든 사람이 자유롭게 살아갈 수 있는 동등한 권리를 가져야 하며, 다수가 누릴 더 큰 자유를 위해서 소수의 사람이 기본적 자유를 침해당해서는 안 된다. 이를 위해 미국의 정치 철학자 롤스는 사회적 약자에게 더 큰 혜택을 보장함으로써 그들의 기본적 자유를 보장하는 일도 필요하다고 보았다. 모든 사람이 차별받지 않고 경쟁에 참여할 수 있는 동등한 기회를 가지기 위해서는 다른 사람보다 불리한 위치에 있는 사람에게 적절한 기회를 제공하는 실질적 평등이 필요하다는 것이다.

◀ 바로잡기

④ (가)는 모든 사람에게 기계적으로 규칙을 동등하게 적용하고 있다. 이러한 입장은 사회적 약자와 같은 이들에 대해 필요에 따른 분배를 하기보다는 모든 사람에게 동일한 분배를 해야 한다는 생각을 반영한 것이다.

04 공정한 경쟁이란 경쟁에서 뒤처진 사람들이 있어도 최소한의 인간다운 삶을 보장하거나 경쟁 과정에 또 다시 참여할 수 있는 기회를 마련해 주는 것이다. 이를 위해 장애인 의무 고용 제도, 여성 할당제, 지역 균형 선발 제도, 국민 기초 생활 보장법 등 다양한 제도와 법이 시행되고 있다.

◀ 바로잡기

① 처벌을 피하고 법을 지키기 위해 제시문의 제도가 있는 것은 아니다. ② 제시문의 제도는 모든 사람에게 똑같은 규칙을 적용하는 것과 관련이 없다. ③ 제시문의 제도는 청렴 의식을 고양하고 부패를 방지하기 위한 것과 관련이 없다. ④ 제시문의 제도는 경쟁에 참여할 기회를 형식적으로 보장하기 위한 것은 아니다.

01 (1) **모범답안** | 여성 할당제, 장애인 의무 고용 제도, 지역 균형 선발 제도 등이 있다.

구분	채점 기준
상	여성 할당제, 장애인 의무 고용 제도, 지역 균형 선발 제도 세 가지를 모두 서술한 경우
중	여성 할당제, 장애인 의무 고용 제도, 지역 균형 선발 제도 중 두 가지를 서술한 경우
하	여성 할당제, 장애인 의무 고용 제도, 지역 균형 선발 제도 중 한 가지를 서술한 경우

(2) **모범답안** | 다른 사람보다 불리한 조건을 가진 사람에게 적절한 혜택이나 환경을 마련하여 경쟁에 참여할 기회를 실질적으로 보장해 줄 수 있다.

구분	채점 기준
상	다른 사람보다 불리한 조건을 가진 사람, 적절한 혜택이나 환경 마련, 경쟁에 참여할 기회의 실질적 보장이라는 세 가지 내용을 모두 포함하여 정확하게 서술한 경우
중	다른 사람보다 불리한 조건을 가진 사람, 적절한 혜택이나 환경 마련, 경쟁에 참여할 기회의 실질적 보장이라는 내용 중 두 가지를 포함하여 서술한 경우
하	다른 사람보다 불리한 조건을 가진 사람, 적절한 혜택이나 환경 마련, 경쟁에 참여할 기회의 실질적 보장 중 한 가지를 포함하여 서술한 경우

02 **모범답안** | 개인도 행복하고 사회도 발전하는 정의로운 사회를 만들기 위해서이다.

구분	채점 기준
상	개인의 행복과 사회 발전을 위해서라고 정확하게 서술한 경우
중	개인의 행복 또는 사회 발전 중 한 가지만 서술한 경우

03 **모범답안** | 상피 제도를 시행한 이유는 특별한 연고가 있는 관리가 그 지방에 파견되어 자신의 권력을 이용하여 친한 사람들에게

이익을 주는 부패를 방지하기 위해서이다.

구분	채점 기준
상	자신의 권력을 이용해 친한 사람들에게 이익을 주는 부패를 방지하기 위해서라고 정확하게 서술한 경우
중	친한 사람들에게 이익을 주는 부패를 방지하기 위해서라고 서술한 경우
하	부패를 방지하기 위해서라고만 서술한 경우

04 **모범답안** | 개인적 차원에서는 청렴 의식을 함양하며, 사회적 차원에서는 부패를 용납하지 않는 사회 분위기를 조성하고 부패 근절을 위한 사회 정책과 제도를 마련한다.

구분	채점 기준
상	청렴 의식의 함양, 부패를 용납하지 않는 사회 분위기 조성, 부패 근절을 위한 사회 정책과 제도의 마련 세 가지를 모두 포함하여 서술한 경우
중	청렴 의식의 함양, 부패를 용납하지 않는 사회 분위기 조성, 부패 근절을 위한 사회 정책과 제도의 마련 중 두 가지를 포함하여 서술한 경우
하	청렴 의식의 함양, 부패를 용납하지 않는 사회 분위기 조성, 부패 근절을 위한 사회 정책과 제도의 마련 중 한 가지를 포함하여 서술한 경우

Ⅱ-3 북한 이해

확인! 기본 문제

57쪽

01 (1) 경계 (2) 장마당 (3) 편견 (4) 경제적
02 (1) 객관적 (2) 중앙 집권적 (3) 이질화
03 (1) ㉡ (2) ㉠
04 (1) ○ (2) × (3) ○ (4) ○
05 (1) 협력 (2) 호혜적

향상! 실력 문제

57~59쪽

01 ② **02** ② **03** ④ **04** ③ **05** ⑤ **06** ①
07 ⑤ **08** ① **09** ① **10** ⑤ **11** ④ **12** ①

01 한반도의 분단은 국제적인 상황과 국내적인 상황이 복합적으로 작용한 결과이다. 일본의 패망 후 미군과 구 소련군이 북위 38선을 기준으로 한반도의 남과 북에 각각 머물면서 남북 분단이 시작되었다. 모스크바 3국 외상 회의에서 미국·영국·구 소련은 한반도에 대한 신탁 통치를 결정하였다.

모스크바 3국 외상 회의의 결정을 두고, 한반도에서는 신탁 통치를 찬성하는 견해와 반대하는 견해가 극심하게 대립하였다. 미·소 공동 위원회는 한반도의 임시 정부 수립을 논의하였으나 뜻을 모으지 못하고, 한국의 독립 문제를 국제 연합 총회에 보냈다. 구 소련과 북한은 38선 이북에 국제 연합 한국 임시 위원단이 들어오는 것을 거부하였다. 결국, 1948년 남북은 각각 선거를 치렀다. 1950년 6월 25일, 북한의 침략으로 전쟁이 시작되었고, 남북은 분단 상황을 굳혔다. 그리고 우리는 아직 분단의 아픔 속에 살아가고 있다.

02 1945년 광복의 기쁨도 잠시, 남북 분단이라는 비극적 상황에 놓인 우리는 북한과 군사적으로 대립하고 있으며, 북한 정권을 우리의 안보를 위협하고 있는 대상이라고 여기고 있다. 하지만 남북 이산가족의 상봉 모습에서 알 수 있듯이 북한 주민은 우리 누군가의 가족이며, 우리와 역사의 아픔을 함께 나눈 형제이자 동포이다. 이러한 점을 통해 북한은 우리에게 또 다른 모습으로 다가오기도 한다. 즉, 북한 정권은 경계의 대상일 뿐만 아니라 통일 공동체를 실현하여 이산가족과 실향민의 아픔과 고통을 해소하기 위한 화해와 협력의 대상이라는 것이다.

◀ 바로잡기
② 제시문은 이산가족의 만남과 아픔에 대한 것으로 남북한 주민 간에 이질화가 심각하다는 것은 제시문을 통해 알기 어렵다.

03 분단 상태가 이어지면서 우리는 북한을 여러 가지 시각으로 바라보고 있다. 제시문을 통해 알 수 있듯이 북한 정권의 군사적 침략은 우리 국민의 생명과 안전을 위협한다. 그동안 북한이 군사를 동원해 남한을 수차례 공격할 때마다 우리는 인적·물적 피해를 겪었기 때문이다. 이러한 경험을 통해 북한은 우리와 군사적으로 대립하는 경계의 대상이라고 볼 수 있다.

◀ 바로잡기
①, ②, ③, ⑤ 북한을 경계의 대상으로 바라보는 시각과 상반되는 화해와 협력의 대상으로 바라보는 시각으로서, 제시문과는 관련이 없다.

04 북한을 바르게 이해하기 위해서는 먼저, 객관적 사실에 기초해서 북한이 처한 대내외 환경과 북한의 실상을 있는 그대로 바라볼 수 있어야 한다. 또한 인간 존엄성, 자유, 평등, 인권 등과 같은 보편적 가치를 근거로 이해해야 한다.

◀ 바로잡기
ㄱ. 북한을 단지 경계의 대상으로만 여기고 적대시하면 남북한 공동의 평화와 번영을 이끌어 가기 어렵다. ㄴ. 분단 현실을 고려할 때 북한을 긍정적으로만 바라보는 태도는 바람직하지 않다.

05 북한은 문화와 예술도 당이 철저하게 통제하고 관리하면서 체제를 유지하기 위한 선전의 도구로 활용하고 있다. 북한의 노래와 영화는 당과 지도자를 찬양하는 내용이 주를 이룬다.

⦿ 바로잡기

2000년대에 접어들어 남한의 대중문화가 북한 주민 사이에 유입되었지만 북한 정부는 이를 사회 문제로 여기고 단속하고 있다. 따라서 남한의 대중문화를 인정하고 있다는 정인의 말은 사실이 아니다.

06 북한 주민의 정치 활동은 당의 결정과 정부 기관의 통제 속에서 이루어지며, 조선 노동당과 1인 지도자에게 권력을 집중하고 있다.

⦿ 바로잡기

ㄷ. 북한 당국은 주민들이 일상생활에서 당의 사상적 지침을 위반하지 않는지 감시하고 시정을 요구한다. 북한 체제를 비판하거나 사상이 불순하다고 평가받은 북한 주민은 강제 노동이나 학대 등 비인간적인 탄압을 받는다. ㄹ. 북한의 국호는 '조선 민주주의 인민 공화국'으로 겉으로는 민주주의를 내세우지만, 실제로는 그렇지 않으며 조선 노동당과 1인 지도자에게 권력이 집중되어 있다.

07 제시문을 통해 북한 주민의 생활 모습을 보편적 가치의 관점에서 평가해 보면, 북한 주민들은 기본적인 생필품을 보급받지 못하고 적절한 의료 혜택도 전혀 누리지 못하는 등 생존권, 인간으로서 누려야 할 인권 및 인간의 존엄성을 보장받지 못하고 있다.

⦿ 바로잡기

① 감시와 통제로 인해 자유롭지 못한 삶을 살고 있다. ② 언론과 출판, 집회와 결사의 자유를 누리지 못하고 있다. ③ 집단주의 원칙에 의해 개인보다 집단을 우선시하는 삶을 살고 있다. ④ 의무적으로 동원된 사람들의 웃음 없는 얼굴에서 알 수 있듯 북한 주민들은 인간 존엄성과 인권을 보장받지 못하는 삶을 살고 있다.

08 북한 주민은 집단주의 원칙에 따라 어린 시절부터 학교, 직장, 퇴직 이후까지 조직 생활을 통해 정치사상을 익힌다.

⦿ 바로잡기

② 학생들은 14살이 되면 소년단 생활을 끝내고 청년동맹에 들어가 조직 생활을 계속해야 한다. ③ 학교에서는 최근 들어 외국어, 컴퓨터 등 실용 과목도 가르치고 있다. ④ 북한 교육의 목적은 북한 체제에 순응하는 인간을 키우는 데 있다. ⑤ 북한 주민은 '하나는 전체를 위하여 전체는 하나를 위하여'라는 구호 아래 개인보다 집단의 목표를 우선시한다.

09 제시문을 통해 우리는 북한 이탈 주민이 북한 출신을 향한 편견과 선입견으로 심리적 고통을 겪는다는 것을 알 수 있다.

10 제시문을 통해 북한 이탈 주민은 먼저 온 미래의 동반자이자, 통일 이후 남북 관계를 연결하는 사다리가 될 수 있다는 점을 알 수 있다. 이러한 북한 이탈 주민이 제시문의 내용과 같이 우리 사회의 구성원으로 자리 잡을 때 통일 한국의 미래도 밝아 올 것이다. 우리는 제시문 속 박 씨와 같이 북한 이탈 주민이 남한에서 겪는 어려움을 해소함으로써 통일 과정에서 생길 수 있는 문제를 미리 예측하고 해결할 수 있다.

11 우리는 무엇보다 북한 이탈 청소년에 대한 편견을 버려야 하며, 그들에게 관심을 갖고 배려하고, 그들의 문화적 배경을 이해하려고 노력해야 한다. 그리고 일상생활 속에서 북한 이탈 청소년이 낯설어 하는 것들을 친절하게 알려 주려는 자세를 지녀야 한다.

⦿ 바로잡기

④ 북한 이탈 청소년을 시혜적 차원에서 동정심을 갖고 바라보는 것은 그들에게 오히려 부담으로 여겨질 수 있다.

12 제시문 속 북한 이탈 주민은 직장을 구하는 데에도 어려움을 겪었지만 취업을 하더라도 일한 대가를 충분히 받지 못하고 있다.

⦿ 바로잡기

②, ③, ④, ⑤ 모두 북한 이탈 주민이 겪는 어려움이지만, 제시문을 통해 알 수 있는 어려움은 아니다.

도전! 만점 문제			60쪽
01 ④	**02** ①	**03** ①	**04** ④

01 제시문은 남한과 북한 사이의 사고방식과 가치관의 차이로 인해 겪을 수 있는 북한 이탈 주민의 어려움에 대해 설명하고 있다. 오랜 분단 결과 남북한에서 사용하는 용어뿐만 아니라 각종 제도와 삶의 양식이 서로 달라서 북한 이탈 주민이 단기간에 적응하기란 쉽지 않다. 이를 통해 볼 때, 통일 이후에 남한 주민과 북한 출신 주민 사이에 갈등이 생길 수 있다. 또한 북한 출신 주민이 문화적 차이에서 오는 충격을 경험할 수 있다.

⦿ 바로잡기

ㄷ. 제시문은 북한 이탈 주민이 겪을 수 있는 경제적 어려움에 대한 내용을 다루고 있지는 않다.

02 제시문은 북한 이탈 주민에 대한 차별과 편견, 선입견으로 인해 그들이 겪는 어려움을 대해 다루고 있다. 우리는 북한 이탈 주민에 대한 편견을 버리고, 더불어 살아갈 이웃이라고 생각하며 서로 존중하고 배려해야 한다.

⦿ 바로잡기

① 북한 이탈 주민을 우리와 상관없는 사람들이라고 생각하고 거리를 두는 것은 북한 이탈 주민을 대하는 바람직한 자세라고 볼 수 없다.

03 제시된 그림은 남북한 언어 이질화를 나타내고 있다. 이를 바탕으로 알 수 있는 통일의 과제는 남북한의 문화 이질화를 극복하기 위해 노력해야 한다는 점이다.

◀ 바로잡기

ㄴ. 통일의 과제로는 적절하지만 제시된 내용과 관계없는 내용이다. ㄷ. 문화적 차이는 남북한 주민 간의 의사소통과 통합을 가로막을 수 있으므로 통일을 위해서는 남북한이 서로 다른 문화와 가치관의 차이를 극복하고 동질성을 회복함으로써 진정한 통일 공동체로 나아가기 위해 노력해야 한다.

04 제시문은 북한에 대해 부정적으로만 바라보는 학생들의 모습을 설명하고 있다. 우리는 주관적 생각이나 감상에 따라 북한을 부정적 내지 긍정적으로만 보는 태도를 모두 지양해야 한다. 그러므로 학생들에게는 객관적 사실에 기초해서 균형 있게 북한을 바라보아야 한다고 조언할 수 있을 것이다.

◀ 바로잡기

① 북한을 주관적 생각이나 감상에 따라 이해하려는 태도는 바람직하지 않다. ② 북한을 부정적으로만 보는 태도도 잘못된 것이지만, 긍정적으로만 보는 태도 역시 경계해야 한다. ③ 북한을 경계의 대상으로만 여기고 적대시하면 남북한 공동의 평화와 번영을 이끌어 내기 어렵다. ⑤ 분단 현실을 간과하고 북한을 화해와 협력의 대상으로만 여기면 자칫 국가 안보를 위협할 위험이 있다.

정복! 서술형 문제 ● ———— 61쪽

01 모범답안 | 북한은 통일 공동체 실현을 위해 화해하고 협력해야 할 대상이기도 하지만, 안보 차원에서 볼 때는 경계의 대상이기도 한 이중적 존재라고 할 수 있다.

구분	채점 기준
상	화해하고 협력해야 할 대상, 경계의 대상이라고 모두 정확하게 서술한 경우
중	화해하고 협력해야 할 대상, 경계의 대상 중 한 가지만 서술한 경우

02 (1) **모범답안 |** 시대와 장소가 달라져도 변하지 않으며, 모든 인간이 보장받아야 하는 기본적 가치이다.

구분	채점 기준
상	시대와 장소가 달라져도 변하지 않는다는 내용과 함께 모든 인간이 보장받아야 하는 기본적 가치임을 모두 서술한 경우
중	시대와 장소가 달라져도 변하지 않는다는 내용이나 모든 인간이 보장받아야 하는 기본적 가치라는 내용 중 한 가지만 서술한 경우

(2) **모범답안 |** 북한 주민은 심각한 식량난으로 인해 기본적인 생존권을 위협받고 있으며, 인간으로서 누려야 할 기본적 권리인 인권 내지 인간의 존엄성을 보장받지 못하고 있다.

구분	채점 기준
상	생존권 위협, 인간으로서 누려야 할 기본적 권리인 인권, 인간 존엄성의 단어를 모두 포함하여 정확하게 서술한 경우
중	생존권 위협, 인간으로서 누려야 할 기본적 권리인 인권, 인간 존엄성의 단어 중 두 가지를 포함하여 서술한 경우
하	생존권 위협, 인간으로서 누려야 할 기본적 권리인 인권, 인간 존엄성의 단어 중 한 가지만 포함하여 서술한 경우

03 모범답안 | 북한의 문화와 예술은 당과 지도자를 찬양하는 내용이 주를 이루며, 당이 철저하게 통제하고 관리하면서 체제를 유지하기 위한 선전의 도구로 활용한다.

구분	채점 기준
상	당과 지도자를 찬양한다는 점, 당의 통제와 관리하에 체제 유지를 위한 선전의 도구로 활용한다는 점을 모두 정확하게 서술한 경우
중	당과 지도자를 찬양한다는 점, 당의 통제와 관리하에 체제 유지를 위한 선전의 도구로 활용한다는 점 중 한 가지만 서술한 경우

04 모범답안 | 북한 주민은 누군가의 가족이자 같은 역사와 전통을 공유하는 동포이며, 우리와 똑같이 인간답게 살 권리가 있는 존재이다.

구분	채점 기준
상	누군가의 가족이자 같은 역사와 전통을 공유하는 동포, 인간답게 살 권리가 있는 존재라는 점을 모두 포함하여 서술한 경우
중	누군가의 가족이자 같은 역사와 전통을 공유하는 동포, 인간답게 살 권리가 있는 존재라는 점을 대략적으로 서술한 경우

05 (1) **모범답안 |** 북한 이탈 주민은 북한 출신을 향한 편견과 선입견으로 인해 심리적 어려움을 겪는다.

구분	채점 기준
상	북한 이탈 주민이 겪는 심리적 어려움의 내용을 서술하고, 이것이 심리적 어려움임을 모두 서술한 경우
중	북한 이탈 주민이 겪는 심리적 어려움의 내용을 서술했지만, 이것이 심리적 어려움임을 서술하지는 않은 경우

(2) **모범답안 |** 북한 이탈 주민에 대한 편견을 버리고, 더불어 살아갈 이웃이라고 생각하여 북한 이탈 주민을 존중하고 배려해야 한다.

구분	채점 기준
상	북한 이탈 주민에 대한 편견을 버리고, 더불어 살아갈 이웃으로서 존중하고 배려한다는 점을 정확하게 서술한 경우
중	북한 이탈 주민에 대한 편견을 버려야 한다고만 서술한 경우

II-4 통일 윤리 의식

확인! 기본 문제
64쪽

01 (1) 보편적 (2) 동질성 (3) 격차 (4) 평화 (5) 공동체
02 (1) 긍정적 (2) 개방적 (3) 대립 (4) 넓혀
03 (1) ⓛ (2) ㉠ (3) ㉢
04 (1) 비용 (2) 평화
05 (1) ◯ (2) ◯
06 (1) 이익 (2) 인정

향상! 실력 문제
65~67쪽

01 ① **02** ② **03** ④ **04** ④ **05** ⑤ **06** ④
07 ③ **08** ② **09** ⑤ **10** ④ **11** ⑤ **12** ⑤

01 제시문 속 재미 교포 리◯◯ 씨는 남북 분단으로 이산가족이 되었다. 남북한의 이산가족은 남북 분단으로 반세기가 넘도록 가족의 안부조차 모른 채 고통스럽게 살아가고 있다. 통일은 이러한 이산가족과 실향민의 아픔과 고통을 해소하여 인도주의를 실현할 수 있다.

❮❯ 바로잡기
②, ③, ④, ⑤ 모두 통일을 해야 하는 근거에 해당하지만, 제시문을 통해 알 수 있는 내용은 아니다.

02 분단 비용은 분단으로 인해 소요되는 비용, 곧 남북한 사이의 대결과 갈등으로 발생하고 있는 유·무형의 지출성 비용을 말한다. 유형의 분단 비용에는 국방비, 이념·체제 유지비, 외교·행정비 등 분단 관리를 위해 직접 지불해야 하는 비용 등이 해당된다. 무형의 분단 비용은 분단으로 인해 사회 전역에서 발생하는 기회비용이자 통일이 이루어지는 순간부터 소멸되는 소모적 비용이다. 그리고 통일 비용은 통일에 따라 발생하게 되는 비용이다. 다시 말해 통일 과정 및 통일 이후 남북 간의 격차를 해소하고 이질적인 요소를 통합하는 데 소요되는 정치·경제·사회·문화적 비용을 의미한다. 통일 비용은 통일 방식과 통합 과정의 양상에 따라 크게 달라질 수 있으나, 일반적으로 위기 관리 비용, 남북 연결 도로 건설비 등의 경제 재건 비용, 제도 통합 비용, 사회 보장 비용 등으로 나눌 수 있다.

03 남북한이 화합하는 모습을 보고 감동을 받게 된 이유는 분단된 지 60년이 넘었어도 남한과 북한은 같은 민족이라는 생각과 함께 민족적 동질성을 느낄 수 있었기 때문이다.

04 통일이 되면 남한과 북한의 각종 인적·물적 자원을 효율적으로 활용할 수 있어서 남북한 모두 경제적 발전 및 번영

을 이룰 수 있다.

❮❯ 바로잡기
① 보편적 가치 실현은 북한 주민의 인간 존엄성 보장 및 평화 구현과 관련된 내용이다. ② 민족 공동체 회복은 남북 간 이질화 극복과 전통문화 및 역사 계승과 관련된 내용이다. ③ 전통문화와 역사 계승은 민족 공동체 회복과 관련된 내용이다. ⑤ 전쟁과 같은 공포가 없는 평화를 구현하는 것은 보편적 가치 실현과 관련된 내용이다.

05 통일 한국의 모습은 남북이 분단된 오늘날과는 크게 다를 것이다. 통일 직후에는 사회 변화에 따라 여러 가지 문제가 생길 수 있다. 예를 들어 남북한 주민 간 가치관과 생활 방식의 차이, 재산권과 화폐 통합 등에 따른 여러 갈등과 사회 문제가 나타날 수 있다. 더불어 통일에 따라 막대한 통일 비용이 들 수 있다.

06 통일에 대비하여 많은 준비를 해 왔던 독일도 동독과 서독 주민 간에 서로 다른 가치관과 사고방식으로 갈등이 발생하였다. 이를 통해 우리는 통일 한국에서 나타날 수 있는 문제를 미리 충분히 예상해 보고 대비할 수 있어야 한다. 또한 남북한 주민 간의 서로 다른 가치관과 사고방식을 이해하도록 노력하여 갈등이 증폭되지 않도록 대비해야 한다. 더 나아가 남북한 주민들 사이의 갈등을 원만하게 해결하기 위해 민주적 절차를 마련해야 한다.

❮❯ 바로잡기
ㄷ. 독일의 통일 사례를 통해 얻을 수 있는 교훈이 아니며, 오히려 통일 한국은 남북한 주민들의 자유로운 경제 활동을 보장해야 한다. 이를 통해 각자의 관심과 능력에 따라 자유롭게 직업을 선택하고 최선을 다하도록 해야 한다. 그리고 경제 성장의 혜택을 복지 제도를 통해 모든 구성원과 나눌 수 있도록 해야 한다.

07 제시문을 통해 북한 주민들은 종교의 자유를 전혀 누리지 못하고 있다는 것을 알 수 있다. 이를 토대로 통일 한국이 지향해야 할 바람직한 미래상을 설정한다면, 인간 존엄성을 보장하는 나라여야 한다. 즉 종교의 자유와 같은 보편적 가치를 지향함으로써 남북한 주민의 인간 존엄성을 보장하는 통일 한국을 만들어 가야 한다.

❮❯ 바로잡기
①, ②, ④, ⑤ 모두 통일 한국이 지향해야 할 바람직한 미래상이지만, 제시문과 관련이 없는 내용이다.

08 통일 한국은 정치적 측면에서는 자유 민주주의를 정립한 나라여야 한다. 통일 직후 남북한 주민들 사이에는 정치적·경제적·문화적 격차 때문에 여러 가지 갈등이 발생할 수 있다. 이러한 갈등을 평화롭게 해결하려면 남북 주민이 자발

적으로 참여하고 다양한 의견을 모을 수 있는 자유 민주주의 체제를 바로 세워야 한다. 또한 문화적 측면에서는 민족 문화를 개방적이고 진취적으로 발전시키는 나라여야 한다. 폐쇄적이고 획일적인 문화로는 지구촌 시대의 다문화 환경 속에서 통일 한국의 발전을 도모하기 어렵다. 따라서 민족 문화와 전통을 창의적으로 계승하여 발전시키는 통일 한국을 가꾸어야 한다.

09 제시문에 나타난 안중근 추모 행사는 남북한이 학술적 교류를 통해 공동의 역사에 대해 서로 이해의 폭을 넓히고자 노력하는 자세를 보여 주고 있다. 이처럼 통일을 이루려면 단계적으로 교류하고 협력하는 자세를 지녀야 한다. 우리는 남북한이 서로 공감할 수 있는 언어·역사·예술 분야부터 시작하여 경제 분야로 교류와 협력의 폭을 점차 넓혀 나가야 한다.

바로잡기
① 서로의 차이점을 인정하기보다 서로의 공통점을 찾아 민족 동질성을 회복하기 위해 안중근 의사 추모식을 거행한 것이다. ② 제시문은 문화적 분야에서부터 교류와 협력을 하고자 한다. ③ 투철한 국가 안보 의식을 가지려고 했다면 안중근 의사 추모식은 이루어지지 않았을 것이다. ④ 남북 간에 교류와 협력을 할 때 시혜적 차원에서 북한에 은혜를 베풀고 도와주려는 우월적인 자세는 바람직하지 않다.

10 제시문에 나타난 것과 같은 남북한 문화 교류를 통해 신뢰를 회복하고 긴장 상태를 완화하여 평화 통일을 이룰 수 있다.

바로잡기
①, ②, ③, ⑤ 모두 통일을 해야 하는 도덕적 근거에 해당하지만 제시문과는 관련이 없다.

11 제시문의 학교에서는 학생들이 통일에 대한 관심을 가지고 적극적으로 활동할 수 있도록 다양한 프로그램을 제공하고, 관련 환경을 조성하고 있다. 이를 통해 우리는 무엇보다 미래의 주역인 청소년들이 통일에 대해 관심을 갖도록 노력을 기울여야 한다는 점을 알 수 있다.

12 통일은 한반도의 전쟁 가능성을 근본적으로 제거하여 동북아시아의 긴장 상태를 해소할 수 있으며, 이를 통해 주변 나라는 물론 전 세계의 불안과 우려를 씻어 냄으로써 세계 평화와 인류의 공동 번영에 이바지할 수 있다.

바로잡기
⑤ 통일은 한반도에서 전쟁이 일어날 가능성을 근본적으로 제거하여 한반도의 평화 정착에 기여할 수 있다.

01 제시문의 (가)는 통일을 긍정적으로 바라보는 시각과 그 이유를 나타내고 있으며, (나)는 통일을 부정적으로 바라보는 시각과 그 이유를 나타내고 있다. 이처럼 통일을 바라보는 시각은 다양하다.

바로잡기
① 통일 이후 벌어질 일에 관해 염려하는 것은 (나)의 시각이다. ② 통일의 필요성에 관해 의문을 가지는 것은 (나)의 시각이다. ③ 분단을 극복하고 남과 북이 하나가 되기를 염원하는 것은 (가)의 시각이다. ④ 평화와 화합, 이산가족의 만남 등을 중요하게 여기는 것은 (가)의 시각이다.

02 제시문 속 학생들은 모두 통일 한국의 바람직한 미래상으로 자유 민주주의를 정립한 나라를 말하고 있다.

바로잡기
②, ③, ④, ⑤ 모두 통일 한국이 지향해야 할 바람직한 미래상이지만, 제시문 속 학생들이 지향하는 미래상은 아니다.

03 제시된 자료는 '세계 평화 지수(WPI)'이다. 세계 평화 지수는 평화와 관련된 개별 측정 지표들을 종합해 매해 전 세계 국가들의 평화 상태를 측정하는 지표이다. 세계 평화 지수는 정치, 군사·외교, 사회·경제 등 3개 영역 31개 세부 지표를 활용해 100점 만점으로 수치화한다. 우리나라는 70위를 차지하고 있는데, 이는 남북 북단으로 인해 군사적 대립이 지속됨으로써 평화를 위협하고 있는 한반도의 상황이 반영된 것이라고 볼 수 있다.

바로잡기
①, ②, ③, ⑤ 모두 남북 분단으로 인해 나타나는 문제점이지만, 제시된 자료와는 관련이 멀다.

04 제시문은 남북한의 국어학자들이 공동 사전을 편찬하게 되었다는 내용이다. 이와 같은 남북한의 평화적 교류와 협력을 통해 민족의 동질성을 회복하여 통일을 준비해 나가는 밑거름을 마련할 수 있을 뿐만 아니라 남북한이 서로 공감할 수 있는 언어 분야의 교류와 협력으로부터 경제 분야로, 나아가 정치·군사 분야까지 교류와 협력의 폭을 점차 넓혀 나갈 수 있다.

바로잡기
ㄱ. 남북한의 교류와 협력은 제시된 내용과 같이 서로 공감할 수 있는 분야로부터 시작해 나가는 것이 바람직하며, 이를 바탕으로 장기적인 관점에서 점차 교류의 폭을 확대해 나갈 필요가 있다.

01 모범답안 | 통일은 이산가족과 실향민의 아픔과 고통을 해소하여 인도주의를 실현하는 일이다.

구분	채점 기준
상	이산가족과 실향민의 아픔과 고통을 해소하여 인도주의를 실현하는 일이라고 정확하게 서술한 경우
중	이산가족과 실향민의 아픔 내지 고통을 해소하는 일이라고만 서술한 경우

02 (1) **모범답안 |** 남북한이 서로 공감할 수 있는 분야부터 단계적으로 교류하고 협력하는 자세를 지녀야 한다.

구분	채점 기준
상	남북한이 서로 공감할 수 있는 체육 분야와 같은 분야부터 시작하여 단계적으로 교류하고 협력해야 한다는 점을 구체적으로 서술한 경우
중	남북한이 서로 교류하고 협력해야 한다고만 서술한 경우

(2) **모범답안 |** 남북한이 교류하고 협력함으로써 서로 신뢰를 회복하고, 정치·군사 분야까지 나아가 교류·협력하여 긴장 상태를 완화하고 평화 통일을 이룰 수 있다.

구분	채점 기준
상	서로 신뢰를 회복하고, 교류·협력의 분야를 정치·군사 분야까지 확대하여 긴장 상태를 완화하고 평화 통일을 이룰 수 있다는 점을 정확하게 서술한 경우
중	서로 신뢰를 회복하고, 교류·협력의 분야를 정치·군사 분야까지 확대하여 긴장 상태를 완화하고 평화 통일을 이룰 수 있다는 점을 대략적으로 서술한 경우

03 모범답안 | 북한의 핵 실험은 한반도뿐만 아니라 동북아시아 지역의 긴장감을 높이고, 세계 평화를 위협하기 때문이다.

구분	채점 기준
상	북한의 핵 실험은 한반도, 동북아시아, 세계의 평화를 위협한다고 정확하게 서술한 경우
중	북한의 핵 실험은 평화를 위협한다고만 서술한 경우
하	북한의 핵 실험은 단순히 옳지 않다고만 서술한 경우

04 모범답안 | 무력 통일은 구성원의 인간다운 삶을 해칠 뿐만 아니라 세계 평화를 위협하므로 우리는 구성원의 인간다운 삶을 보장하고 세계 평화에 이바지하는 평화 통일을 이루어야 한다.

구분	채점 기준
상	무력 통일의 문제점을 인권 측면과 세계 평화 측면에서 밝히고, 두 가지 측면에서 평화 통일을 이루어야 한다는 것을 모두 서술한 경우
중	무력 통일의 문제점을 인권 측면이나 세계 평화 측면 중 한 가지 측면에서 밝히고, 둘 중 한 가지 측면에서 평화 통일을 이루어야 한다고 서술한 경우
하	무력 통일의 문제점만을 밝히거나 평화 통일을 이루어야 한다고만 서술한 경우

Ⅱ 사회·공동체와의 관계

마무리! 대단원 실전 문제

01 ④　02 ③　03 ⑤　04 ③　05 ②　06 ④
07 애국심　08 ②　09 ⑤　10 ④　11 ③　12 ⑤
13 모범답안 | 능력이 뛰어나거나 더 많이 노력한 사람에게 더 많은 몫을 주되, 자신의 능력을 발휘할 수 없는 환경에 있는 구성원들도 인간다운 삶을 유지할 수 있을 만큼의 몫을 보장해 주어야 한다.
14 ④　15 ①　16 ④　17 ③　18 ③　19 ④
20 ④　**21 모범답안 |** 군사적으로 대립하고 있는 경계의 대상이자 통일 공동체 실현을 위해 화해하고 협력해야 할 대상이다.
22 ③　23 ④　24 ④　25 ①　**26 모범답안 |** 북한 주민을 인간이자 동포로 여기며 인간 존엄성과 인권이라는 보편적 가치를 실현하기 위해 노력해야 한다.　27 ⑤　28 ⑤
29 ⑤　30 ①　31 ③　32 ④　33 ①　34 ⑤
35 ②

01 제시문의 A 나라와 같이 개인의 삶에 적극적으로 개입하는 국가에서는 국가가 교육이나 의료 등 기본적인 삶을 보장하기 때문에 구성원이 안정감을 느끼며 살아갈 수 있지만, 이 과정에서 세금을 많이 부담하는 사람들은 불만이 쌓일 수 있다. B 나라와 같이 개인의 삶에 가능한 간섭하지 않는 국가에서 각 구성원은 자신의 능력을 마음껏 발휘할 수 있지만, 능력이 부족한 사람이나 불리한 조건에 있는 사람은 많은 어려움을 겪을 수 있다.

← 바로잡기

④ B 나라는 경제 분야에서도 국가의 개입이 최소화되므로 개인의 능력이나 타고난 재산 등에 따라 경제적 불평등이 크게 발생할 수 있다.

02 제시된 격언은 정의로운 국가의 중요성을 강조하고 있다. 정의로운 국가가 갖추어야 할 조건에는 인간 존엄성 보장, 공정한 사회 제도 확립·운영, 보편적 가치 지향 등이 있다.

← 바로잡기

ㄱ. 정의로운 국가는 동일한 분배가 아니라 공정한 분배를 원칙으로 해야 한다. ㄷ. 정의로운 국가는 국민의 희생을 강요하지 않는다.

03 제시된 사례에서 크메르 루주 정부는 이상 사회 건설을 내세워 수많은 국민을 죽음으로 몰아넣었다. 이 사례를 통해 우리가 지향해야 하는 정의로운 국가는 안전한 환경에서 인간다운 삶을 누리며 자신이 원하는 삶을 살아갈 수 있도록 국민의 인권을 보장하는 국가임을 알 수 있다. 또한 국가는 통치자 개인의 생각에 따라 독단적으로 운영되어서는 안 되며 일정한 절차에 따라 제도와 정책을 민주적으로 결정하고

공정하게 운영되어야 한다.

❮❯ 바로잡기

⑤ 정의로운 국가는 인간의 존엄성, 인권 등 보편적 가치를 추구하며 이를 제약하지 않는다.

04 시민들이 '내 집, 내 점포 앞 눈 치우기'를 하는 것은 조례에도 명시된 시민으로서의 마땅한 의무이다. 바람직한 시민이 되기 위해서는 책임 의식을 갖고 주어진 자신의 의무를 충실히 수행하기 위해 최선을 다해야 한다.

❮❯ 바로잡기

① 애국심은 바람직한 시민이 갖추어야 할 자질이지만 제시문과는 거리가 멀다. ② 자신의 권리를 행사하기에 앞서 자신의 의무를 다하는 것이 바람직한 시민이 갖추어야 할 자질이다. ④, ⑤ 질서 의식이나 비판 정신은 제시문을 통해 알 수 없다.

05 제시된 신문 기사의 '태안 기름 유출 사건'이나 '포항 지진 피해 사건' 등은 혼자만의 힘으로 해결하기 어려운 일이다. 제시문은 이런 사건이 발생할 때 시민들이 마치 자신의 일처럼 나서서 도움을 주고받는 모습을 보여 주고 있다. 이는 연대 의식이 있었기 때문에 가능한 일이라고 할 수 있다. 연대 의식이란 구성원들이 서로 연결되어 있다고 믿으며, 더 나은 공동체를 만들어 가기 위해 함께 노력해야 한다는 생각을 말한다.

06 우리가 법을 지켜야 하는 이유는 먼저 준법을 통해 개인의 자유와 권리를 충분히 보장할 수 있기 때문이다. 또한 준법을 통해 사회 질서를 유지할 수 있고, 정의로운 사회를 구현할 수 있다.

❮❯ 바로잡기

ㄷ. 준법은 사익이 아닌 공익을 증진하는 데 기여할 수 있다.

07 애국심은 대한민국 국토를 사랑하는 마음, 함께 살아가고 있는 다른 시민을 사랑하는 마음, 대한민국이 지향하는 바람직한 가치를 사랑하는 마음까지 포함한다.

08 국가의 정의롭지 못한 법이나 정책을 바꾸기 위해 이를 공개적이고 평화적인 방법으로 위반하는 행위를 '시민 불복종'이라고 한다.

❮❯ 바로잡기

① 시민 불복종은 정의롭지 않은 법을 바꾸기 위해 법을 위반하는 행위이다. ③ 시민 불복종은 비폭력적이고 평화적인 방법으로 이루어진다. ④, ⑤ 시민 불복종은 정의롭지 않은 법이나 정책을 바꾸기 위한 것으로, 전쟁을 반대하기 위해서나 부패를 방지하기 위해 행해지는 운동은 아니다.

09 시민 불복종이 정당화되려면 먼저 시민 불복종의 목적

이 사회 전체의 이익을 증진한다는 정당성에 부합해야 한다. 그리고 비폭력적이고 평화적인 방법으로 이루어져야 한다. 또한 여러 가지 합법적인 절차와 방법으로도 부당한 법을 바꾸기 힘들 때 가장 마지막에 사용하는 수단이어야 하며, 시민 불복종에 참여한 사람들은 현재의 법을 위반한 사실 때문에 받는 처벌도 기꺼이 감수해야 한다.

❮❯ 바로잡기

⑤ 시민 불복종의 목적은 개인이나 특정 집단의 이익이 아니라 사회 전체의 이익을 증진하는 데 있어야 한다.

10 제시된 그림은 노예나 여성, 장애인을 차별하는 정의롭지 못한 사회 제도나 구조를 보여 준다. 정의롭지 못한 사회 제도나 구조는 개인의 노력만으로는 해결하기 어렵다. 따라서 사회 구성원 모두가 힘을 모아 정의로운 사회 제도와 구조를 마련하는 것이 필요하다.

❮❯ 바로잡기

④ 정의로운 사회는 개인의 노력만으로는 해결하기 어려우며 사회 정의에 따라 공정한 사회 규칙이나 제도를 마련하고, 구성원을 공평하고 차별 없이 대우하는 사회를 만들어 감으로써 실현할 수 있다.

11 사회 정의는 사회를 공평하고 올바르게 구성하는 공정성의 원리로, 사회적으로 옳고 그름을 평가하고 판단하는 기준이다.

12 (가)는 정의롭지 못한 사회 제도로 인해 사회 구성원의 기본적인 권리가 제대로 보장받지 못한 사례이다. 따라서 모든 사회 구성원에게 자유권, 평등권, 행복 추구권 같은 기본적인 권리를 동등하게 보장할 수 있는 정의로운 사회를 추구해야 한다.

13 **모범답안** | 능력이 뛰어나거나 더 많이 노력한 사람에게 더 많은 몫을 주되, 자신의 능력을 발휘할 수 없는 환경에 있는 구성원들도 인간다운 삶을 유지할 수 있을 만큼의 몫을 보장해 주어야 한다.

구분	채점 기준
상	개인의 능력·노력에 따른 분배, 자신의 능력을 발휘할 수 없는 환경에 있는 구성원들의 인간다운 삶을 유지할 수 있는 만큼의 분배를 모두 정확하게 포함하여 서술한 경우
중	개인의 능력·노력에 따른 분배, 자신의 능력을 발휘할 수 없는 환경에 있는 구성원들의 인간다운 삶을 유지할 수 있는 만큼의 분배를 대략적으로 포함하여 서술한 경우

14 많은 사람이 얻고자 하는 자원은 한정되어 있기 때문에 우리의 삶에서 경쟁은 피하기 어렵다. 경쟁을 통해 한정된 자원을 효율적으로 분배할 수 있고, 개인과 공동체 발전의 원

동력이 되기도 하지만 이기는 것에만 집착하여 불공정한 수단이나 방법을 사용할 경우 사회적 갈등과 혼란이 생기기도 한다.

◎ 바로잡기

④ 경쟁은 한정된 자원을 두고 겨루는 것이기 때문에 사회적 갈등을 유발하거나 사회적 혼란의 원인이 될 수 있으며 사회 통합을 저해할 수 있다.

15 제시된 사례의 도핑은 운동 경기에 참가하는 모든 선수에게 공통으로 적용되는 규칙이다. 이처럼 공정한 경쟁이 이루어지려면 모든 참가자에게 경쟁 규칙을 동등하게 적용해야 한다.

16 모든 사람에게 같은 규칙을 적용하고 경쟁에 참여할 기회를 실제로 보장하더라도 경쟁에서 뒤처지는 사람들이 있다. 이러한 사람도 최소한의 인간다운 삶을 유지하도록 지원하는 제도를 마련해야 하는데 국민 기초 생활 보장법이 바로 그 대표적인 예이다. 국민 기초 생활 보장법은 국가가 생활이 어려운 사람에게 생계·교육·의료·자활 등에 필요한 경비를 주어 최소한의 기초 생활을 보장하기 위해 만든 법이다.

17 장애인에게 시험 시간을 연장해 주고, 중소기업이 경쟁력을 발휘할 수 있도록 대기업의 진출을 막아 주는 것은 다른 사람들보다 불리한 위치에 있는 사람이 경쟁의 과정에서 불리하지 않도록 적절한 환경을 마련하기 위해서이다. 이처럼 다른 사람보다 불리한 조건을 가진 사람에게 적절한 혜택을 제공하는 것은 경쟁 참여 기회를 실질적으로 보장하기 위한 것이며, 이를 통해 경쟁 과정의 공정성을 확보할 수 있다.

◎ 바로잡기

ㄱ. 모든 참여자에게 규칙을 똑같이 적용하기 위한 것은 아니다.

ㄴ. 경쟁 결과의 다양성과는 관계 없는 내용이다.

18 제시된 그림은 채용 비리와 청탁에 관한 설문 조사 결과이다. 채용 비리, 청탁 등과 같은 부패 행위가 발생하는 원인은 먼저 부당하게 자기 이익을 챙기려는 개인의 잘못된 욕심 때문에 발생한다. 또한 부패는 비합리적인 관행을 허용하는 사회 분위기 때문에 발생하기도 한다.

◎ 바로잡기

③ 공적인 일과 사적인 일을 엄격하게 구분하지 못하고 혈연, 학연, 지연을 이용하여 자신의 이익을 챙기려는 욕심 때문에 부패가 발생한다.

19 부패 행위는 능력 있는 사람의 정당한 기회를 빼앗고 공직자의 부패는 공공의 이익까지 침해하는 등 다른 사람의 권익과 공익을 침해하는 결과를 가져온다. 또한 부패가 널리 퍼진 사회에서는 구성원끼리 서로 신뢰하고 협력하지 못하

므로 사회 발전과 통합을 저해한다.

◎ 바로잡기

ㄴ. 연고주의는 혈연이나 학연, 지연 따위로 맺어진 관계를 중요시하거나 우선시하는 태도로 부패 행위의 원인이 되며, 부패 행위가 만연하게 되면 연고주의는 더욱 강해진다.

20 제시문은 조선 시대에 부정부패를 방지하기 위한 법 규정의 구체적 사례를 보여 준다. 이러한 부정부패 방지 규정과 가장 관련 깊은 것은 오늘날 시행되고 있는 '청탁 금지법'이다.

21 모범답안 | 북한은 군사적으로 대립하고 있는 경계의 대상이자 함께 통일 공동체 실현을 위해 화해하고 협력해야 할 대상이기도 한 이중적 존재이다.

구분	채점 기준
상	경계의 대상과 화해·협력의 대상 두 가지를 모두 포함하여 이중적 존재라고 정확하게 서술한 경우
중	경계의 대상과 화해·협력의 대상 중 한 가지만을 포함하여 이중적 존재라고 서술한 경우

22 제시된 신문 기사는 북한이 대외적으로 공개되는 영화 촬영에 북한의 실상을 있는 그대로 보여 주지 않고 조작하는 모습을 보여 주고 있다. 이처럼 북한을 이해할 때 북한이 제공하는 단편적인 모습만으로 북한을 이해해서는 안 되고, 객관적인 사실에 기초해서 이해해야 한다.

◎ 바로잡기

① 자유, 평등과 같은 보편적 가치에 따라 북한을 이해해야 한다. ② 북한을 긍정적 시각으로만 이해해서는 안 되며 균형 있게 이해해야 한다. ④ 북한 정권이 알리는 모습만을 받아들여서는 안 되며 객관적 사실에 기초해 이해해야 한다. ⑤ 북한을 이해하는 바람직한 자세이지만 제시문과 거리가 멀다.

23 북한의 경제생활은 중앙 집권적 계획 경제에 따라 통제된다. 북한 주민은 일상생활에 필요한 물품을 국가로부터 배급받아 생활하였으나 1990년대 중반 이후 북한이 경제 위기를 겪은 후, 배급 체계가 무너지고 '장마당'이라고 부르는 곳에서 물건을 사고파는 등 시장 경제의 모습도 나타났다.

◎ 바로잡기

ㄹ. 1990년대 중반 이후 배급 체계가 무너졌다.

24 제시된 내용을 보면 북한 주민은 정치적, 경제적, 사회·문화적 자유와 기본적인 권리를 누리지 못하고 당의 통제와 감시 속에 억압된 생활을 하고 있다.

◎ 바로잡기

④ 당의 감시와 통제는 북한 주민들의 자유로운 생활을 불가능하게 하며 인권을 침해한다.

25 제시된 은어는 북한이 식량난으로 어려움을 겪으며 나온

단어들이다. 1990년대 중반 이후 북한은 경제 위기를 겪게
되는데, 이 과정에서 많은 사람이 굶어 죽는 일이 발생했다.
오늘날에도 평양에 사는 일부 계층의 사람들은 부유한 생활
을 하지만 지방에 사는 많은 사람은 식량난으로 생존권을
보장받지 못하고 생존의 위협에 처해 있다.

26 모범답안 | 북한 주민을 같은 인간이자 동포로 여기며 인
간 존엄성과 인권이라는 보편적 가치를 실현하기 위해 노력
해야 한다.

구분	채점 기준
상	'북한 주민을 같은 인간이자 동포로 여긴다', '보편적 가치를 실현하기 위해 노력해야 한다.'라는 두 가지 요소를 모두 정확하게 서술한 경우
중	'북한 주민을 같은 인간이자 동포로 여긴다', '보편적 가치를 실현하기 위해 노력해야 한다.'라는 두 가지 요소 중 한 가지 요소만 서술한 경우

27 제시된 신문 기사에서 북한 이탈 청소년은 능력이 뛰어난
데도 불구하고 북한 사람이라는 이유만으로 취업이 안 되
고, 취업을 했다 하더라도 북한 사람을 바라보는 안 좋은 시
선으로 고통을 받고 있다. 이처럼 북한 이탈 주민은 편견과
선입견으로 인한 심리적 고통, 일자리를 얻지 못해 생겨나
는 경제적 어려움을 겪는다.

28 제시된 신문 기사는 북한 이탈 청소년들이 남한의 교육 제
도에 잘 적응하지 못하고 따돌림의 대상이 되고 있음을 보
여 주고 있다. 이 내용을 토대로 통일을 대비하기 위해서는
교육 제도와 같은 이질화된 요소들을 극복하고 사회를 통합
시킬 수 있는 제도를 마련해야 하며, 북한 사람에 대한 인식
을 개선하는 노력이 필요함을 알 수 있다.

29 제시된 사례는 6·25 전쟁으로 인해 이산가족이 된 어느
화가의 가족에 대한 그리움을 표현한 것이다. 이처럼 이산
가족과 실향민의 아픔을 해소하여 인도주의를 실현하기 위
해서 통일을 이루어야 한다.

30 남북은 본래 같은 역사와 문화를 가진 하나의 민족 공동체
였다. 그러나 분단 상황을 유지하면서 남북한 간의 사회·문
화적 격차가 점점 벌어졌다. 따라서 사례에 제시된 노력과
같이 한민족으로서의 동질성을 회복하고 전통문화와 역사를
계승하기 위하여 통일을 반드시 해야 한다.

31 제시된 내용은 통일로 얻는 이익을 설명하고 있다. 통일로
얻는 이익의 합을 통일 편익이라고 한다.

◀ 바로잡기
① 국방의 군사력 건설, 유지 및 운용에 소요되는 비용 등을 말한다.
② 통일을 하는 데 들어가는 비용을 말한다. ④ 분단을 유지하는

데 들어가는 비용을 말한다. ⑤ 국민 경제 발전의 기반인 도로나
항만, 철도, 통신, 전력, 수도 등 공공 설비 및 서비스와 관련된 여
러 시설을 말한다.

32 통일 한국은 남북 주민이 자발적으로 참여하고 다양한 의
견을 모을 수 있는 자유 민주주의 체제를 정립한 나라여야
한다.

◀ 바로잡기
① 배타주의는 나와 다른 것을 거부하여 밀어 내치려는 생각이나
태도를 말한다. ② 연고주의는 혈연, 학연, 지연을 지나치게 중시
하는 생각이나 태도를 말한다. ③ 집단주의는 개인보다는 집단의
목표를 우선시하는 생각이나 태도를 말한다. ⑤ 자민족 중심주의
는 자신의 민족을 기준으로 다른 민족을 평가하고 우열을 가리는
생각이나 태도를 말한다.

33 통일 한국이 지향해야 할 바람직한 미래상은 먼저 인간 존
엄성을 보장하는 나라여야 한다. 또한 자유 민주주의를 정
립한 나라여야 하고, 자유로운 경제 활동을 보장하는 나라
여야 한다. 더불어 민족 문화를 개방적이고 진취적으로 발
전시키는 나라여야 하며, 세계 속 평화를 지향하는 나라여
야 한다.

◀ 바로잡기
ㄷ. 통일 한국은 전통적인 민족 문화만을 고수하는 폐쇄성을 지
양하고 다른 문화의 좋은 것은 받아들이고 전통적인 민족 문화
는 창의적으로 계승하고 발전시키는 나라여야 한다. ㄹ. 남북한
각각의 정치 체제를 인정하는 것은 바람직한 통일 한국의 모습
이 아니다. 통일 한국은 자유 민주주의 체제를 정립하는 나라여
야 한다.

34 제시된 신문 기사는 북한의 무력 도발과 핵 무기 개발로
인한 국내외의 불안한 상황을 보여 주고 있다. 남북한은 분
단 상황에서 군사적으로 대립하는 가운데 언제 전쟁이 일어
날지 모르는 위험을 안고 있다. 이러한 상황에서 남북한 주
민들은 평화롭게 살기 어려우며, 세계 여러 나라에도 영향
을 준다. 따라서 우리는 남북한 주민들이 평화롭게 살아가
며 세계 평화를 위협하는 요인을 없애기 위해 평화 통일을
이루어야 한다.

◀ 바로잡기
⑤ 북한의 핵 보유는 한반도의 평화 정착과 세계 평화를 위협하
는 일이므로 전 세계는 한목소리로 이를 비판하고 있다.

35 제시된 신문 기사와 같이 북한 사람을 무시하고 배척한다
면 평화적인 통일을 이루기 어렵다. 평화적인 통일을 이루기
위해서는 남북한 주민이 서로 다름을 인정하고 포용하는 자
세가 필요하다.

Ⅲ-1 자연관

84쪽

확인! 기본 문제

01 (1) 인간 중심주의 (2) 도구적 가치 (3) 본래적
　　(4) 자정 능력 (5) 물질주의

02 (1) 한정되어 있다. (2) 생태 중심주의적 (3) 환경친화적

03 (1) ⓒ (2) ⓛ (3) ⓣ

04 (1) 환경세 제도 (2) 그린카드 제도

05 (1) ○ (2) ×

06 (1) 있다 (2) 공존

향상! 실력 문제

85~87쪽

01 ③	**02** ④	**03** ①	**04** ⑤	**05** ②	**06** ⑤
07 ③	**08** ③	**09** ④	**10** ③	**11** ②	**12** ①
13 ④					

01 자연은 물, 공기, 햇빛은 물론 의식주에 이르기까지 인간이 기본적 삶을 살아가는 데 필요한 모든 것의 물질적 토대가 된다. 또한 우리는 자연 속에서 정신적 안정과 휴식을 취할 수 있다. 예로부터 인간은 이러한 자연의 혜택에 감사하며 살아왔다.

02 사람들이 팜유를 대량으로 생산하기 위해 숲을 없애고 농장을 만들면서 야생 동물과 희귀 식물, 곤충들은 삶의 터전을 잃게 되었다. 나아가 숲을 농장으로 만들 때 나오는 많은 양의 온실가스는 지구 온난화와 스모그 현상을 일으켜 인류에게 해로운 영향을 끼친다. 이처럼 자연을 무분별하게 개발하고 이용하는 행동은 인간이 자연의 주인이라고 보는 인간 중심주의적 관점에서 비롯되었다고 할 수 있다.

바로잡기

④ 자연을 그 자체로 소중하다고 보는 것은 생태 중심주의적 관점에 해당한다.

03 자연이 그 자체로 소중하다고 보는 것은 자연의 본래적 가치를 중시하는 모습이고, 자연이 인간의 필요를 충족하기 위한 수단이라고 보는 것은 자연의 도구적 가치를 중시하는 모습이라고 할 수 있다. 본래적 가치는 그 자체가 목적이 되고 소중한 가치이며, 도구적 가치는 어떤 목적을 달성하기 위한 수단이 지니는 가치이다.

바로잡기

물질적 가치는 우리가 소중하게 생각하여 얻고자 노력하는 대상이 특정한 물질이나 사물에 한정되는 가치이다.

04 인간 중심주의적 관점은 자연의 도구적 가치를 중시함으로써 인간의 삶을 풍요롭게 해 주는 긍정적 측면이 있다. 하지만 인간 중심주의가 지나치면 무분별한 개발과 환경 파괴로 이어져 인간의 삶마저 위협할 수 있다는 부정적 측면도 있다.

05 생태 중심주의적 관점은 인간 중심주의적 관점을 반성하며 등장하였으며, 자연의 본래적 가치를 중시하고 자연이 인간의 이익과 상관없이 그 자체로 소중하다고 본다.

바로잡기

ㄴ, ㄹ. 자연을 인간의 이익을 위한 수단으로 보거나 경제 발전을 위해 끊임없이 개발해야 할 대상으로 보는 관점은 인간 중심주의적 관점에 해당한다.

06 제시문에서 하천을 콘크리트로 덮어 도로와 주차장으로 활용한 것은 인간의 이익만을 고려한 행동으로서, 이는 생태계를 파괴하고 그 해악은 결국 인간에게 돌아왔다. 하천을 복원한 일은 이러한 문제를 해결하고 인간과 자연이 조화롭게 공존하려는 노력이라고 볼 수 있다. 이처럼 인간과 자연은 서로 영향을 주고받는 관계이므로 조화롭게 공존하는 것이 바람직하다.

바로잡기

⑤ 인간이 자연을 적극적으로 개발하여 경제 발전을 이루어야 한다는 주장은 자연의 도구적 가치를 중시하는 인간 중심주의적 관점에 해당한다.

07 환경에 관한 가치관은 우리의 소비 생활에 큰 영향을 미친다. 우리가 환경을 어떻게 바라보느냐에 따라, 즉 환경을 도구로 이용하는 것을 중시하는 가치관과 환경 보전을 중시하는 가치관 중 무엇을 선택하느냐에 따라 소비 생활의 모습이 달라지기 때문이다. 예를 들어 우리가 환경의 도구적 가치만을 중시하면 물질주의적 소비 생활로 이어질 수 있다. 물질주의적 소비 생활이란 물질적 만족을 최고의 가치로 여기는 소비 생활로 환경에 부정적 영향을 끼칠 수 있다.

08 물질주의적 소비 생활은 지구 생태계의 자정 능력을 위협한다. 자정 능력이란 생태계에 위해나 변화가 발생할 때 생태계가 그 변화에 적응하고 균형을 유지하여 영향을 줄일 수 있는 능력이다.

바로잡기

① 물질주의적 소비 생활이 경제 위기로 이어질 것인지는 제시문에서 추론하기 어렵다. ②, ④, ⑤ 물질주의적 소비 생활은 지구의 한정된 자원을 고갈시킨다. 지구에는 석탄·석유와 같은 지하자원과 삼림·수산 자원 등이 풍부하지만, 그 양은 한정되어 있다. 우리가 물질적 만족이나 편리함만 중시하는 소비 생활을 멈추지 않으면 이러한 자원은 언젠가 모두 바닥날 것이다.

09 인간과 자연은 서로 영향을 주고받는 관계이므로 조화롭게 공존하는 것이 바람직하다. 우리는 자연의 주인이 아니며, 자연은 우리의 소유물이 아니다. 우리는 자연과 조화롭게 공존하는 가운데 우리의 삶이 한 걸음 더 나아갈 방법을 찾아야 하며, 이를 위해서는 '지속 가능한 발전'을 추구해야 한다. 이러한 노력을 기울일 때 현세대뿐만 아니라 미래 세대도 자연의 혜택을 누리며 행복한 삶을 살아가게 될 것이다.

◀ 바로잡기

① 자연은 스스로 균형을 유지하려는 자정 능력을 지니고 있다. ② 지속 가능한 발전은 인간의 기본적 삶을 영위하기 위한 경제 성장과 환경 보전을 함께 이룩하여 지구 생태계의 균형을 추구하는 것이다. ③ 지속 가능한 발전은 현세대의 이익을 위해 미래 세대의 희생을 요구해서는 안 된다는 입장이다. ⑤ 인간 중심주의적 관점으로, 제시문이 주장하는 바와 거리가 멀다.

10 만화 속의 주인공은 환경 문제의 심각성을 깨닫고 자신부터 환경친화적 소비 생활을 실천하여 자신은 물론 아이와 지구의 건강을 지키고자 한다. 환경친화적 소비 생활은 인간과 자연이 조화를 이룸으로써 현세대뿐만 아니라 미래 세대의 행복한 삶을 보장하는 긍정적 결과를 가져올 수 있다. 따라서 우리 역시 생태계의 지속 가능성을 고려하며 소비하는 환경친화적 생활 방식을 추구해야 한다.

◀ 바로잡기

① 환경친화적 소비 생활이 필요하다. ② 제시된 만화는 개인적으로 실천할 수 있는 환경친화적 삶을 보여 주지만, 환경친화적 삶을 개인적으로만 실천할 수 있는 것은 아니다. 환경친화적 삶을 위한 사회적·국제적 노력도 중요하다. ④ 환경친화적 소비 생활은 인간의 이익이 아니라 환경 보전에 초점을 맞춘 생활 방식이다. ⑤ 환경친화적 소비 생활은 현세대뿐만 아니라 미래 세대의 행복까지 고려하는 소비 생활이다.

11 우리는 풍요로운 삶 속에서 많은 것을 소비하고도 오히려 우울, 불안, 중독 등을 겪는 사람을 볼 수 있다. 이러한 사람들을 일컬어 '어플루엔자'에 감염되었다고 한다. 이 말은 풍요로움과 유행성 독감의 합성어로서, 물질주의적 소비 생활로 고통받는 사람들이 마치 독감 환자처럼 늘어나고 있다는 뜻으로 만들어진 말이다. 즉 제시문은 물질주의적 소비 생활의 문제점을 시사하고 있다.

12 환경친화적 삶은 일상생활에서 작은 일부터 실천하는 것이 중요하다. 이러한 작은 실천이 모일 때 환경 문제를 해결하고 인간과 자연이 조화롭게 살아갈 수 있다. 우리가 일상생활에서 환경친화적 삶을 살아가려면 우선 자원의 소비를 줄여야 한다. 예를 들어 쓰지 않는 가전제품의 코드를 뽑아두면 전기를 절약할 수 있다. 또한 쓸모 있는 물건을 재사용해야 한다. 예를 들어 교과서나 교복을 깨끗이 사용한 후 후배에게 물려줄 수 있다. 그리고 자원을 재활용해야 한다. 예를 들어 캔이나 플라스틱, 종이를 나누어 배출하면 새로운 자원으로 다시 만들어 낼 수 있다.

13 환경 문제의 해결을 위해서는 사소한 일이라고 생각할 수도 있는 주변의 작은 것부터 개선하려는 노력이 필요하다. 이러한 작은 행동과 실천이 심각한 환경 문제를 개선하는 첫걸음이 될 수 있다. 제시문 속의 주인공이 무당벌레를 살리려고 노력한 까닭은 무당벌레 또한 소중한 생명이자 자연의 일부라고 생각했기 때문이다. 이처럼 우리는 환경에 관한 인식을 바꾸고 환경 문제의 해결을 위해 일상의 작은 것부터 개선하도록 노력해야 한다.

도전! 만점 문제   88쪽

01 ②   **02** ②   **03** ③   **04** ③

---

01 삽화에서 서양인은 자연을 인간의 소유물로 보아 인간이 자연을 지배하고 이용할 수 있다고 생각하고 있다. 이에 반해 인디언은 자연을 인간이 함부로 지배하고 이용할 수 있는 것이 아닌 그 자체로 소중하고 신성한 것으로 생각하고 있다. 즉 인디언은 자연의 본래적 가치를 중시하고, 자연은 그 자체로서 소중하다는 생태 중심주의적 관점을 지니고 있다.

◀ 바로잡기

ㄴ, ㄹ. 인간이 자연의 주인이라고 보아 자연의 도구적 가치를 중시하고 자연을 인간의 필요를 충족하기 위한 수단으로 여기는 관점은 서양인의 주장에 해당한다.

02 환경을 도구로 이용하는 것을 중시하는 가치관은 물질주의적 소비 생활로 이어질 수 있다. 물질주의적 소비 생활은 물질적 만족을 최고의 가치로 여기는 소비 생활로, 지구의 한정된 자원을 고갈시키고 생태계의 자정 능력을 위협하는 결과를 초래할 수 있다.

◀ 바로잡기

①, ③ 환경을 도구로 이용하는 것을 중시하는 가치관은 환경친화적 소비 생활로 이어지는 대신 물질적 만족을 최고의 가치로 여기는 물질주의적 소비 생활로 이어질 수 있다. ④, ⑤ 환경 보전을 중시하는 가치관은 자원의 낭비를 줄이고 물질적 만족보다는 생태계의 지속 가능성을 고려하며 소비하는 환경친화적 소비 생활로 이어진다.

03 ○○군청과 △△시는 각각 케이블카를 설치하고 생태 습

지 구역에 복합 체육 시설을 건설할 계획을 발표했다. 이는 인간 중심주의적 관점에 따라 경제 발전과 환경 개발을 추구하고 있는 것으로 볼 수 있다. 이에 대해 환경 단체들은 케이블카 설치가 생태계를 해치는 일이라며 케이블카 설치를 반대하며, 다양한 생물 종을 보전하기 위해 복합 체육 시설 건설의 중단을 요구하고 있다. 이러한 주장은 생태 중심주의적 관점으로서 자연은 그 자체로서 소중하다는 주장이라고 할 수 있다.

❮❮ 바로잡기

①, ② 환경 단체들은 생태 중심주의적 관점을 지니고 있다. ④ 자연 개발이 인간의 삶을 풍요롭게 해 준다는 주장은 인간 중심주의적 관점이다. ⑤ 환경 단체들은 인간과 자연이 조화로운 관계를 유지해야 한다고 주장할 것이다.

04 제시된 체크리스트는 환경에 관한 자신의 가치관과 소비 생활을 평가해 보기 위한 것이다. 여기서 학생은 쓰지 않는 가전제품의 코드를 뽑아 놓고 교과서나 교복을 후배에게 물려주는 등 자원의 소비를 줄이고 쓸모 있는 물건을 재사용하는 생활을 하고 있지만, 쓰레기 분리 배출과 같은 자원의 재활용 노력은 부족하다. 따라서 제시된 학생에게는 자원을 재활용하려는 노력이 필요하다고 조언할 수 있다.

❮❮ 바로잡기

①, ② 제시문의 학생은 쓸모 있는 물건 재사용하기와 자원의 소비 줄이기를 잘 하고 있다. ④ 환경친화적 소비 생활은 자원을 전혀 사용하지 않는 것이 아니라 불필요한 자원의 소비를 줄이는 것이다. ⑤ 환경친화적 삶을 위해 국제적 협력이 필요하지만, 학생이 할 수 있는 개인적 노력과는 거리가 멀다.

정복! 서술형 문제　　　　　　　　　　　　89쪽

01 ⑴ **모범답안** | 자연의 도구적 가치를 중시하고, 자연이 인간의 필요를 충족하기 위한 수단이라고 보는 인간 중심주의적 관점을 가지고 있다.

구분	채점 기준
상	인간 중심주의적 관점이라고 제시하고, 도구적 가치라는 용어를 사용하여 자연이 인간의 필요를 충족하기 위한 수단이라고 서술한 경우
중	인간 중심주의적 관점이라고 제시하였으나 도구적 가치와 연계하여 서술하지 못한 경우

⑵ **모범답안** | 자연의 본래적 가치를 중시하고, 자연은 인간의 이익과 상관없이 그 자체로서 소중하다고 보는 생태 중심주의적 관점을 가지고 있다.

구분	채점 기준
상	생태 중심주의적 관점이라고 제시하고, 본래적 가치라는 용어를 사용하여 자연은 인간의 이익과 상관없이 그 자체로서 소중하다고 서술한 경우
중	생태 중심주의적 관점이라고 제시하였으나 본래적 가치와 연계하여 서술하지 못한 경우

02 ⑴ **모범답안** | 환경 보전과 경제 성장 간의 균형을 이루는 발전이다.

구분	채점 기준
상	환경 보전과 경제 성장 간의 균형이라는 말을 넣어서 서술한 경우
중	단순히 환경을 중시하는 발전이라고만 서술한 경우

⑵ **모범답안** | 현재 우리가 자원을 낭비하고 환경을 파괴하면 미래 세대가 행복하게 살아가기 어렵기 때문이다.

구분	채점 기준
상	현재의 자원 낭비와 환경 파괴가 미래 세대의 행복한 삶을 해친다고 서술한 경우
중	현세대의 행위가 미래 세대의 행복한 삶에 영향을 미친다고만 서술한 경우
하	단순히 미래 세대의 행복한 삶이 중요하다고만 서술한 경우

03 ⑴ **모범답안** | 물질적 만족을 최고의 가치로 여기는 소비 생활이다.

구분	채점 기준
상	물질적 만족을 최고로 여기는 생활 방식이라고 정확히 서술한 경우
중	단순히 물질을 중시하는 생활이라고만 서술한 경우

⑵ **모범답안** | 지구의 한정된 자원을 고갈시키고, 지구 생태계의 자정 능력을 위협한다.

구분	채점 기준
상	지구의 한정된 자원을 고갈시키고, 지구 생태계의 자정 능력을 위협한다는 것을 모두 서술한 경우
중	두 가지 중에서 한 가지만 서술한 경우
하	모범답안의 두 가지를 서술하지 못하고 물질주의적 소비 생활이 환경을 파괴한다고만 서술한 경우

04 ⑴ 기후 변화 협약

⑵ **모범답안** | 환경 문제는 특정한 개인이나 국가만의 문제가 아니라 전 세계가 함께 관심을 기울이고 해결해야 할 지구 공동체의 문제이기 때문이다.

구분	채점 기준
상	환경 문제가 특정한 개인이나 국가만의 문제가 아니라 전 세계가 함께 관심을 기울이고 해결해야 할 지구 공동체의 문제라고 서술한 경우
중	환경 문제는 어느 한 개인이나 국가의 문제가 아니라고만 서술한 경우

Ⅲ-2 과학과 윤리

확인! 기본 문제

91쪽

01 (1) 과학 기술 (2) 베이컨 (3) 사생활 (4) 존엄성
　　 (5) 평화
02 (1) 객관적 (2) 어려워진다.
03 (1) ㉠ (2) ㉢ (3) ㉡
04 (1) 노예 (2) 비인간화
05 (1) × (2) ○ (3) × (4) ○

향상! 실력 문제

92~93쪽

01 ① 　**02** ① 　**03** ⑤ 　**04** ⑤ 　**05** ⑤ 　**06** ④
07 ④ 　**08** ③

01 과학 기술은 산업과 정보 통신, 생명 공학 등 다양한 영역에서 발전하며 우리 삶에 큰 변화를 가져다주었다. 특히 시공간의 제약 없이 멀리 떨어져 있는 사람과의 통신이 가능한 점은 큰 변화라고 할 수 있다. 이러한 변화는 사람들 사이의 교류가 폭발적으로 확대되는 계기가 되었다.

02 제시문은 과학 기술의 발전에 따른 긍정적 측면과 부정적 측면을 모두 보여 준다. 즉 과학 기술은 인류가 가진 문제들을 해결해 주기도 하지만, 동시에 과학 기술의 발전에 따른 문제점도 나타나고 있다.

⊗ 바로잡기

① 과학 기술은 긍정적 측면과 부정적 측면이 모두 있으므로, 과학 기술에 대해 절대적 믿음을 가지기보다는 과학 기술의 발전에 따른 문제점과 한계를 분명히 알고 이를 해결해 나가기 위해 노력해야 한다.

03 제시문에서 청소년들이 휴대 전화에 지나치게 의존하거나 컴퓨터 게임에 중독되는 모습은 과학 기술의 발전에 따라 발생할 수 있는 문제 중 과학 기술에 대한 인간의 종속 가능성을 보여 준다. 즉 인간이 과학 기술에 지나치게 의존하다 보면 주체성을 상실하고 과학 기술의 노예가 될 수 있다.

⊗ 바로잡기

ㄱ, ㄴ. 과학 기술이 가져올 수 있는 문제점은 맞지만, 제시된 현상과는 거리가 멀다.

04 생명 공학 기술은 유전자 조작과 복제 등 생명체를 다루는 실험 과정에서 생명을 함부로 조작하여 생명의 존엄성을 훼손할 가능성이 있다.

⊗ 바로잡기

①, ②, ③ 과학 기술이 가져올 수 있는 문제점은 맞지만, 생명 과

학의 발달에 따른 문제와는 거리가 멀다. ④ 과학 기술의 발전은 시공간의 제약을 약화해 사람들 사이의 교류를 확대하는 긍정적 영향을 미친다.

05 미국은 제2차 세계 대전을 하루빨리 끝내기 위해 1942년 '맨해튼 계획'을 세우고 원자 폭탄을 개발하였다. 이 계획의 책임자는 미국의 이론 물리학자 오펜하이머(Oppenheimer, R., 1904~1967)였다. 그는 과학 기술의 목적이 자연을 탐구하여 객관적 진리를 발견하는 데 있으므로 과학 기술의 사회적 영향을 고려하거나 그 결과에 책임을 물을 필요가 없다고 주장하였다.

06 제시문을 통해 과학 기술의 부작용을 예측하는 일이 매우 어려움을 알 수 있다. 특히 오늘날 과학 기술이 점점 더 복잡해지면서 그 과학 기술이 어떤 결과를 낳을지 미리 짐작하기는 더욱더 어려워졌다. 그래서 과학 기술을 개발하고 적용할 때는 신중한 태도가 필요하다.

⊗ 바로잡기

①, ⑤ 과학 기술의 영향력은 오늘날 점점 더 넓어지고 있다. 그러므로 과학 기술을 개발하고 활용하는 과정에서 그 영향력만큼이나 큰 책임이 요구된다.

07 제시문은 과학 기술을 이용하여 태양열 조리기를 만들어 열악한 환경에 있는 사람들의 삶의 질을 높이는 데 활용한 사례이다. 쉐플러가 태양열 조리기에 특허를 내지 않은 까닭은 과학 기술은 사람을 돕기 위해 만드는 것이므로 누구나 자유롭게 쓸 수 있어야 한다는 생각이 있었기 때문이다. 이처럼 우리는 과학 기술을 올바른 목적을 이루기 위해 바람직하게 활용해야 한다.

08 우리는 과학 기술이 특정 집단의 이익이나 유용성만을 추구하여 인간을 과학 기술로부터 소외시키거나 비인간화시키지 않도록 유의해야 한다. 즉 과학 기술은 인간 존엄성과 인권 향상을 위해 쓰여야 한다.

도전! 만점 문제

94쪽

01 ③ 　**02** ④ 　**03** ① 　**04** ⑤

01 인체 냉동 기술에 대한 환자의 선택 사례를 통해 과학 기술의 긍정적인 모습과 한계를 미리 생각해 볼 수 있다. 의사는 미래 과학 기술의 발전에 기대를 걸고 인체 냉동 기술을 활용할 것을 주장하고 있다. 즉 과학 기술이 인류가 직면한 많은 문제를 해결해 줄 수 있다고 믿고 있다. 이러한 믿음은 서양 사상가 베이컨의 주장에서 잘 나타난다. 베이컨은 과학 기술이 발전할수록 모든 사람이 물질적 풍요 속에서 더

행복하게 살 것이라고 주장하였다.

◀ 바로잡기

① 미국의 물리 화학자이자 평화 운동가인 폴링은 과학이 때로 엄청난 재앙이 될 수 있으며, 과학자들이 이 사실을 잊지 말아야 한다고 주장했다. ② 베이컨의 주장으로 보기 어렵다. ④, ⑤ 미국의 이론 물리학자 오펜하이머는 '맨해튼 계획'을 세우고 원자 폭탄을 개발하였다. 그는 과학 기술의 목적이 자연을 탐구하여 객관적 진리를 발견하는 데 있으므로 과학 기술의 사회적 영향을 고려하거나 그 결과에 책임을 물을 필요가 없다고 주장하였다.

02 의사와 남편은 생명 공학 기술의 긍정적 측면을 기대하고 있다. 반면 아내는 아기의 유전자를 조작하는 것이 옳지 않다고 본다. 즉 아내는 유전자 조작이 생명의 존엄성을 훼손할 가능성이 있으므로 생명을 함부로 조작해서는 안 된다고 생각하고 있다.

◀ 바로잡기

①, ②, ③, ⑤ 과학 기술의 부정적 측면은 맞지만, 유전자 조작으로 인해 발생하는 문제와는 거리가 멀다.

03 제시문은 과학자들이 사회에 끼칠 영향과 책임을 고려하지 않고 원자 폭탄을 개발하여 많은 사람의 생명을 앗아가는 결과에 대해 비판하고 있다. 즉 과학 기술의 활용에는 큰 책임이 따르므로, 과학 기술을 올바른 목적에 따라 바람직하게 활용해야 한다는 주장이다. 구체적으로 과학 기술은 인간 존엄성과 인권 향상을 위해 쓰여야 하고, 인류의 복지 증진에 이바지해야 한다.

◀ 바로잡기

ㄷ, ㄹ. 제시문의 주장과 반대되는 내용이다.

04 과학 기술은 인류의 소중한 문화유산이며 우리의 삶에 큰 영향을 미치는 지식 체계이다. 따라서 과학 기술인 헌장에는 과학 기술인이 인류의 삶의 질을 높이고 밝은 미래를 위해 과학 기술을 활용해야 하며, 인류의 행복과 평화를 실현하고자 노력해야 한다는 등의 내용이 들어가야 한다.

◀ 바로잡기

⑤ 과학 기술은 현세대와 미래 세대의 요구를 함께 충족하는 방향으로 발전해야 한다. 미래 세대의 행복 못지않게 현세대의 행복도 중요하다.

정복! 서술형 문제 ⁣⁣⁣⁣⁣⁣⁣⁣⁣⁣⁣⁣⁣⁣⁣⁣⁣⁣⁣⁣⁣⁣⁣⁣⁣⁣⁣⁣⁣⁣⁣ 95쪽

01 (1) (가): 물질적 풍요와 편리 증진, (나): 건강 증진과 생명 연장

(2) **모범답안** | 정보 통신 기술을 활용하여 시공간의 제약 없이 멀리 떨어져 있는 사람과도 쉽게 연락할 수 있고, 여러 통신 수단을 이용하여 생각을 자유롭게 주고받을 수 있다.

구분	채점 기준
상	정보 통신 기술의 발전으로 사람들 사이의 교류가 확대되었다고 서술한 경우
중	정보 통신 기술이 발전하였다고 서술하였으나 사람들 사이의 교류가 확대되었다는 서술이 부족한 경우

02 (1) **모범답안** | 인간이 과학 기술에 지나치게 의존하다 보면 주체성을 상실하고 과학 기술의 노예가 될 수 있다는 뜻이다.

구분	채점 기준
상	인간이 주체성을 상실하고 과학 기술의 노예가 될 수 있다고 서술한 경우
중	과학 기술에 종속될 위험을 서술했지만, 주체성 상실과 관련한 서술이 부족한 경우

(2) **모범답안** | 휴대 전화에 지나치게 의존하거나 컴퓨터 게임에 중독될 수 있다.

구분	채점 기준
상	과학 기술 종속의 사례를 두 가지 모두 서술한 경우
중	과학 기술 종속의 사례를 한 가지만 서술한 경우

03 (1) **모범답안** | 과학 기술이 사회에 끼칠 영향과 책임을 고려하지 않고 독가스를 개발하여 많은 사람의 생명을 앗아가는 결과를 낳았기 때문이다.

구분	채점 기준
상	과학 기술이 사회에 끼칠 영향과 책임을 고려하지 않았다는 점을 서술한 경우
중	단순히 많은 사람의 생명을 앗아가는 결과를 낳았다고만 서술한 경우

(2) **모범답안** | 과학 기술을 잘못된 방향으로 개발하고 활용하면 수많은 사람에게 피해를 줄 수 있기 때문이다. 오늘날 과학 기술의 영향력이 점점 넓어지고 있기 때문이다. 과학 기술의 부작용을 예측하는 일이 갈수록 어려워지고 있기 때문이다.

구분	채점 기준
상	과학 기술에 책임이 필요한 까닭을 세 가지 서술한 경우
중	과학 기술에 책임이 필요한 까닭을 두 가지 서술한 경우
하	과학 기술에 책임이 필요한 까닭을 한 가지 서술한 경우

04 **모범답안** | 과학 기술은 인간 존엄성과 인권 향상을 위해 쓰여야 한다. 과학 기술은 인류의 복지 증진에 이바지해야 한다. 과학 기술은 현세대는 물론 미래 세대에 관한 책임까지 고려해야 한다.

구분	채점 기준
상	과학 기술의 바람직한 활용 방향을 세 가지 서술한 경우
중	과학 기술의 바람직한 활용 방향을 두 가지 서술한 경우
하	과학 기술의 바람직한 활용 방향을 한 가지 서술한 경우

Ⅲ-3 삶의 소중함

98쪽

확인! 기본 문제

01 (1) 생명 (2) 생로병사 (3) 죽음 (4) 성찰 (5) 유한성
02 (1) 도덕적 (2) 현재 (3) 유한한
03 (1) ㉠ (2) ㉢ (3) ㉣
04 (1) 평정 (2) 성찰 (3) 이상
05 (1) × (2) ○
06 (1) 이상 (2) 종교

향상! 실력 문제

99~101쪽

01 ⑤ **02** ⑤ **03** ③ **04** ⑤ **05** ⑤ **06** ⑤
07 ④ **08** ③ **09** ⑤ **10** ④ **11** ④ **12** ③

01 제시문은 우리가 평범한 일상에서 삶의 소중함을 쉽게 잊고 지내지만, 어떤 것을 잃어버리고 나서야 비로소 평소에 누리던 즐거움과 삶의 소중함을 깨닫게 되는 모습을 보여 주고 있다.

02 슈바이처(Schweitzer, A., 1875~1965) 박사는 "생명은 그 자체로서 인간에게 신성한 것이다."라고 말하면서 생명의 소중함을 강조하였다. 즉 생명은 그 자체로서 중요한 것이고, 우리의 삶에 가장 소중한 것이다. 왜냐하면 생명은 한 번 잃으면 되찾을 수 없고, 다른 것으로 대체할 수 없기 때문이다.
◀ 바로잡기
⑤ 생명은 그 자체로 목적이 되며, 결코 무엇인가를 얻기 위한 수단이 될 수 없다.

03 자신의 삶을 소중하게 만드는 것은 사람마다 다르다. 갑과 을의 대화에서 알 수 있는 것은 우리가 주변 사람들과의 관계 속에서 삶의 소중함을 느끼고 있다는 것이다. 예를 들어 누군가 나를 믿어 주거나 아껴 줄 때, 그 사람과 인연을 맺고 함께 어우러지는 과정에서 삶의 즐거움과 소중함을 느끼게 된다.

04 우리는 다양한 상황에서 삶의 소중함을 깨닫는다. 그리고 자신이 소중하다고 여기는 것을 추구하며 살아간다. 하지만 내가 소중히 여기는 것이 진정한 의미와 가치를 지닌 것이 아닌 경우가 있다. 그래서 우리는 무엇이 진정으로 자신의 삶을 소중하게 만들어 주는지를 깊이 성찰해 볼 필요가 있다.

05 제시문의 바흠은 많은 땅을 소유하기를 원했다. 많은 땅이 자신의 삶을 진정으로 의미 있게 만들어 준다고 생각했기 때문이다. 하지만 그의 욕심은 끝이 없었고, 결국 그 땅에 농사 한 번 지어 보지 못하고 죽고 말았다. 이처럼 우리도 자신이 소중하다고 여겼던 것이 진정한 의미와 가치를 지니지 않을 수 있다는 점을 생각해 보아야 한다. 또한 자신이 추구하는 것이 진정으로 자신의 삶을 소중하게 만들어 주는지에 대해 성찰해 보아야 한다.

06 노벨은 과학 기술을 활용하여 다이너마이트를 발명하였고 이를 통해 엄청난 부를 축적하였다. 하지만 자신의 삶과 죽음에 대한 사람들의 평가를 보고 깜짝 놀랐다. 이러한 경험은 삶의 의미를 다시 생각하는 계기가 되었고, 그 결과 노벨은 자신이 번 재산을 사회에 되돌려 주도록 유언장을 수정하게 되었다.

07 우리는 신문이나 텔레비전 기사를 통해 사고나 자연재해, 전쟁 때문에 사람이 죽었다는 소식을 종종 접한다. 이처럼 죽음은 늘 우리 가까이에 있다. 현명한 어른의 "아무도 죽은 적이 없는 집에서 겨자씨 한 줌을 얻어 오시오."라는 말은 죽음이 어느 가정에나 일어나는 보편적이고 필연적인 사건임을 강조한 것이다. 또한 제시문을 통해 한 번 죽은 사람은 결코 되살아날 수 없다는 사실도 알 수 있다.
◀ 바로잡기
ㄹ. 죽음은 예측 불가능성을 지닌다. 우리는 언제 어디서 죽음을 맞이할지 모른다.

08 우리는 죽음을 막연히 두려워하거나 깊이 생각하지 않으려는 경향이 있다. 그러나 우리는 죽음에 관하여 도덕적으로 성찰해 봄으로써 삶의 유한성과 소중함을 다시 한 번 깨닫고 삶을 좀 더 의미 있게 살아갈 수 있다.
◀ 바로잡기
① 죽음에 관한 성찰은 마음의 평정을 찾는 계기가 될 수 있다. ② 죽음을 성찰하면 삶을 더욱 충실히 살아야겠다고 다짐할 수 있다. ④ 맞는 진술이지만, 제시문이 말하고자 하는 바와는 거리가 멀다. ⑤ 우리는 죽음을 성찰할 때 더욱 능동적이고 적극적으로 살아야겠다고 다짐할 수 있다. 그 누구도 두 번 살 수는 없으며, 단 하나뿐인 삶을 사는 동안 한 톨의 후회도 남지 않도록 현재의 삶에 최선을 다해야 하기 때문이다.

09 철학자 하이데거는 '죽음 앞으로 미리 달려가 볼 것'을 제안하면서 이러한 상상을 통해 비로소 정말 자신이 해야 할 일이 무엇인지, 하지 말아야 할 일은 무엇인지 알게 된다는 것을 강조하였다. 아무리 지겹고 힘든 일이라도 그저 하는 것이 아니라 스스로 선택하고 결정하면서 해 나가면 그 일의 의미는 전혀 달라진다. 지금까지 중요하게 여기던 일이 하찮은 일로 변하기도 하고, 그 반대로 시시하게 여기던 일이 매우 소중하게 다가오기도 할 것이다.

10 우리의 삶은 단 한 번뿐이며 언젠가는 끝이 난다. 어떤 사람들은 이러한 삶을 헛되이 보내기도 하지만, 또 어떤 사람들은 의미 있는 삶을 추구하기도 한다. 제시문의 주인공은 황무지로 변해 버린 땅을 되살리려고 40여 년간 매일 도토리 씨앗을 심었고, 그 결과 황무지를 울창한 숲으로 만들었다. 그는 가족을 모두 잃은 절망 속에서도 의미 있는 삶을 추구한 것이다. 이처럼 인간은 삶의 유한성 속에서도 의미 있는 삶을 살기 위해 노력하는 존재이다. 자신의 삶에 의미를 부여하고 그것을 추구할 때, 우리는 하루하루 의미 있는 삶을 살아갈 수 있을 것이다.

11 영국의 사회 비평가 러스킨(Ruskin, J., 1819~1900)은 "인생은 흘러가는 것이 아니라 채워지는 것이다."라는 명언을 남겼다. 이는 삶을 의미 있게 살아가려면 나의 삶을 무엇으로 채울 것인지를 생각해야 한다는 뜻이다.

✖ 바로잡기
① 자신의 무지에 대한 자각의 필요성을 강조하는 말이다. ② 새로운 앎을 깨닫는 데 있어 과거의 것을 올바르게 바라보고 체득하는 일의 중요성을 강조하는 말이다. ③ 생명 그 자체의 소중함을 강조하는 말이다. ⑤ 죽음의 필연성에 대한 자각이 쉽지 않음을 강조하는 말이다.

12 의미 있는 삶을 살기 위해 어떤 노력을 해야 하는지에 대한 선생님의 질문에 민지는 삶의 목표와 꿈을 실현하면서 보람과 만족을 추구해야 함을 주장하고 있고, 은영이는 현재의 삶에 충실해야 함을 말하고 있다.

✖ 바로잡기
인간은 근본적으로 자연의 제약을 벗어날 수 없는 존재이다. 또한 인간은 높은 이상을 추구하면서 자신의 유한성을 극복하고 의미 있는 삶을 살 수 있지만, 민지와 은영이가 주장하는 내용에는 해당하지 않는다.

도전! 만점 문제 102쪽

01 ② **02** ⑤ **03** ⑤ **04** ①

---

01 두 사람의 대화를 통해 자신의 삶을 소중하게 만드는 것은 무엇인지 생각해 볼 수 있다. 을은 돈을 많이 버는 일보다 자신뿐만 아니라 다른 사람에게 즐거움을 주는 일을 통해서 삶의 소중함을 느끼고 있다. 즉 을은 물질적 가치보다 정신적 가치를 추구하는 삶을 살아가며 자기 삶에 만족하고 있다. 또한 다른 사람이 중요하다고 여기는 기준에 따르기보다 스스로 보람과 만족을 추구하면서 삶의 소중함을 느끼고 있다.

✖ 바로잡기
ㄱ, ㄷ. 을은 많은 돈을 벌거나 풍요로운 삶을 살기 위해 일하는 것이 아니다.

02 죽음은 사전적 의미로 생명체의 모든 기능이 완전히 정지되어 원형대로 회복할 수 없는 상태를 말한다. 이러한 죽음은 다음과 같은 특성을 지니고 있다. 먼저, 죽음은 보편성 및 필연성을 지닌다. 모든 인간은 언젠가는 죽는다. 어떤 지위에 있든 얼마나 많은 재산을 가졌든 간에 모든 사람은 죽는다는 사실을 피할 수 없다. 둘째, 죽음은 예측 불가능성을 지닌다. 죽음의 순간이 언제 올지는 알기 어렵다. 우리는 언제 어디서 죽음을 맞이할지 모른다. 셋째, 죽음은 불가역성을 지닌다. 죽음은 돌이킬 수 없는 것이다. 사람은 누구나 언젠가 생을 마감해야 하고 죽은 이후에는 다시 되돌릴 수 없다.

03 제시문을 통해 많은 사람이 미래의 행복을 위해 지금 누릴 수 있는 행복을 미루고 있음을 알 수 있다. 이러한 모습은 어린 시절부터 예순이 되는 순간까지 계속된다. 하지만 지금 이 순간은 두 번 다시 돌아오지 않는 소중한 순간이다. 그러므로 우리는 현재의 삶에 충실해야 한다. 즉 현재의 삶을 소중히 여기고 매 순간 행복하게 살기 위해 최선을 다할 때 의미 있는 삶을 살아갈 수 있다.

04 인간은 자연의 시공간적 제약을 벗어나지 못하는 유한한 존재이지만, 이러한 한계를 극복하기 위해 높은 이상을 추구해 왔다. 예를 들어 석주명 박사와 같이 학문을 탐구하여 진리를 추구할 수 있고, 나이팅게일과 같이 타인을 위해 헌신하며 도덕적으로 올바르게 살 수 있다. 또는 미켈란젤로와 같이 예술을 창조하고 누리며 아름다움을 추구할 수도 있다.

✖ 바로잡기
② 석주명은 학문 활동을 통해 의미 있는 삶을 살고자 노력했다. ③, ④ 나이팅게일은 생명을 구하려는 도덕적인 이상을 가지고 구호 활동에 힘썼다. ⑤ 석주명과 나이팅게일은 의미 있는 삶을 살기 위해 높은 이상을 추구한 것이지, 자신의 능력을 과시하며 시공간적 제약을 벗어나려 한 것은 아니다.

정복! 서술형 문제 103쪽

01 (1) 생명

(2) **모범답안** | 생명은 한번 잃으면 되찾을 수 없고, 다른 것으로 대체할 수도 없기 때문에 그 자체로 소중하다.

구분	채점 기준
상	한번 잃으면 되찾을 수 없다는 점과 다른 것으로 대체할 수 없다는 것을 모두 서술한 경우
중	한번 잃으면 되찾을 수 없다는 점과 다른 것으로 대체할 수 없다는 것 중 한 가지만 서술한 경우

02 (1) **모범답안 |** 인간은 누구나 죽음을 피할 수 없다는 사실을 인정하고 죽음을 성찰할 때 좀 더 의미 있는 삶을 살 수 있다.

구분	채점 기준
상	죽음의 필연성과 죽음에 대한 성찰을 통해 의미 있는 삶을 살 수 있다고 서술한 경우
중	죽음의 필연성은 서술했지만 죽음에 대한 성찰을 통한 의미 있는 삶으로 연결지어 서술하지 못한 경우

(2) **모범답안 |** 삶의 유한성과 소중함을 깨달을 수 있다. 더욱 충실하고 올바르게 살아야겠다고 다짐할 수 있다. 마음의 평정을 찾는 계기가 된다.

구분	채점 기준
상	죽음에 관한 도덕적 성찰이 중요한 이유 세 가지를 정확히 서술한 경우
중	죽음에 관한 도덕적 성찰이 중요한 이유를 두 가지만 서술한 경우
하	죽음에 관한 도덕적 성찰이 중요한 이유를 한 가지만 서술한 경우

03 (1) 죽음

(2) **모범답안 |** 죽음은 보편성과 필연성을 지닌다. 죽음은 예측 불가능성을 지닌다. 죽음은 불가역성을 지닌다.

구분	채점 기준
상	죽음의 특성을 세 가지 이상 제시한 경우
중	죽음의 특성을 두 가지 제시한 경우
하	죽음의 특성을 한 가지만 제시한 경우

04 (1) 학문적 진리

(2) **모범답안 |** 인간은 도덕적인 옳고 그름을 가려 더욱 올바르게 살고자 노력한다. 인간은 예술을 창조하고 누리며 아름다움을 추구한다. 인간은 종교 활동 등을 통해 경건함과 성스러움을 추구한다.

구분	채점 기준
상	의미 있는 삶을 살기 위해 추구하는 이상을 세 가지 서술한 경우
중	의미 있는 삶을 살기 위해 추구하는 이상을 두 가지 서술한 경우
하	의미 있는 삶을 살기 위해 추구하는 이상을 한 가지 서술한 경우

Ⅲ-4 마음의 평화

확인! 기본 문제   105쪽

01 (1) 자기반성 (2) 성장 (3) 긍정적 (4) 도전 의식 (5) 욕심
02 (1) 부정적 (2) 객관적
03 (1) ⓒ (2) ㉠ (3) ㉣ (4) ⓛ
04 (1) × (2) ○ (3) ○
05 (1) 평화 (2) 용서 (3) 객관적

향상! 실력 문제   106~107쪽

01 ④ **02** ① **03** ④ **04** ④ **05** ⑤ **06** ②
07 ② **08** ①

01 평소에는 잘 모르다가도 몸이나 마음이 아프고 나면 자신을 되돌아보고 반성하게 된다. 고통의 원인을 반성하고, 이를 고치겠다고 다짐하는 것이다. 이처럼 우리는 고통스러운 경험을 자기반성의 계기로 삼을 수 있다.

  ❸ 바로잡기
① 누구나 고통이 달갑지 않고 할 수 있는 한 피하고 싶겠지만, 고통이 꼭 나쁜 것만은 아니다. ② 고통은 육체적 아픔이나 정신적 아픔 모두를 포함한다. ③ 고통에 정면으로 마주하여 그 원인을 찾다 보면 고통을 극복하기 위해 할 수 있는 일을 발견할 수 있다. ⑤ 진정한 행복은 정신적 가치를 추구하며 진선미성(眞善美聖)이라는 이상을 향해 나아가는 과정에서 얻을 수 있다.

02 한번 고통을 겪으면 그 고통을 다시 겪지 않도록 자신의 행동이나 마음가짐을 바로잡을 수 있고, 고통을 이겨 내는 가운데 좀 더 튼튼한 몸과 굳건한 마음가짐으로 살아갈 수 있다. 이처럼 고통은 성장의 기회가 된다.

03 갑은 고통을 극복하고자 하는 도전 의식을 지녀야 함을 강조하고 있다. 을은 우리가 고통에 현명하게 대처하려면 고통스러운 상황에서도 긍정적인 마음을 지녀야 함을 강조하고 있다.

04 사람다운 삶과 마음의 평화를 희망하는 사람은 어떠한 고통스러운 환경에서도 절망하지 않으며 인간의 존엄성과 품위를 지킬 수 있다.

  ❸ 바로잡기
③ 우리는 어떠한 고통 속에서도 마음의 평화를 희망할 수 있다. 감당하기 힘든 고통 속에서 우리는 포기하고 싶은 마음, 부정적 감정 등에 휩쓸리기 쉽다. 그러나 마음의 평화를 희망하는 가운데 우리는 우리에게 닥친 고통의 의미를 찾고, 이를 이겨 내려면 어떻게 해야 하는지 성찰하고 실천할 수 있다.

05 화가 났을 때 우리는 스스로를 먼저 다스리기보다는 화가 난 원인을 외부의 문제로 먼저 돌리려는 경향이 있다. 하지만 나의 부정적 감정이 폭발하여 발생하는 화는 결국 스스로의 내면에서부터 해결해 나가야 한다. 그 이후 나와 관련된 타인 혹은 그 밖의 구조적 문제의 원인을 발견하고 해결해 나가야 한다.

06 마음의 평화를 추구하기 위해서는 먼저 분노나 증오와 같은 부정적 감정을 잘 다스려야 한다. 부정적 감정을 다스리려면 먼저 그러한 감정을 바로 터뜨리기보다는 잠깐 반응을 멈추고 의식적으로 깊이 호흡하며 몸과 마음을 안정시켜야 한다. 또한 부정적 감정을 느낄 때 자기 몸에 일어나는 변화에 주목할 필요가 있다. 다음으로 균형 있는 관점에서 자신을 반성해 보아야 한다. 상황 자체를 객관적 관점에서 차근차근 검토하고 반성하는 것이다. 마지막으로 가장 좋은 결과를 가져올 수 있도록 반응한다. 즉 어떻게 반응하면 가장 좋은 결과를 끌어낼 수 있는지 성찰하고 실천함으로써 부정적 감정을 다스릴 수 있다.

07 제시문은 부정적 감정을 다스리기 위한 방법으로 균형 있는 관점에서 자신을 반성해 볼 것을 강조하고 있다. 즉 부정적 감정이 생겼을 때 스스로 질문을 던지면서 상황 자체를 객관적 관점에서 검토하고 반성해야 한다는 것이다.

바로잡기

①, ③ 바로 감정을 터뜨리지 않고 반응을 멈추며 의식적으로 깊이 호흡을 하는 것은 마음의 분노나 증오와 같은 부정적 감정을 다스릴 때 가장 먼저 해야 하는 일이다. ④ 부정적 감정을 다스리려면 반응을 멈추고 의식적으로 깊이 호흡한 후 자신의 몸에 일어나는 변화를 의식적으로 관찰해야 한다. 그 다음으로 균형 있는 관점에서 자신을 반성해 보아야 한다. ⑤ 부정적 감정을 다스리는 가장 마지막 단계에 해당한다.

08 우리는 잡을 수 없는 그림자를 잡으려고 안간힘을 쓰는 경우가 간혹 있다. 내가 잡으러 가면 그만큼 멀어질 수밖에 없는 그림자를 좇아가는 것이다. 이처럼 지나친 욕심에 집착하는 것은 어리석은 행동이므로 지나친 욕심을 버려야 한다는 교훈을 얻을 수 있다.

도전! 만점 문제

108쪽

01 ② **02** ④ **03** ⑤ **04** ①

01 프리다 칼로(Kahlo, F., 1907~1954)에게 고통은 피할 수 없는 운명이었다. 하지만 그는 이러한 상황에서 절망하거나 포기하지 않고 그림을 그리며 삶의 의미를 찾았다. 그에게는 고통이 자기 삶의 일부이자 자신을 성장시키는 동력이 된 것이다. 이처럼 프리다 칼로는 고통스러운 상황에서도 긍정적인 마음을 지니고 그 고통을 극복하고자 하는 도전 의식을 지녔다고 할 수 있다.

02 제시문은 포로수용소에 갇힌 절망적인 상황에서도 다른 사람에게 자신의 빵을 나누어 줌으로써 자기보다 더 약하고 어려운 사람을 돕는 사람다운 사람의 모습을 보여 주고 있다. 이처럼 자신이 어찌할 수 없는 고통 속에서도 우리는 절망하지 않고 사람다운 삶을 희망하며 인간의 존엄성과 품위를 지킬 수 있다.

바로잡기

④ 자신이 어찌할 수 없는 고통 속에서도 우리는 사람다운 삶을 희망함으로써 인간의 존엄성과 품위를 지킬 수 있다.

03 부정적 감정으로 고통스럽다면 마음의 평화를 얻을 수 없다. 마음의 평화를 추구하기 위해서는 먼저 부정적 감정이 생길 때 잠깐 반응을 멈추고 의식적으로 깊이 호흡하며, 자기 몸에 일어나는 변화에 주목해야 한다. 다음으로 균형 있는 관점에서 자신을 반성해 보아야 한다. 마지막으로 가장 좋은 결과를 가져올 수 있도록 반응해야 한다.

바로잡기

ㄱ, ㄴ. 부정적 감정에 자신의 몸을 내맡기거나 이러한 감정을 상대에게 빨리 전달하기보다 잠깐 반응을 멈추고 의식적으로 깊이 호흡하며 몸과 마음을 안정시키고, 자기 몸에 일어나는 변화에 주목하여 부정적 감정을 다스리려고 해야 한다.

04 제시문은 용서와 사랑의 실천을 강조하고 있다. 예수는 "네 원수를 사랑하라."라는 말로 잘못을 저지른 이웃에게도 사랑을 실천해야 함을 강조하였다. 용서와 사랑을 실천하면 고통에서 벗어나 마음의 평화를 얻을 수 있다.

정복! 서술형 문제

109쪽

01 **모범답안** | 고통스러운 상황에서도 긍정적인 마음을 지녀야 함을 알 수 있다. 또한 고통을 극복하고자 하는 도전 의식을 지녀야 함을 알 수 있다.

구분	채점 기준
상	긍정적인 마음과 도전 의식을 모두 서술한 경우
중	긍정적인 마음과 도전 의식 중 한 가지만 서술한 경우

02 (1) **모범답안** | 사람으로서 마땅히 해야 하는 도덕적 행동을 적극적으로 실천하는 삶이다.

구분	채점 기준
상	도덕적 행동을 적극적으로 실천하는 삶이라고 서술한 경우

중	단순히 바르게 살아가는 삶이라고만 서술한 경우

(2) **모범답안** | 절망하지 않으며 인간의 존엄성과 품위를 지킬 수 있다.

구분	채점 기준
상	절망하지 않으며 인간의 존엄성과 품위를 지킬 수 있다고 서술한 경우
중	절망하지 않는다고만 서술하고, 인간의 존엄성과 품위를 지킬 수 있다는 내용을 서술하지 않은 경우

03 (1) **모범답안** | 잠깐 반응을 멈추고 의식적으로 깊이 호흡하며 몸과 마음을 안정시켜야 한다.

구분	채점 기준
상	반응을 멈추는 것과 의식적으로 깊이 호흡하는 것을 모두 서술한 경우
중	반응을 멈추는 것과 의식적으로 깊이 호흡하는 것 중 한 가지만 서술한 경우

(2) **모범답안** | 이 감정은 어떻게 생겼을까, 나에게 부족한 점은 없었을까, 내가 상대방이라면 어떻게 했을까

구분	채점 기준
상	균형 있는 관점에서 던질 수 있는 질문을 두 가지 이상 서술한 경우
중	균형 있는 관점에서 던질 수 있는 질문을 한 가지만 서술한 경우

04 (1) 용서

(2) **모범답안** | 자신에게 상처를 준 사람을 용서함으로써 분노와 증오에서 벗어나 마음의 평화를 얻을 수 있다.

구분	채점 기준
상	용서를 통해 마음의 평화를 얻을 수 있다고 서술한 경우
중	마음의 평화를 얻을 수 있는 방법을 서술했지만 용서와 연결 짓지 못한 경우

Ⅲ 자연·초월과의 관계

111~117쪽

마무리! 대단원 실전 문제

01 ① 　02 ③ 　03 ③ 　04 ③ 　05 물질주의적
06 ④ 　07 ③ 　08 ④ 　09 ①
10 **모범답안** | 친환경 자동차 구매 시 혜택을 주는 제도, 그린카드 제도, 환경세 제도, 환경 마크 제도 등이 있다.
11 ④ 　12 **모범답안** | 과학 기술의 발전으로 인간의 건강이 증진되고 생명이 연장되고 있다. 　13 ⑤ 　14 ④ 　15 ⑤
16 ② 　17 ③ 　18 ④ 　19 ② 　20 **모범답안** | 생명은 우리 삶에서 가장 소중한 것이다. 　21 ⑤ 　22 ④
23 ③ 　24 ⑤ 　25 **모범답안** | 의미 있는 삶을 살아가기 위해서는 꿈을 실현하면서 보람과 만족을 추구하고, 현재의 삶에 충실하며, 높은 이상을 추구해야 한다. 　26 ⑤ 　27 ② 　28 ③
29 ① 　30 ① 　31 ② 　32 ⑤ 　33 ② 　34 ①
35 용서

01 제시문에서 지적하고 있는 자연의 무분별한 개발로 인한 꿀벌 군집 붕괴 현상은 인간이 자연의 주인이라고 보는 인간 중심주의적 관점에서 비롯된 것이다.

02 인간 중심주의적 관점은 자연의 도구적 가치를 중시하고, 자연을 인간의 필요를 충족시키기 위한 수단으로 본다. 이와 같이 자연을 인간의 풍요로운 삶을 위한 도구나 수단으로 보는 태도가 무분별한 개발과 환경 파괴를 가져온 원인이라고 할 수 있다.

◑ 바로잡기

ㄴ, ㄷ. 자연의 본래적 가치를 중시하고 자연 그 자체의 가치를 인정하는 것은 환경 보전을 강조하는 생태 중심주의적 관점에 해당한다.

03 찬영, 수미, 희영, 승준이는 모두 인간 중심주의적 관점을 취하고 있다. 인간 중심주의적 관점에서는 인간이 자연보다 우월한 존재이므로 인간이 자연을 지배할 수 있다고 주장하며, 자연은 인간의 풍요로운 삶을 위한 수단이므로 인간이 자연을 마음껏 이용할 수 있다고 본다.

◑ 바로잡기

③ 세찬이는 생태 중심주의적 관점을 취하고 있다.

04 제시된 '탄소 없는 섬 제주 만들기' 사례는 환경을 보전하면서도 관광 산업을 발전시키려는 노력을 보여 준다. 이는 인간과 자연이 조화롭게 공존하며 환경 보전과 경제 성장 간의 균형을 이루는 지속 가능한 발전을 추구하는 구체적 사례라고 할 수 있다.

◑ 바로잡기

③ 인간 중심주의적 관점으로, 제시된 사례와 거리가 멀다.

05 어플루엔자에 걸린 사람들은 최신 가전제품이나 이름난 물건을 사기 위해 더 오래 일하고 조급해지며 스트레스를 받는다. 이러한 물질주의적 소비 생활은 자원 고갈과 환경 파괴로 이어져 더 큰 문제라고 할 수 있다.

06 제시문은 우리가 햄버거를 소비하는 과정에서 심각한 환경 파괴가 일어나고 있음을 보여 준다. 이처럼 우리의 일상적인 소비 생활은 환경에 나쁜 영향을 줄 수 있는데, 특히 환경의 도구적 가치만 중시하고 환경을 고려하지 않는 소비를 한다면 제시문과 같은 상황이 점점 심각해질 것이다. 따라서 우리는 생태계가 지속할 수 있도록 하는 환경친화적 소비 생활에 관심을 가져야 한다.

07 제시된 소비 생활 평가지를 작성한 학생은 환경을 고려하지 않는 물질주의적 소비 생활을 하고 있다. 이러한 물질주의적 소비 생활은 지구의 한정된 자원을 고갈시키고, 지구 생태계의 자정 능력을 위협한다.

◈ 바로잡기

ㄱ. 사람들이 물질적 만족을 최고의 가치로 여기는 소비 생활을 하게 되면 더 많은 물건을 생산하고 소비하여 경제가 활성화되는 측면이 있다. ㄷ. 물질주의적 소비 생활은 자원의 고갈과 환경 파괴를 가져와 더 이상 발전이 불가능한 상황을 만든다.

08 제시된 로하스 운동이나 로컬푸드 운동은 환경친화적 소비 생활의 대표적인 예이다. 환경친화적 소비 생활은 인간과 자연이 조화를 이룸으로써 현세대뿐만 아니라 미래 세대의 행복한 삶을 보장하는 긍정적인 결과를 가져온다. 또한 환경친화적 소비 생활을 실천하는 사람들이 늘어나면 환경친화적 제품을 생산하는 기업이 더 늘어날 수 있고, 환경친화적 소비 생활을 지원하는 법과 제도를 마련하는 일도 더욱 확대될 수 있다.

◈ 바로잡기

④ 물질주의적 소비 생활에 대한 설명으로, 환경친화적 소비 생활과는 관계가 없다.

09 환경을 생각하는 3R은 재사용(reuse)·재활용(recycle)·줄이기(reduce)를 의미한다. '재사용'은 헌옷·헌책 등을 가능하면 다시 사용하는 것이며, '재활용'은 신문지·병·캔 등 쓸모 있는 물건을 새로운 자원으로 활용하는 것, '줄이기'는 자원과 물자를 절약하여 오염 물질의 배출량을 줄이는 것이다.

◈ 바로잡기

③ 새활용(up-cycling)은 버려지는 재료를 사용해 가치 있는 상품을 새롭게 만드는 것을 말한다.

10 **모범답안** | 친환경 자동차 구매 시 혜택을 주는 제도, 그린 카드 제도, 환경세 제도, 환경 마크 제도 등이 있다.

구분	채점 기준
상	환경친화적 삶을 위한 사회적 노력의 구체적 사례 세 가지를 정확하게 서술한 경우
중	환경친화적 삶을 위한 사회적 노력의 구체적 사례 중 두 가지를 정확하게 서술한 경우
하	환경친화적 삶을 위한 사회적 노력의 구체적 사례 중 한 가지만 서술한 경우

11 제시된 국제 협약은 환경 문제를 해결하기 위해 여러 나라가 함께 참여하여 만든 것이다. 이와 같은 협약이 필요한 이유는 환경 문제가 특정 개인이나 국가만의 문제가 아니라 전 세계가 함께 관심을 기울이고 해결해야 할 문제이기 때문이다.

12 **모범답안** | 과학 기술의 발전으로 인간의 건강이 증진되고 생명이 연장되고 있다.

구분	채점 기준
상	'건강 증진'과 '생명 연장' 두 가지 요소를 모두 정확하게 서술한 경우
중	'건강 증진'과 '생명 연장' 중 한 가지 요소만 정확하게 서술한 경우

13 제시문의 갑은 과학 기술을 이용하여 사회의 모든 문제를 해결하고 영원한 행복을 누릴 수 있다는 과학 지상주의적 입장이고, 을은 과학 기술의 문제점과 한계를 지적하는 입장이다. 갑의 주장을 뒷받침할 수 있는 근거로는 과학 기술의 긍정적 측면인 대량 생산을 통한 물질적 풍요, 정보 통신 기술을 활용한 교류 확대, 첨단 의료 기술을 통한 건강 증진과 생명 연장 등이 있다.

◈ 바로잡기

ㄱ. 갑은 인류가 직면한 여러 문제를 해결하고 행복을 추구함에 있어 과학 기술이 핵심적인 역할을 할 것이라고 보고 있다.

14 과학 기술의 문제점과 한계로 인권 및 사생활 침해, 과학 기술에의 종속, 생명의 존엄성 훼손, 환경 파괴, 평화 위협 등을 들 수 있다.

◈ 바로잡기

④ 생명 공학 기술을 이용하면 생산성이 높은 농작물을 만들어 내어 인류가 직면한 식량 문제를 해결하는 등 물질적 풍요를 증진할 수 있다. 반면 생명 공학 기술 실험 과정에서 생명을 함부로 조작하여 생명의 존엄성을 훼손할 가능성도 있다.

15 갑은 과학 기술의 발전의 긍정적 측면, 을은 부정적 측면을 강조하고 있다. 이를 종합하면 과학 기술의 발전에는 긍정적 측면과 부정적 측면이 함께 존재한다는 결론을 내릴 수 있다.

16 제시문의 하버는 애국심이라는 이름 아래 독가스를 개발하여 수많은 사람의 생명을 앗아가는 결과를 낳았다. 이처럼 과학 기술을 잘못된 방향으로 개발하고 활용하면 수많은 사람에게 피해를 줄 수 있으므로 과학 기술의 개발과 활용에는 큰 책임이 따른다.

17 오늘날에는 과학 기술의 영향력이 점점 더 넓어지고, 과학 기술의 부작용을 예측하는 일은 갈수록 어려워지고 있다. 과학 기술이 점점 더 복잡해질수록 그 과학 기술이 어떤 결과를 낳을지 미리 짐작하기는 더욱 어려워진다. 따라서 과학 기술을 개발하고 적용할 때 도덕적 관점에서 올바른 가치 판단을 내리고 책임 있게 행동해야 한다.

18 제시문의 조나스 소크 박사는 과학 기술을 수많은 사람의 행복한 삶을 위해 활용하였다. 이처럼 과학 기술은 인간 존엄성과 인권 향상을 위해 쓰여야 하며, 인류의 복지 증진에 이바지하는 것이어야 한다.

19 우리의 삶은 단 한 번뿐이고, 삶의 근원이 되는 생명이 그 자체로 신성한 것이기 때문에 소중하다. 또한 주변 사람들과의 관계, 간절한 꿈이나 소망 등이 우리의 삶을 더욱 소중하게 만들어 준다.

◆ 바로잡기
② 우리가 삶 속에서 원하는 것을 무엇이든 얻거나 이룰 수 있는 것은 아니다.

20 모범답안 | 생명은 우리의 삶에서 가장 소중한 것이다.

구분	채점 기준
상	생명의 소중함을 삶과 연결 지어 서술한 경우
중	단순히 삶이 소중하다고만 서술한 경우

21 제시문의 진시황은 불로장생을 추구했던 사람으로 유명하다. 그러나 영원한 삶을 바랐던 그도 죽음을 피할 수는 없었다. 이처럼 어떤 지위에 있든, 얼마나 많은 재산을 가졌든 간에 모든 사람은 결국 죽는다는 보편성과 필연성을 피할 수 없다.

22 제시문의 스티브 잡스는 매일매일을 내 인생의 마지막 날인 것처럼 살았고, 그것을 통해 인생에서 참으로 중요한 것들을 충실하게 할 수 있었음을 얘기하고 있다.

23 제시문에서 할머니는 "해는 뜨고 진다. 선인장은 영원히 활짝 필 수 없다. 꽃잎은 말라서 땅에 떨어진다."라는 말을 통해 인간의 죽음도 자연의 흐름과 마찬가지로 자연스러운 것임을 강조하고 있다.

24 독일 철학자 하이데거는 인간의 삶에는 본래 어떤 의미가 있는 것이 아니라 자기 삶에 스스로 의미를 부여하는 것이라고 주장하면서, 진정한 자기의 모습으로 살아가고 싶으면 죽음 앞으로 미리 달려가 볼 것을 제안하였다.

25 모범답안 | 의미 있는 삶을 살아가기 위해서는 꿈을 실현하면서 보람과 만족을 추구하고, 현재의 삶에 충실하며, 높은 이상을 추구해야 한다.

구분	채점 기준
상	'보람과 만족 추구', '현재의 삶에 충실', '높은 이상 추구'의 세 가지 요소를 모두 정확하게 서술한 경우
중	'보람과 만족 추구', '현재의 삶에 충실', '높은 이상 추구'의 세 가지 요소 중 두 가지를 정확하게 서술한 경우
하	'보람과 만족 추구', '현재의 삶에 충실', '높은 이상 추구'의 세 가지 요소 중 한 가지만 서술한 경우

26 제시문의 랜디 포시 교수는 죽음을 눈앞에 두고도 삶과 꿈에 관한 강의를 통해 많은 사람에게 감동을 주었다. 이처럼 인간은 삶의 유한성 속에서도 의미 있는 삶을 살기 위해 노력하는 존재이다.

27 제시문의 "해는 하루만 살 뿐이다. 너희들은 이 하루를 유용하게 살아서 해가 귀중한 시간을 낭비하지 않도록 해야 한다."라는 말은 지금 이 순간이 두 번 다시 돌아오지 않을 소중한 순간이므로 현재를 소중히 여기고 현재의 삶에 충실해야 한다는 의미를 담고 있다.

28 제시된 사람들은 각기 자신의 분야에서 높은 이상을 추구한 사람들이다. 미켈란젤로는 자신의 미술적 소질을 활용하여 온 힘을 다해 아름다움과 성스러움의 가치를 실현하였고, 정약용은 백성들의 편안한 삶을 위해 실학을 집대성하였다. 선우경식은 가난한 사람들이 의술의 혜택을 받을 수 있도록 병원을 차려 평생 진료를 하였다. 이처럼 인간은 높은 이상을 추구하고 실현하고자 노력할 때 보다 의미 있는 삶을 살 수 있다.

29 제시된 글은 우리가 살면서 겪게 되는 고통의 예를 설명하고 있다.

◆ 바로잡기
② 희망이 없어져 체념하고 포기하는 것을 말한다. ③ 재산, 명예, 신체 따위에 손해를 입는 것을 말한다. ④ 마음이나 기운이 꺾이는 것을 말한다. ⑤ 서로 관계가 좋지 아니하거나 좋지 않게 지내는 것을 말한다.

30 우리는 고통스러운 경험을 자기반성의 계기로 삼아 그 고통을 다시 겪지 않도록 자신의 행동이나 마음가짐을 바로잡을 수 있다. 또한 고통을 이겨 내는 가운데 좀 더 튼튼한 몸과 굳건한 마음가짐으로 살아갈 수 있는 등, 고통은 자기 성

장의 기회가 되기도 한다.

31 제시문의 헬렌 켈러는 보통 사람보다 몇 배의 고통을 안고 살아갈 수밖에 없었지만 좌절하지 않고 공부에 도전해서 대학을 졸업했으며 다른 장애인들을 돕는 삶을 살았다. 또한 고통 속에서도 고통을 이겨 낼 수 있다는 긍정적인 마음을 가지고 의미 있는 삶을 살기 위해 노력했다. 이러한 헬렌 켈러의 모습을 통해 고통에 현명하게 대처하기 위해서는 도전 의식과 긍정적인 마음을 갖는 것이 중요함을 알 수 있다.

⊗ 바로잡기
ㄴ, ㄹ. 지나친 욕심으로 고통스러울 때 욕심과 집착을 버리고 현재 상황에 만족함으로써 마음의 평화를 얻을 수 있지만, 헬렌 켈러의 사례와는 관계가 없다.

32 제시문의 말랄라는 탈레반 세력으로 인해 절망적인 상황에 처했지만, 사람다운 삶을 희망하고 그것을 실천하여 국제적인 지지와 도움을 받을 수 있었다. 이처럼 아무리 절망적인 상황이라고 할지라도 사람다운 삶을 희망하고 사람답게 살고자 노력한다면 어떠한 고통스러운 환경에서도 절망하지 않고 인간의 존엄성과 품위를 지킬 수 있다.

33 제시문의 ㉠에 들어갈 말은 '반성한다.'이다. 이 단계는 균형 있는 관점에서 자신을 반성해 보는 것이다. 예를 들어 '이 감정은 어떻게 생겼을까?', '나에게 부족한 점은 없었을까?', '내가 상대방이라면 어떻게 했을까?' 등의 질문을 스스로 던지며 상황 자체를 객관적 관점에서 차근차근 검토하고 반성해 볼 수 있다.

⊗ 바로잡기
① '멈춘다.' 단계에 해당한다. ③ '호흡한다.' 단계에 해당한다. ④ '주목한다.' 단계에 해당한다. ⑤ '반응한다.' 단계에 해당한다.

34 마음을 기르는 방법으로 욕심을 적게 하는 것보다 더 좋은 것이 없다. 지나친 욕심을 좇으면 고통이 따르기 마련이다. 이러한 고통에서 벗어나 마음의 평화를 추구하려면 헛된 욕심을 버려야 한다.

35 용서란 나에게 잘못한 사람을 향한 분노와 같은 부정적 감정을 버리고 그 사람을 긍정적으로 대하는 것을 말한다. 우리는 자신에게 상처를 준 사람을 용서함으로써 분노와 증오에서 벗어나 마음의 평화를 지닐 수 있다.

미래엔
교과서

평가
문제집

중학교 **도덕 ②**

Contact Mirae-N

 www.mirae-n.com

(우)06532 서울시 서초구 신반포로 321

1800-8890

모바일
홈페이지
바로가기

수학 EASY 개념서

개념이 수학의 전부다! 술술 읽으며 개념 잡는 EASY 개념서

수학　0_초등 핵심 개념,
　　　1_1(상), 2_1(하),
　　　3_2(상), 4_2(하),
　　　5_3(상), 6_3(하)

수학 필수 유형서

 유형완성

체계적인 유형별 학습으로 실전에서 더욱 강력하게!

수학　1(상), 1(하), 2(상), 2(하), 3(상), 3(하)

미래엔 교과서 연계 도서

자습서

 자습서

핵심 정리와 적중 문제로 완벽한 자율학습!

국어	1-1, 1-2, 2-1, 2-2, 3-1, 3-2	**역사**	①, ②
영어	1, 2, 3	**도덕**	①, ②
수학	1, 2, 3	**과학**	1, 2, 3
사회	①, ②	**기술·가정**	①, ②
		생활 일본어, 생활 중국어, 한문

평가 문제집

 평가 문제집

정확한 학습 포인트와 족집게 예상 문제로 완벽한 시험 대비!

국어　1-1, 1-2, 2-1, 2-2, 3-1, 3-2
영어　1-1, 1-2, 2-1, 2-2, 3-1, 3-2
사회　①, ②
역사　①, ②
도덕　①, ②
과학　1, 2, 3

내신 대비 문제집

 시험직보 문제집

내신 만점을 위한 시험 직전에 보는 문제집

국어　1-1, 1-2, 2-1, 2-2, 3-1, 3-2

예비 고1을 위한 고등 도서

룩 LOOK

이미지 연상으로 필수 개념을 쉽게 익히는
비주얼 개념서

국어　문법
영어　분석독해

손쉬운

작품 이해에서 문제 해결까지
손쉬운 비법을 담은 문학 입문서

현대 문학, 고전 문학

수학중심

개념과 유형을 한 번에 잡는
개념 기본서

고등 수학(상), 고등 수학(하),
수학Ⅰ, 수학Ⅱ, 확률과 통계, 미적분, 기하

유형중심

체계적인 유형별 학습으로
실전에서 더욱 강력한 문제 기본서

고등 수학(상), 고등 수학(하),
수학Ⅰ, 수학Ⅱ, 확률과 통계, 미적분

##

탄탄한 개념 설명, 자신있는 실전 문제

사회　통합사회, 한국사
과학　통합과학

수능 국어에서 자신감을 갖는 방법?
깨독으로 시작하자!

고등 내신과 수능 국어에서 1등급이 되는 비결 -
중등에서 미리 깨운 독해력, 어휘력으로 승부하자!

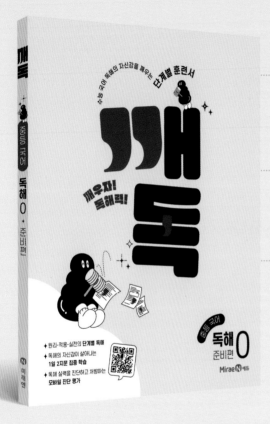

단계별 훈련
독해 원리 → 적용 문제 → 실전 문제로
단계별 독해 훈련

교과·수능 연계
중학교 교과서와 수능 연계 지문으로
수준별 독해 훈련

독해력 진단
모바일 진단 평가를 통한
개인별 독해 전략 처방

| 추천 대상 |

• 중등 학습의 기본이 되는 문해력을 기르고 싶은 초등 5~6학년
• 중등 전 교과 연계 지문을 바탕으로 독해의 기본기를 습득하고 싶은 중학생
• 고등 국어의 내신과 수능에서 1등급을 목표로 훈련하고 싶은 중학생

중등 국어 교과 필수 개념 및 어휘를 '종합편'으로,
수능 국어 기초 어휘를 '수능편'으로 대비하자.

수능 국어 독해의 자신감을 깨우는
단계별 독해 훈련서

깨독 시리즈 (전6책)

[독해] 0_준비편, 1_기본편, 2_실력편, 3_수능편
[어휘] 1_종합편, 2_수능편

독해의 시작은
어휘력에서!